本书系浙江树人学院学术专著系列

浙江省高校重大人文社科攻关计划项目（2023QN108）

浙江树人学院专著出版基金资助

编委会

主　编　朱笔峰（浙江树人学院）

副主编　丁蔓琪（浙江工业大学之江学院）

　　　　姚银萍（浙江省城乡规划设计研究院）

参　编　刘　龙（杭州文龙创意设计有限公司）

　　　　刘格冰（中铁建工集团西北分公司）

绽放的校园

全球大学的可持续建设行动

主　编　朱笔峰

副主编　丁蔓琪　姚银萍

浙江大学出版社

ZHEJIANG UNIVERSITY PRESS

·杭州

图书在版编目（CIP）数据

　　绽放的校园：全球大学的可持续建设行动 / 朱笔峰
主编；丁蔓琪，姚银萍副主编. -- 杭州：浙江大学出
版社，2025. 6. -- ISBN 978-7-308-26386-3

　　Ⅰ. G640

　　中国国家版本馆 CIP 数据核字第 2025N1926W 号

绽放的校园：全球大学的可持续建设行动

朱笔峰　主编

丁蔓琪　姚银萍　副主编

责任编辑	吕倩岚
责任校对	牟琳琳
封面设计	项梦怡
出版发行	浙江大学出版社
	（杭州市天目山路 148 号　邮政编码 310007）
	（网址：http://www.zjupress.com）
排　　版	杭州朝曦图文设计有限公司
印　　刷	浙江新华数码印务有限公司
开　　本	710mm×1000mm　1/16
印　　张	15
字　　数	262 千
版 印 次	2025 年 6 月第 1 版　2025 年 6 月第 1 次印刷
书　　号	ISBN 978-7-308-26386-3
定　　价	78.00 元

序

　　1962 年美国科普作家蕾切尔·卡逊创作的《寂静的春天》，唤醒了人们对于环境保护的意识，也是第一本有着可持续发展理念萌芽的世界性著作。本书取名《绽放的校园》，一方面延续了蕾切尔的创作理念，是可持续发展理念在高校层面的体现，另一方面也想以当前高校校园的可持续建设成果来致敬经典，推崇可持续发展理念。

　　本书主要围绕当下全球高校的可持续建设行动展开，全面梳理全球大学在绿色、生态、低碳校园方面所做的努力与贡献，展现了全球校园可持续建设领域的最新科研成果与发展全貌；旨在对高校可持续发展的内涵实质、当下各地区高校可持续发展的主要问题、建设模式与特色举措等进行思考与回应。其中，对我国绿色校园的发展历程、发展特征与发展需求作了全面评估，对我国绿色校园的未来建设提出了针对性的低碳转型举措与发展构想。

　　全书分为四篇，共十一章。四篇：目标 & 理念、行动 & 建设、策略 & 特色、启示 & 构想，分别从当前的全球目标、全球的建设行动、全球特色的建设发展模式与带给我们的未来校园建设启示四个方面展开论述。

目标 & 理念

　　包含第一章全球目标与第二章绿色校园的发展与内涵。该篇主要介绍了当前引领全球可持续发展的目标——由联合国提出的全球可持续发展目标（SDGs）和中国提出的"双碳目标"（2030 年碳达峰、2060 年碳中和）。此外，该篇还从主要历史事件与重要文献两个方面对全球绿色校园的发展历程进行了全面梳理。对绿色校园的内涵进行了归纳与探讨，对本书后续绿色校园的探讨范围作了界定。

行动 & 建设

　　包含第三章绿色校园的全球大学排名、第四章全球大学可持续发展中的 SDGs 的耦合发展模式与第五章美、日、中绿色校园的评估标准。该篇首先介绍三大全球大学可持续排名（泰晤士世界大学影响力排名、绿色指数世界大学排名和可持续校园指数排名），旨在研究全球可持续大学的地理分布与各国的发展水平。其次，对全球大学发展中 SDGs 的耦合发展模式进行了深入研究，一方面挖掘各 SDG 在可持续发展中的相互促进关系，即可持续发展的动力机制，一方面分析全球各洲大学可持续发展模式的特征。最后，研究全球主要国家绿色校园的相关评价标准，选取了美国、日本、中国的评价标准开展详细的比较研究，旨在分析各评价标准的特色。

策略 & 特色

包含第六章致力于实现全球 SDGs 的美国绿色校园建设、第七章"产、学、研"一体化发展的日本绿色校园建设与第八章以节能监测为主要手段的中国绿色校园建设。本篇选取了三个有代表性的、具有自身发展特色的案例来展开介绍，聚焦美国、日本、中国三国的绿色校园建设模式：美国以实现 SDGs 为主要发展目标的建设路径，详细介绍了其采用的绿色技术、可持续的综合评价与周边社区协调发展的可持续延伸构架；日本"产、学、研"一体化发展的优势，详细分析了其绿色建筑与园区的可持续性，探讨了产业、高校与研究机构相互促进的发展机制；中国以节能监测为主要实施手段的建设模式，详细分析了校园的碳排放发展趋势与校园的可持续性潜力。

启示 & 构想

包含第九章美国 STARS 在中国应用的适宜性、第十章中国高校的低碳政策分析与碳达峰预测，以及第十一章中国绿色大学的可持续性建设策略与适配路径。本篇主要关注我国的绿色大学（校园）的发展，旨在总结、优化全球的发展经验，并用于我国绿色大学的可持续发展。首先，从评价标准层面借鉴美国 STARS，对 STARS 在我国的适用性进行研究，以优化我国现有的校园可持续评价系统。其次，对当下我国高等教育的低碳政策进行详细剖析，以 2030 年与 2060 年为目标节点，科学预测高校校园的碳排放强度。通过碳排放预测模型的建立对我国高等教育未来的碳排放进行预测与规划，提出我国绿色校园向低碳校园转型的实施路径与关键技术控制指标。最终，结合我国目前正努力实现的"双碳目标"，对我国"节能校园"—"低碳校园"—"绿色大学"的发展路径进行探讨，根据目前我国绿色大学建设的现状与特征，针对性提出未来的适配发展路径。目标是将理论研究的成果切实落实到建设行动上，提出具有实际操作价值的中国绿色大学建设行动方案。

目 录

策略 & 特色

启示 & 构想

目标 & 理念

第一章　全球目标

1972 年,斯德哥尔摩,来自 113 个国家的政府代表和民间人士就世界当代环境问题以及保护全球环境战略等问题制定了《联合国人类环境会议宣言》。此后,环境问题得到广泛讨论与研究,并被全球众多国家提升到国家战略层面,以呼吁人们维护和改善自然环境,从而谋求可持续发展,造福全体人民与子孙后代。从"绿色"发展到"可持续"发展,从单独关注环境问题到关注包含环境、经济与社会的综合发展问题,一个个全球目标随着时代需求的不断更新而提出。全球主要国家和地区先后签署了《联合国气候变化框架公约》《巴黎协定》等旨在控制气候变化的协定。2015 年,联合国提出全球可持续发展目标。随后,全球 132 个国家及地区提出碳中和目标。在此背景下,2021 年,我国中央财经委员会第九次会议提出要把碳达峰、碳中和纳入生态文明建设整体布局,如期实现 2030 年前碳达峰、2060 年前碳中和的目标。绿色、低碳、可持续发展已成为全球共识,是新时代人类共同的挑战。

1. 可持续发展目标

《变革我们的世界:2030 年可持续发展议程》于 2015 年由联合国所有会员国一致通过,旨在为现在和未来的人类和地球提供和平与繁荣的共同蓝图。其核心是 17 项可持续发展目标(Sustainable Development Goals,SDGs)(见图 1.1),它表达了所有国家(发达国家和发展中国家)在全球伙伴关系中采取行动的紧急呼吁。它预示着结束贫困必须与一系列战略齐头并进,包括促进经济增长,满足教育、卫生、社会保护和就业机会的社会需求,遏制气候变化和保护环境[1]。

(1)SDG 1——消除贫困

"在全世界消除一切形式的贫穷"为可持续发展的首要目标,包含七个具体目标[1]:

图 1.1　17 个全球可持续发展目标①

◇ 到 2030 年，在全球所有人口中消除极端贫困，极端贫困目前的衡量标准是每人每日生活费不足 1.90 美元；

◇ 到 2030 年，按各国标准界定的陷入各种形式贫困的各年龄段男女和儿童至少减半；

◇ 执行适合本国国情的全民社会保障制度和措施，包括最低标准，到 2030 年在较大程度上覆盖穷人和弱势群体；

◇ 到 2030 年，确保所有男女，特别是穷人和弱势群体，享有平等获取经济资源的权利，享有基本服务，获得对土地和其他形式财产的所有权和控制权，继承遗产，获取自然资源、适当的新技术和包括小额信贷在内的金融服务；

◇ 到 2030 年，增强穷人和弱势群体的抵御灾害能力，降低其遭受极端天气事件和其他经济、社会、环境冲击和灾害的概率和易受影响程度；

◇ 确保从各种来源，包括通过加强发展合作充分调集资源，为发展中国家、特别是最不发达国家提供充足、可预见的手段以执行相关计划和政策，消除一切形式的贫困；

◇ 根据惠及贫困人口和顾及性别平等问题的发展战略，在国家、区域和国际层面制定合理的政策框架，支持加快对消贫行动的投资。

（2）SDG 2——零饥饿

SDG 2 呼吁"消除饥饿，实现粮食安全，改善营养状况和促进可持续农业"。具体目标[1]如下：

---

① 图源：https://sdg.js.org/about.html。

◇ 到 2030 年,消除饥饿,确保所有人,特别是穷人和弱势群体,包括婴儿,全年都有安全、营养和充足的食物;

◇ 到 2030 年,消除一切形式的营养不良,包括到 2025 年实现 5 岁以下儿童发育迟缓和消瘦问题相关国际目标,解决青春期少女、孕妇、哺乳期妇女和老年人的营养需求;

◇ 到 2030 年,实现农业生产力翻倍和小规模粮食生产者,特别是妇女、土著居民、农户、牧民和渔民的收入翻番,具体做法包括确保平等获得土地、其他生产资源和要素、知识、金融服务、市场以及增值和非农就业机会;

◇ 到 2030 年,确保建立可持续粮食生产体系并执行具有抗灾能力的农作方法,以提高生产力和产量,帮助维护生态系统,加强适应气候变化、极端天气、干旱、洪涝和其他灾害的能力,逐步改善土地和土壤质量;

◇ 到 2030 年,通过在国家、区域和国际层面建立管理得当、多样化的种子和植物库,保持种子、种植作物、养殖和驯养的动物及与之相关的野生物种的基因多样性,根据国际商定原则获取及公正、公平地分享利用基因资源和相关传统知识产生的惠益;

◇ 通过加强国际合作等方式,增加对农村基础设施、农业研究和推广服务、技术开发、植物和牲畜基因库的投资,以增强发展中国家,特别是最不发达国家的农业生产能力;

◇ 根据多哈发展回合授权,纠正和防止世界农业市场上的贸易限制和扭曲,包括同时取消一切形式的农业出口补贴和具有相同作用的所有出口措施;

◇ 采取措施,确保粮食商品市场及其衍生工具正常发挥作用,确保及时获取包括粮食储备量在内的市场信息,限制粮价剧烈波动。

(3)SDG 3——良好的健康与福祉

SDG 3 要求各国根据各自的总体政治、历史、文化和生态情况,"确保各年龄段人群的健康生活方式,促进他们的福祉"。具体目标[1]如下:

◇ 到 2030 年,全球孕产妇每 10 万例活产的死亡率降至 70 人以下;

◇ 到 2030 年,消除新生儿和 5 岁以下儿童可预防的死亡,各国争取将新生儿每 1 000 例活产的死亡率至少降至 12 例,5 岁以下儿童每 1 000 例活产的死亡率至少降至 25 例;

◇ 到 2030 年,消除艾滋病、结核病、疟疾和被忽视的热带疾病等流行病,抗击肝炎、水传播疾病和其他传染病;

◇ 到 2030 年,通过预防、治疗及促进身心健康,将非传染性疾病导致的过早死亡减少三分之一;

◇ 加强对滥用药物包括滥用麻醉药品和有害使用酒精的预防和治疗；

◇ 到 2020 年,全球公路交通事故造成的死伤人数减半；

◇ 到 2030 年,确保普及性健康和生殖健康保健服务,包括计划生育、信息获取和教育,将生殖健康纳入国家战略和方案；

◇ 实现全民健康保障,包括提供金融风险保护,人人享有优质的基本保健服务,人人获得安全、有效、优质和负担得起的基本药品和疫苗；

◇ 到 2030 年,大幅减少危险化学品以及空气、水和土壤污染导致的死亡和患病人数；

◇ 酌情在所有国家加强执行《世界卫生组织烟草控制框架公约》；

◇ 支持研发主要影响发展中国家的传染和非传染性疾病的疫苗和药品,根据《关于与贸易有关的知识产权协议与公共健康的多哈宣言》的规定,提供负担得起的基本药品和疫苗,《多哈宣言》确认发展中国家有权充分利用《与贸易有关的知识产权协议》中关于采用变通办法保护公众健康,尤其是让所有人获得药品的条款；

◇ 大幅加强发展中国家,尤其是最不发达国家和小岛屿发展中国家的卫生筹资,增加其卫生工作者的招聘、培养、培训和留用；

◇ 加强各国,特别是发展中国家早期预警、减少风险,以及管理国家和全球健康风险的能力。

(4)SDG 4——优质教育

SDG 4 的核心是"确保包容和公平的优质教育,让全民终身享有学习机会"。实现全民教育是实现可持续发展的关键手段。具体目标[1]如下：

◇ 到 2030 年,确保所有男女童完成免费、公平和优质的中小学教育,并取得相关和有效的学习成果；

◇ 到 2030 年,确保所有男女童获得优质幼儿发展、看护和学前教育,为他们接受初级教育做好准备；

◇ 到 2030 年,确保所有男女平等获得负担得起的优质技术、职业和高等教育,包括大学教育；

◇ 到 2030 年,大幅增加掌握就业、体面工作和创业所需相关技能,包括技术性和职业性技能的青年和成年人数；

◇ 到 2030 年,消除教育中的性别差距,确保残疾人、土著居民和处境脆弱儿童等弱势群体平等获得各级教育和职业培训；

◇ 到 2030 年,确保所有青年和大部分成年男女具有识字和计算能力；

◇ 到 2030 年,确保所有进行学习的人都掌握可持续发展所需的知识和技能,具体做法包括开展可持续发展、可持续生活方式、人权和性别平等方

面的教育、弘扬和平和非暴力文化、提升全球公民意识,以及肯定文化多样性和文化对可持续发展的贡献;

◇ 建立和改善兼顾儿童、残疾和性别平等的教育设施,为所有人提供安全、非暴力、包容和有效的学习环境;

◇ 到 2020 年,在全球范围内大幅增加发达国家和部分发展中国家为发展中国家,特别是最不发达国家、小岛屿发展中国家和非洲国家提供的高等教育奖学金数量,包括职业培训和信息通信技术、技术、工程、科学项目的奖学金;

◇ 到 2030 年,大幅增加合格教师人数,具体做法包括在发展中国家,特别是最不发达国家和小岛屿发展中国家开展师资培训方面的国际合作。

(5)SDG 5——性别平等

性别歧视在某些地区仍然根深蒂固,妇女无法获得体面的工作,面临职业隔离和性别工资差异。SDG 5 致力于"实现性别平等,增强所有妇女和女童的权能"。具体目标[1]如下:

◇ 在全球消除对妇女和女童一切形式的歧视;

◇ 消除公共和私营部门针对妇女和女童一切形式的暴力行为,包括贩卖、性剥削及其他形式的剥削;

◇ 消除童婚、早婚、逼婚及割礼等一切伤害行为;

◇ 认可和尊重无偿护理和家务,各国可视本国情况提供公共服务、基础设施和社会保护政策,在家庭内部提倡责任共担;

◇ 确保妇女全面有效参与各级政治、经济和公共生活的决策,并享有进入以上各级决策领导层的平等机会;

◇ 根据《国际人口与发展会议行动纲领》、《北京行动纲领》及其历次审查会议的成果文件,确保普遍享有性和生殖健康以及生殖权利;

◇ 根据各国法律进行改革,给予妇女平等获取经济资源的权利,以及享有对土地和其他形式财产的所有权和控制权,获取金融服务、遗产和自然资源;

◇ 加强技术特别是信息和通信技术的应用,以增强妇女权能;

◇ 采用和加强合理的政策和有执行力的立法,促进性别平等,在各级增强妇女和女童权能。

(6)SDG 6——清洁饮用和环境卫生

在过去几十年里,不断增长的全球水资源需求以及对水资源的滥用,造成了严重的水资源压力,并增加了全球多地区的污染风险。保护并合理利用水资源,是减贫、经济增长和环境可持续发展的基础。

SDG 6 希望实现"为所有人提供水和环境卫生并对其进行可持续管

理"。具体目标[1]如下：

◇ 到 2030 年，人人普遍和公平获得安全和负担得起的饮用水；

◇ 到 2030 年，人人享有适当和公平的环境卫生和个人卫生，杜绝露天排便，特别注意满足妇女、女童和弱势群体在此方面的需求；

◇ 到 2030 年，通过以下方式改善水质：减少污染，消除倾倒废物现象，把危险化学品和材料的排放减少到最低限度，将未经处理废水比例减半，大幅增加全球废物回收和安全再利用；

◇ 到 2030 年，所有行业大幅提高用水效率，确保可持续取用和供应淡水，以解决缺水问题，大幅减少缺水人数；

◇ 到 2030 年，在各级进行水资源综合管理，包括酌情开展跨境合作；

◇ 到 2020 年，保护和恢复与水有关的生态系统，包括山地、森林、湿地、河流、地下含水层和湖泊；

◇ 到 2030 年，扩大向发展中国家提供的国际合作和能力建设支持，帮助它们开展与水和卫生有关的活动和方案，包括雨水采集、海水淡化、提高用水效率、废水处理、水回收和再利用技术；

◇ 支持和加强地方社区参与改进水和环境卫生管理。

(7)SDG 7——可负担的清洁能源

能源是一切发展的基础，在《变革我们的世界：2030 年可持续发展议程》和关于气候变化的《巴黎协定》中，能源均列在核心位置。

SDG 7 致力于"确保人人获得负担得起的、可靠和可持续的现代能源"，不断发展可持续的现代能源，将创造新的经济机会和就业岗位。具体目标[1]如下：

◇ 到 2030 年，确保人人都能获得负担得起的、可靠的现代能源服务；

◇ 到 2030 年，大幅增加可再生能源在全球能源结构中的比例；

◇ 到 2030 年，全球能效改善率提高一倍；

◇ 到 2030 年，加强国际合作，促进获取清洁能源的研究和技术，包括可再生能源、能效，以及先进和更清洁的化石燃料技术，并促进对能源基础设施和清洁能源技术的投资；

◇ 到 2030 年，增建基础设施并进行技术升级，以便根据发展中国家，特别是最不发达国家、小岛屿发展中国家和内陆发展中国家各自的支持方案，为所有人提供可持续的现代能源服务。

(8)SDG 8——体面工作和经济增长

各个国家和地区应根据自身资源禀赋，制定提高有偿就业机会保障机制，确保吸收社会剩余劳动力，"促进持久、包容和可持续经济增长，促进充分的生产性就业和人人获得体面工作"。具体目标[1]如下：

◇ 根据各国国情维持人均经济增长，特别是将最不发达国家国内生产总值年增长率至少维持在 7%；

◇ 通过多样化经营、技术升级和创新，包括重点发展高附加值和劳动密集型行业，实现更高水平的经济生产力；

◇ 推行以发展为导向的政策，支持生产性活动、体面就业、创业精神、创造力和创新，鼓励微型和中小型企业通过获取金融服务等方式实现正规化并成长壮大；

◇ 到 2030 年，逐步改善全球消费和生产的资源使用效率，按照《可持续消费和生产模式方案十年框架》，努力使经济增长和环境退化脱钩，发达国家应在上述工作中做出表率；

◇ 到 2030 年，所有男女，包括青年和残疾人实现充分和生产性就业，有体面工作，并做到同工同酬；

◇ 到 2020 年，大幅减少未就业和未受教育或培训的青年人比例；

◇ 立即采取有效措施，根除强制劳动、现代奴隶制和贩卖人口，禁止和消除最恶劣形式的使用童工，包括招募和利用童兵，到 2025 年终止一切形式的使用童工；

◇ 保护劳工权利，推动为所有工人，包括移民工人，特别是女性移民和没有稳定工作的人创造安全和有保障的工作环境；

◇ 到 2030 年，制定和执行推广可持续旅游的政策，以创造就业机会，促进地方文化和产品；

◇ 加强国内金融机构的能力，鼓励并扩大全民获得银行、保险、金融服务的机会；

◇ 增加向发展中国家，特别是最不发达国家提供的促贸援助支持，包括通过《为最不发达国家提供贸易技术援助的强化综合框架》提供上述支持；

◇ 到 2020 年，拟定和实施青年就业全球战略，并执行国际劳工组织的《全球就业契约》。

（9）SDG 9——产业、创新和基础设施

联合国在多次国际会议和倡议中提到了工业化。《利马宣言：实现包容及可持续工业发展》中提到："工业发展推动附加值的增加，加强科学、技术和创新的应用，鼓励加大对技能和教育的投资，从而为实现更广泛、包容和可持续的发展目标提供资源。"

SDG 9 将"建造具备抵御灾害能力的基础设施，促进具有包容性的可持续工业化，推动创新"。具体目标[1]如下：

◇ 发展优质、可靠、可持续和有抵御灾害能力的基础设施，包括区域和跨境基础设施，以支持经济发展和提升人类福祉，重点是人人可负担得起并公平利用上述基础设施；

◇ 促进包容可持续工业化，到 2030 年，根据各国国情，大幅提高工业在就业和国内生产总值中的比例，使最不发达国家的这一比例翻番；

◇ 增加小型工业和其他企业，特别是发展中国家的这些企业获得金融服务、包括负担得起的信贷的机会，将上述企业纳入价值链和市场；

◇ 到 2030 年，所有国家根据自身能力采取行动，升级基础设施，改进工业以提升其可持续性，提高资源使用效率，更多采用清洁和环保技术及产业流程；

◇ 在所有国家，特别是发展中国家，加强科学研究，提升工业部门的技术能力，包括到 2030 年，鼓励创新，大幅增加每 100 万人口中的研发人员数量，并增加公共和私人研发支出；

◇ 向非洲国家、最不发达国家、内陆发展中国家和小岛屿发展中国家提供更多的财政、技术和技能支持，以促进其开发有抵御灾害能力的可持续基础设施；

◇ 支持发展中国家的国内技术开发、研究与创新，包括提供有利的政策环境，以实现工业多样化，增加商品附加值；

◇ 大幅提升信息和通信技术的普及度，力争到 2020 年在最不发达国家以低廉的价格普遍提供因特网服务。

(10)SDG 10——减少不平等

SDG 10 要求"减少国家内部和国家之间的不平等"。具体目标[1]如下：

◇ 到 2030 年，逐步实现和维持最底层 40% 人口的收入增长，并确保其增长率高于全国平均水平；

◇ 到 2030 年，增强所有人的权能，促进他们融入社会、经济和政治生活，而不论其年龄、性别、残疾与否、种族、族裔、出身、宗教信仰、经济地位或其他任何区别；

◇ 确保机会均等，减少结果不平等现象，包括取消歧视性法律、政策和做法，推动与上述努力相关的适当立法、政策和行动；

◇ 采取政策，特别是财政、薪资和社会保障政策，逐步实现更大的平等；

◇ 改善对全球金融市场和金融机构的监管和监测，并加强上述监管措施的执行；

◇ 确保发展中国家在国际经济和金融机构决策过程中有更大的代表性和发言权，以建立更加有效、可信、负责和合法的机构；

◇ 促进有序、安全、正常和负责的移民和人口流动,包括执行合理规划和管理完善的移民政策;

◇ 根据世界贸易组织的各项协议,落实对发展中国家、特别是最不发达国家的特殊和区别待遇原则;

◇ 鼓励根据最需要帮助的国家,特别是最不发达国家、非洲国家、小岛屿发展中国家和内陆发展中国家的国家计划和方案,向其提供官方发展援助和资金,包括外国直接投资;

◇ 到2030年,将移民汇款手续费减至3%以下,取消费用高于5%的侨汇渠道。

(11)SDG 11——可持续城市和社区

"建设可持续城市和社区"与城市直接相关,即"建设包容、安全、有抵御灾害能力和可持续的城市和人类住区"。具体目标[1]如下:

◇ 到2030年,确保人人获得适当、安全和负担得起的住房和基本服务,并改造贫民窟;

◇ 到2030年,向所有人提供安全、负担得起的、易于利用、可持续的交通运输系统,改善道路安全,特别是扩大公共交通,要特别关注处境脆弱者、妇女、儿童、残疾人和老年人的需要;

◇ 到2030年,在所有国家加强包容和可持续的城市建设,加强参与性、综合性、可持续的人类住区规划和管理能力;

◇ 进一步努力保护和捍卫世界文化和自然遗产;

◇ 到2030年,大幅减少包括水灾在内的各种灾害造成的死亡人数和受灾人数,大幅减少上述灾害造成的与全球国内生产总值有关的直接经济损失,重点保护穷人和处境脆弱群体;

◇ 到2030年,减少城市的人均负面环境影响,包括特别关注空气质量,以及城市废物管理等;

◇ 到2030年,向所有人,特别是妇女、儿童、老年人和残疾人,普遍提供安全、包容、无障碍、绿色的公共空间;

◇ 通过加强国家和区域发展规划,支持在城市、近郊和农村地区之间建立积极的经济、社会和环境联系;

◇ 到2020年,大幅增加采取和实施综合政策和计划以构建包容、资源使用效率高、减缓和适应气候变化,具有抵御灾害能力的城市和人类住区数量,并根据《2015—2030年仙台减少灾害风险框架》在各级建立和实施全面的灾害风险管理;

◇ 通过财政和技术援助等方式,支持最不发达国家就地取材,建造可持续的,有抵御灾害能力的建筑。

(12)SDG 12——负责任的消费和生产

所谓"负责任的消费和生产",即"确保采用可持续的消费和生产模式"。具体目标[1]如下:

◇ 各国在照顾发展中国家发展水平和能力的基础上,落实《可持续消费和生产模式十年方案框架》,发达国家在此方面要做出表率;

◇ 到 2030 年,实现自然资源的可持续管理和高效利用;

◇ 到 2030 年,将零售和消费环节的全球人均粮食浪费减半,减少生产和供应环节的粮食损失,包括收获后的损失;

◇ 到 2020 年,根据商定的国际框架,实现化学品和所有废物在整个存在周期的无害环境管理,并大幅减少它们排入大气以及渗漏到水和土壤的机率,尽可能降低它们对人类健康和环境造成的负面影响;

◇ 到 2030 年,通过预防、减排、回收和再利用,大幅减少废物的产生;

◇ 鼓励各个公司,特别是大公司和跨国公司,采用可持续的做法,并将可持续性信息纳入各自报告周期;

◇ 根据国家政策和优先事项,推行可持续的公共采购做法;

◇ 到 2030 年,确保各国人民都能获取关于可持续发展以及与自然和谐的生活方式的信息并具有上述意识;

◇ 支持发展中国家加强科学和技术能力,采用更可持续的生产和消费模式;

◇ 开发和利用各种工具,监测能创造就业机会、促进地方文化和产品的可持续旅游业对促进可持续发展产生的影响;

◇ 对鼓励浪费性消费的低效化石燃料补贴进行合理化调整,为此,应根据各国国情消除市场扭曲,包括调整税收结构,逐步取消有害补贴以反映其环境影响,同时充分考虑发展中国家的特殊需求和情况,尽可能减少对其发展可能产生的不利影响并注意保护穷人和受影响社区。

(13)SDG 13——气候变化

SDG 13 为"采取紧急行动应对气候变化及其影响"①。具体目标[1]如下:

◇ 加强各国抵御和适应气候相关的灾害和自然灾害的能力;

◇ 将应对气候变化的举措纳入国家政策、战略和规划;

---

① 原注:确认《联合国气候变化框架公约》是谈判达成全球气候变化对策的主要国际政府间论坛。

◇ 加强气候变化减缓、适应、减少影响和早期预警等方面的教育和宣传，加强人员和机构在此方面的能力；

◇ 发达国家履行在《联合国气候变化框架公约》下的承诺，即到 2020 年每年从各种渠道共同筹资 1000 亿美元，满足发展中国家的需求，帮助其切实开展减缓行动，提高履约的透明度，并尽快向绿色气候基金注资，使其全面投入运行；

◇ 促进在最不发达国家和小岛屿发展中国家建立增强能力的机制，帮助其进行与气候变化有关的有效规划和管理，包括重点关注妇女、青年、地方社区和边缘化社区。

(14)SDG 14——水下生命

关于水下生命，要求"保护和可持续利用海洋和海洋资源以促进可持续发展"。具体目标[1]如下：

◇ 到 2025 年，预防和大幅减少各类海洋污染，特别是陆上活动造成的污染，包括海洋废弃物污染和营养盐污染；

◇ 到 2020 年，通过加强抵御灾害能力等方式，可持续管理和保护海洋和沿海生态系统，以免产生重大负面影响，并采取行动帮助它们恢复原状，使海洋保持健康，物产丰富；

◇ 通过在各层级加强科学合作等方式，减少和应对海洋酸化的影响；

◇ 到 2020 年，有效规范捕捞活动，终止过度捕捞、非法、未报告和无管制的捕捞活动以及破坏性捕捞做法，执行科学的管理计划，以便在尽可能短的时间内使鱼群量至少恢复到其生态特征允许的能产生最高可持续产量的水平；

◇ 到 2020 年，根据国内和国际法，并基于现有的最佳科学资料，保护至少 10% 的沿海和海洋区域；

◇ 到 2020 年，禁止某些助长过剩产能和过度捕捞的渔业补贴，取消助长非法、未报告和无管制捕捞活动的补贴，避免出台新的这类补贴，同时承认给予发展中国家和最不发达国家合理、有效的特殊和差别待遇应是世界贸易组织渔业补贴谈判的一个不可或缺的组成部分；

◇ 到 2030 年，增加小岛屿发展中国家和最不发达国家通过可持续利用海洋资源获得的经济收益，包括可持续地管理渔业、水产养殖业和旅游业；

◇ 根据政府间海洋学委员会《海洋技术转让标准和准则》，增加科学知识，培养研究能力和转让海洋技术，以便改善海洋的健康，增加海洋生物多样性对发展中国家，特别是小岛屿发展中国家和最不发达国家发展的贡献；

◇ 向小规模个体渔民提供获取海洋资源和市场准入机会；

◇ 按照《我们希望的未来》第158段所述，根据《联合国海洋法公约》所规定的保护和可持续利用海洋及其资源的国际法律框架，加强海洋和海洋资源的保护和可持续利用。

(15)SDG 15——陆地生命

关于陆地生命，要求"保护、恢复和促进可持续利用陆地生态系统，可持续管理森林，防治荒漠化，制止和扭转土地退化，遏制生物多样性的丧失"。具体目标[1]如下：

◇ 到2020年，根据国际协议规定的义务，保护、恢复和可持续利用陆地和内陆的淡水生态系统及其服务，特别是森林、湿地、山麓和旱地；

◇ 到2020年，推动对所有类型森林进行可持续管理，停止毁林，恢复退化的森林，大幅增加全球植树造林和重新造林；

◇ 到2030年，防治荒漠化，恢复退化的土地和土壤，包括受荒漠化、干旱和洪涝影响的土地，努力建立一个不再出现土地退化的世界；

◇ 到2030年，保护山地生态系统，包括其生物多样性，以便加强山地生态系统的能力，使其能够带来对可持续发展必不可少的益处；

◇ 采取紧急重大行动来减少自然栖息地的退化，遏制生物多样性的丧失，到2020年，保护受威胁物种，防止其灭绝；

◇ 根据国际共识，公正和公平地分享利用遗传资源产生的利益，促进适当获取这类资源；

◇ 采取紧急行动，终止偷猎和贩卖受保护的动植物物种，处理非法野生动植物产品的供求问题；

◇ 到2020年，采取措施防止引入外来入侵物种并大幅减少其对土地和水域生态系统的影响，控制或消灭其中的重点物种；

◇ 到2020年，把生态系统和生物多样性价值观纳入国家和地方规划、发展进程、减贫战略和核算；

◇ 从各种渠道动员并大幅增加财政资源，以保护和可持续利用生物多样性和生态系统；

◇ 从各种渠道大幅动员资源，从各个层级为可持续森林管理提供资金支持，并为发展中国家推进可持续森林管理，包括保护森林和重新造林，提供充足的激励措施；

◇ 在全球加大支持力度，打击偷猎和贩卖受保护物种，包括增加地方社区实现可持续生计的机会。

(16)SDG 16——和平、正义和包容的社会

这条目标为"创建和平、包容的社会以促进可持续发展，让所有人都能

诉诸司法，在各级建立有效、负责和包容的机构"。具体目标[1]如下：

　　◇ 在全球大幅减少一切形式的暴力和相关的死亡率；

　　◇ 制止对儿童进行虐待、剥削、贩卖以及一切形式的暴力和酷刑；

　　◇ 在国家和国际层面促进法治，确保所有人都有平等诉诸司法的机会；

　　◇ 到 2030 年，大幅减少非法资金和武器流动，加强追赃和被盗资产返还力度，打击一切形式的有组织犯罪；

　　◇ 大幅减少一切形式的腐败和贿赂行为；

　　◇ 在各级建立有效、负责和透明的机构；

　　◇ 确保各级的决策反应迅速，具有包容性、参与性和代表性；

　　◇ 扩大和加强发展中国家对全球治理机构的参与；

　　◇ 到 2030 年，为所有人提供法律身份，包括出生登记；

　　◇ 根据国家立法和国际协议，确保公众获得各种信息，保障基本自由；

　　◇ 通过开展国际合作等方式加强相关国家机制，在各层级提高各国尤其是发展中国家的能力建设，以预防暴力，打击恐怖主义和犯罪行为；

　　◇ 推动和实施非歧视性法律和政策以促进可持续发展。

　　(17)SDG 17——为实现这些目标建立伙伴关系

　　此条要求"加强执行手段，重振可持续发展全球伙伴关系"，具体包括筹资、技术、能力建设、贸易、系统性问题（政策和体制的一致性、多利益攸关方伙伴关系、数据、监测和问责制）等方面的 19 个具体目标[1]，并非本书重点，此不一一。

　　可持续发展目标涵盖了广泛的主题，帮助各国及各行各业以统一的方式考虑其业务的影响。这 17 个目标给人类指明了未来发展的方向，当下值得探讨的是如何实现这些目标。人们已经从各行各业、各个层面对实现SDGs 付出了诸多的努力与实践，而接下来是全面的开展与推进。

2. 碳达峰、碳中和的"双碳目标"

●全球化的"双碳目标"

在过去的 200 年里,人类向大气中排放了数万亿吨二氧化碳,导致目前气候变化在全球范围内造成了规模空前的影响,全球生态平衡遭到破坏。2015 年,《联合国气候变化框架公约》第 21 届缔约方会议在法国巴黎召开,会议就全球平均温度 21 世纪末升幅为 2℃这一共识性目标进行了讨论,并通过《巴黎协定》,承诺为 1.5℃目标持续努力[2]。大会指出,二氧化碳排放达到净零时,全球温度也将达到稳定。如果要将全球变暖控制在不超过工业化前 2℃,需要在约 21 世纪 70 年代初实现全球二氧化碳净零排放,即"碳中和";而如果要将全球变暖控制在不超过工业化前 1.5℃,则需要在 21 世纪 50 年代初实现全球二氧化碳净零排放。经评估,将全球变暖控制在不超过工业化前 1.5℃,需要全球温室气体排放在 2025 年前达到峰值,并在 2030 年前减少 43%;要将全球变暖控制在不超过工业化前 2℃,仍需要全球温室气体排放在 2025 年前达到峰值,并在 2030 年前减少 1/4。

为了有效避免减排责任分配方案的制定与选择出问题[3],《巴黎协定》摒弃了《京都议定书》(1997)对各成员国减排指标进行"自上而下"分配的做法,采取"自下而上"的方式,允许各成员国根据自身的减排责任与能力,向联合国自主递交关于温室气体减排的国家自主贡献(NDCs)目标。到目前为止,全球已有 165 个国家和地区相继向联合国提交了相应的 NDCs 目标,涉及内容涵盖全球 90%以上的温室气体排放量[4]。

●我国的"双碳目标"

2020 年 9 月,国家主席习近平在第七十五届联合国大会上首次向全世界宣布:"中国将提高国家自主贡献力度,采取更加有力的政策和措施,二氧化碳排放力争于 2030 年前达到峰值,努力争取 2060 年前实现碳中和。"[5]此即"双碳目标"。2021 年 3 月,习近平总书记主持召开了中央财经委员会第九次会议,会上提出要把碳达峰、碳中和纳入生态文明建设整体布局,拿出抓铁有痕的劲头,如期实现 2030 年前碳达峰、2060 年前碳中和目标。

2021 年,"双碳目标"先后写入《政府工作报告》和《国民经济和社会发展第十四个五年规划和 2035 年远景目标纲要》，成为国策。这不仅是我国对世界的庄严承诺，也必将对中国的经济社会及发展方式产生深远影响。

首先，我国实现"双碳目标"有利于经济高质量发展和促进生态环境改善。综合考量我国工业化发展阶段、能源结构、碳中和起点强度等方面，实现"双碳目标"面临着多重阻力和艰巨的挑战，只有倒逼产业转型升级，运用政治、经济、科技等手段，从能源效率、能源结构、产业结构等方面入手，才能促进国民经济稳步、持续、高质量增长。

其次，"双碳目标"将加速我国能源转型和能源革命进程，新增大量绿色投资需求，改善投资结构。通过大幅提升能源利用效率和清洁能源研发，逐步摆脱对化石能源的依赖，推动全方位、全链条、系统性的能源生产、转化和管理方式转变，推动我国工业制造业——尤其是初级制造业——向绿色低碳转型升级，加快高耗能、重化工业等产业的去产能和重组整合步伐，从技术、经济、制度三个层面多维发力，推动经济社会系统全面实现绿色低碳转型。

最后，有利于打破"碳壁垒"，推动我国贸易出口。贸易出口与各国碳减排相联系，以"碳壁垒"为手段加大各国基础设施与企业审查力度，是未来国际贸易的发展趋势。在这样的背景下我国提出"双碳目标"，可打破贸易壁垒，消除出口产品被征收碳税的潜在风险。

同时，"双碳目标"也让我国承受一定的挑战和压力。由于我国仍处于工业化发展阶段，传统能源目前仍占据经济发展要素的主导地位，要保证工业化和城市化持续推进，碳的排放量在一定时期内还会有所增加。我国各地区经济发展差异大，不同地区资源禀赋、产业优势和经济发展水平不一，因此，以产业结构调整、行业节能和非化石能源发展为主的减排方案，在不同地区将会呈现不同的问题和效果。采取经济激励政策，实行可再生能源配额制度和绿证交易制度，不断平衡低碳技术与传统技术路线之间的成本差额，这些路径方法并非短期内就可见效，需要一定的经济运行周期并不断调整优化。

●我国建筑领域的"双碳目标"与发展策略

我国早期对建筑领域的低碳研究集中在建筑使用过程中的低耗能或零耗能，多强调运营阶段的能源使用或能耗指标控制。然而，通过对我国建筑领域碳排放量测算得知，建筑全寿命周期碳排放占我国碳排放总量的 50%，建筑工程材料生产全过程碳排放总量大于建筑运行阶段碳排放总量。因此，"双碳目标"的实现不能仅看建筑运行阶段的低碳减排，而应重视建筑全寿命周期的低碳减排。

近年来，随着全寿命理论体系在低碳建筑研究过程中的运用，学者普遍认为建筑领域碳减排必须优先实施建筑工程材料低碳减排，建筑应采用低碳材料、低碳工艺建造，并以低碳方式运维与拆除。根据我国建筑业低碳发展的现状条件，建筑领域实现"双碳"发展目标可以依照"源头减碳—过程减碳—末端减碳"这一路径展开。

第一，实现源头减碳。研发与推广高性能、高效能、高耐久的建筑材料，并加以高效利用和组合应用，形成集"材料、结构、功能"于一体，且性能好、低成本、长寿命的新型建筑工程结构，以理想原材料的使用促进建筑全寿命周期节能减排。

第二，实现过程减碳。我国地域辽阔，资源丰富，可根据各地优势条件，因地制宜、就地取材，减少建筑材料生产、运输成本。发挥地域性材料最大价值，以科技为手段探索地域性材料为未来建筑领域提供更多解决方案的可能性，将成为建筑过程减排的重要发展方向。

第三，实现末端减碳。建筑拆除过程中，提倡建筑垃圾与废弃材料循环利用，变废为宝，延长建筑原材料的使用寿命，降低建筑成本。在建筑材料研发生产中强化耐久性能，以科学技术不断提升材料价值，提升建材可重复与资源化再利用水平。

●高校校园"双碳目标"与实践计划

我国教育部 2021 年 7 月 12 日发布《高等学校碳中和科技创新行动计划》，推动高校在碳中和领域进行重点布局，明确了高校为国家"双碳目标"提供科技与人才支撑的重大任务。以校园环境建设推动碳中和科技创新及高素质人才培养，是对国家"双碳目标"战略和教育部行动计划的积极响应。

近年来，法、美、澳等国家纷纷提出高校校园碳中和规划，积极采取行动降低高校的碳排放，成为推动当地社区与本国"双碳"政策与低碳减排行动的重要力量。梳理各国高校校园关于节能减排的相关实践与行动，其中法国塔乐礼杜夫特大学于 1990 年召开"大学在环境管理与永续发展中的角色"国际研讨会，来自全世界 22 所大学的校长达成大学校园环境可持续发展共识，承诺以十点行动计划保证学校教学、科研、运营及延伸服务满足校园生态环境保护与可持续发展要求。大会讨论并签署的《塔乐礼宣言》（The Talloires Declaration），成为各国政府在高校环境教育和管理角度的绿色与低碳发展纲领。英国方面，为配合国家减排目标，2010 年，由英国大学联盟

(UUK)、英格兰高等教育基金委员会(HEFCE)和 Guild HE 联盟为其资助的英国所有高校制定了减排目标,要求各高校碳排放到 2020 年相较于 2005 年减少 43％,到 2050 年减排 80％[6]。2006 年,美国亚利桑那州立大学联合美国 12 所高校签署"美国高校校长气候宣言"(ACUPCC)。到 2007 年 3 月,已有 152 位校长代表其高校签署 ACUPCC 承诺书,2012 年其官方网站显示的签约学校已达 674 所。"为美国高校实施全面性计划以实现碳中和并提供行动框架"成为 ACUPCC 的使命和宗旨。近年来,随着越来越多国家提出了碳中和时间表,美国、澳大利亚等国高校发布《碳中和规划》(Carbon Neutrality Plan),提出了高校校园碳中和时间表和实施路径图。

目前,我国高校正以实际行动响应国家"双碳目标"。2019 年,由清华大学倡议并成立"世界大学气候变化联盟",9 个国家 12 所大学就"人才培养、绿色校园,以及在气候相关技术、经济、政策等方面开展联合研究"。北京大学、四川大学先后成立碳中和研究院,对校园"双碳目标"的相关问题展开系统研究。同济大学于 2021 年召开"高等学校校园 3060 双碳目标与路径"论坛,聚焦高等学校碳中和校园的实现路径。论坛同时发布《中国高等学校校园碳中和行动宣言》,得到中国科学技术大学、浙江大学等来自全国 44 所院校的积极响应。据中国地质大学(武汉)经济管理学院"双碳"课题组测算,2017 年中国教育领域的碳排放高达 2.46 亿吨,中国地质大学(武汉)已率先启动"碳达峰、碳中和"规划编制工作。

高校是经济社会重大变革的先行者、引领者,也是教育领域碳排放的主要来源,因而成为"双碳目标"创新的最佳阵地。我国高校应在"碳达峰、碳中和"这场经济社会变革中发挥重要支撑、保障、引领作用。我国目前的绿色生态校园建设标准研究相对薄弱,相较于发达国家和地区,如英国 BREEAM 系统、美国 LEED 系统以及澳大利亚 Green Star 系统,我国现行的绿色建筑标准体系起步较晚,不够完善和成熟,推广度也较低。鉴于上述问题,教育部积极推动绿色校园建设,以《高等学校节约型校园建设管理与技术导则(试行)》、《绿色校园评价标准》、《绿色建筑评价标准》等有关规范及标准为基础,结合我国绿色校园发展目标和实际情况,于 2020 年制定了《高校新建校园绿色规划建设指南》,主要用于建立系统、科学、透明的高校绿色校园评价体系,推动高校校园绿色建筑评价与科学分级,助力我国高校领域的"双碳目标"实现。

参考文献

[1] United Nations. Sustainable Development Goals[EB/OL]. (2015)[2022-01-03]. https://sustainabledevelopment. un. org/sdgs.

[2] 巢清尘,张永香,高翔,等. 巴黎协定——全球气候治理的新起点[J]. 气候变化研究进展,2016,12(1):65-71.

[3] JACQUET J, JAMIESON D. Soft but significant power in the Paris Agreement[J]. Nature Climate Change, 2016,6(7):643-646.

[4] 柴麒敏,傅莎,温新元. 中国实施国家自主贡献的路径研究[J]. 环境经济研究. 2019,4(2):110-124.

[5] 习近平在第七十五届联合国大会一般性辩论上的讲话[EB/OL]. (2020-09-22)[2025-02-13]. https://jhsjk. people. cn/article/31871241.

[6] 张俊勇,张玉梅. 英国高校碳减排措施[J]. 高校后勤研究,2013(02):66-67.

第二章　绿色校园的发展与内涵

高校作为育人和科技发展的重要基地,肩负着为社会输送人才,引领全社会可持续发展的重任。建设绿色校园不仅可以拓宽学生的视野,提高学生对环境保护重要性的认识,提高个人的责任意识,还能引导他们的行为向有利于绿色和可持续发展的方向转变,从而将可持续的理念落实到日常生活与科学研究中。同时,绿色校园的建设也促使高校将可持续发展的观念融入教学、科研、人才培养、社会服务等各个方面。绿色校园的建设将直接关系到全球教育的可持续发展。学校可以不断完善自我管理,改进教育手段,以降低教育投入,提高办学效率和效益。思考教育的重新定向,探索现代教育的改革,进而在全球提供更好的教育资源,促进教育公平。因此,对于绿色校园的可持续发展研究为全球众多国家所接受,并被提到十分重要的地位。

1972年,联合国在《人类环境会议宣言》(Declaration of the United Nations Conference on the Human Environment)和"人类环境行为计划"中,首次提出绿色校园的概念。此后绿色校园的建设在全球范围内不断尝试与发展,在可持续发展这一核心理念下,围绕社会、环境、经济三个层面展开。

1. 绿色校园的内涵

随着全球自然环境的不断恶化,可持续发展在全球达成共识,成为关乎人类未来命运的共同建设目标。其中由"环境"、"经济"与"社会"三个核心要素组成的"可持续",其内涵不断完善,目标不断明确与细化[1]。在"环境保护"的理念被提出之时,"环境教育"的概念就被提到了同等重要的地位。随后,前者逐步发展成对关系人类共同命运的可持续发展问题的讨论;而后者则发展为以全球高校为先锋的绿色校园的建设实践。因此"绿色校园"的内涵与"可持续"的理念一脉相承，同样包含"环境"、"经济"与"社会"三个维度的思考。"可持续发展"与"绿色校园"两者同步发展，相互促进（见图 2.1）。而这其中，对于可持续发展的探索，正是由大学作为先进理念推广、新技术实验的基地，绿色校园在实现全球可持续发展目标的进程中担负重要的推动作用。

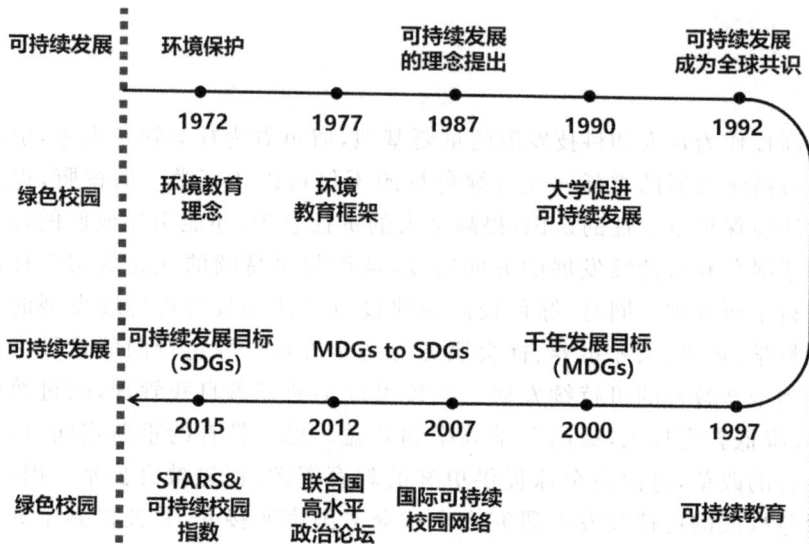

图 2.1　可持续发展和绿色校园发展概念进程图

随着工业文明的发展，人类工业生产能力和科技水平得到了极大的提升。生产能力发展迅速的同时，自然环境却没有得到足够的保护，随之而来的是一系列环境问题[2]。因此，自 20 世纪 70 年代以来，以联合国为中心，世界各国展开了一系列措施，以推动全球的可持续发展[3]。高校的可持续校园建设是其中重要的措施之一[4]。高校是当前社会重要的组成部分，高校的可持续发展研究能够借助高校自身的科研平台，将新技术、新理论在校园中优先进行实践[5]。另外，多数高校校园规模庞大，具备一定的社会属性，这为将可持续校园的研究成果推广至全社会打下了基础[6]。可持续校园的研究直接对全球可持续发展目标（SDGs）中的第 4 项（优质教育）和第 11 项（可持续城市和社区）[7]进行了很好的回应，对整个社会的可持续发展具有探索性的实践意义。

关于绿色校园的概念，尚无公认的定义，一直以来，国内外对此的研究均处于一个不断变化、不断完善的过程中。

1999年，可持续未来大学领导者协会（ULSF）①将可持续大学的表现扩展归纳为七个方面：（1）可持续发展在校园的方针政策中有显著地位；（2）可持续发展理念成为学术准则；（3）旧的学术范式发生重大转变，学生探讨问题时增加生态系统的维度；（4）与可持续有关的知识背景与教职工的雇佣、奖励、升迁体系挂钩；（5）对生态足迹进行测度；（6）对与可持续发展相关的活动（如相关讲座、庆祝地球日等）给予相应的支持；（7）支持与可持续发展相关的组织与当地企业联手进行与可持续发展相关的活动，通过讲座、交换等在全球环境保护和可持续发展问题上进行交流等[8]。

美国绿色建筑委员会（USGBC）②将"绿色校园"定义为"一个通过可持续发展教育、健康生活和教育环境的创造，来建立改善能源效率、保护资源、提高环境质量的高等教育社区"[9]。

从上述定义可知，国外的"绿色校园"概念涉及绿色教学、绿色科学研究、社会服务等。

自1994年国内提出"绿色校园（绿色大学）"以来，关于"绿色校园"的定义研究便没有停止过。清华大学认为建设"绿色校园"，是学校以可持续发展的环境教育思想为指导，不断完善自我管理、改进教育手段、降低教育投入、提高办学效率和效益的过程，也是学校不断解决自身可持续发展问题的过程[10]。

目前国内外绿色校园的定义及内涵存在几个相似点。其一，定义均以可持续发展思想为基础，主张在可持续发展思想的指导下，发展校园建设、校园管理、教学科研等工作。其二，虽然侧重点各有不同，但大多数学者把开展可持续教育放在了核心位置，大部分都包含绿色校园建设、绿色校园运营、绿色人文活动创建等内容。由此我国教育部把绿色大学建设和评价概括为绿色教育、绿色科技、绿色校园、绿色文明、绿色消费、绿色服务六个方面，较为全面地总结了不同学者关于绿色校园建设的观点。其三，均提出创建绿色校园的目标是将可持续发展观、生态环境保护意义不断渗透至大学各个方面，成为人与自然和谐发展的社会缩影，并更好地为社会提供专业素质人才，以促进全社会的可持续发展。

---

①　可持续未来大学领导者协会（ULSF），旨在通过出版物、研究和评估来支持高校可持续发展，并作为其全球高校教学、研究、运营和推广的重点。

②　美国绿色建筑委员会（USGBC），由15000家公司和组织、79家分公司和173000名具有LEED专业认证资格的专业人员组成，致力于通过高成本效率和绿色节能建筑构建未来的可持续发展。

绿色校园的概念出自 1972 年联合国在斯德哥尔摩通过的《人类环境会议宣言》,发展至今,可持续校园的内涵主要有[11]:

a)针对校园可持续发展的管理以及实施政策;

b)在学生教育中融入可持续发展理念;

c)校校合作、校企合作、政校合作等;

d)节能节水,减少碳排放;

e)绿色建筑;

f)环境、生态负担低;

g)无烟无空气污染;

h)废弃物处理得当;

i)校园规划合理;

j)绿色食品和食品服务;

k)环保采购;

l)交通;

m)开放包容,尊重弱势群体;

n)可持续投资;

o)人员健康保障体系完备。

根据绿色校园的内涵,目前实操层面的内容既有对校园内各项能耗数据进行收集与统计分析,从而进行合理有效的节能改造与能源审计,减少学校能耗,又有在校园规划、建筑设计、绿色生态教育中,坚持可持续发展和生态建设的原则,将绿色生态的理念加以推广。虽然各国在绿色校园建设重点内容上存在一定的差异,但综合起来一般可概括为以下四个方面。

(1)绿色教育

绿色教育就是要将全方位的环境保护和可持续发展意识教育渗入自然科学、技术科学、人文和社会科学等综合性教学和实践环节中,使其成为全校学生的基础知识结构和综合素质培养的重要组成部分[12]。"绿色教育"包含三个方面的内容。

第一是知识。即向高校师生传播与绿色或可持续发展思想有关的知识。面向全体学生,开设"绿色"课程,以便学生与时俱进,不断更新自己的知识储备,形成完善的绿色知识结构,同时潜移默化地影响他们的行为,培养他们绿色的行为模式。可具体体现在学校开设与"绿色教育"相关的选修课或必修课。

第二是价值观。包括绿色行为与道德,绿色行为不仅表现在出行的低碳环保、个人行为的绿色节约,更多的是模范作用,最终目标是构建绿色社会。

第三是实践。绿色教育的成果主要看实践的效果，对高校来说，最直观的数据就是校园的用能指标及用能模式，体现为校园内每个人的用能习惯，如做到人走灯熄，节约用水等等。

（2）绿色管理

构建学校绿色管理体系，就是指在组织开展各类学校活动以及构建先进的学校管理体系的过程中，将绿色管理理念融入其中，让教师和学生都能在教学活动中充分展现个人生命特色，真正体现人本思想、公平教育等教学的真正内涵[13]。"绿色管理"体现在教学实验、科学研究、行政办公、基建后勤等各个方面，要建立严格、科学、合理的管理制度。在节约用水、节约用电、节约粮食、节约办公用品、节约经费等各个环节制定具体实施办法[14]。创建以"以人为本"为核心的可持续发展管理体系，管理部门与被管理部门之间应做到了解、理解与谅解。

（3）绿色建设

"绿色校园"应是一个可持续发展的社区，一个推广环境无害化技术和清洁技术应用的示范区，一个精心规划的、生态园林景观遍布的园区[15]。校园内绿化程度高，各种节能措施得到广泛运用，校园文化中浸润着环保和可持续发展思想，师生和校行政及后勤人员有良好的学习和工作环境。不仅如此，绿色社区也反映在校园的建设规模与用地模式上。许多高校——尤其新建设的校区——在推行绿色校园的同时，往往是以奢侈化的用地模式来获得高绿化率和低容积率，这已与绿色校园的内涵背道而驰。

（4）绿色用能

建立完善的能耗监测平台，与国家颁布的节能减排标准相结合，制定符合本校情况的节能工作统计监测及实施方案，完善能源计量，对本校的能耗情况进行定期公示。在这方面，我国节约型校园建设领头军，如香港大学、香港中文大学、清华大学、同济大学、浙江大学等都建立了能耗实时监测平台，对校园能耗进行实时监测，并对能耗数据定期分析，对用能异常部分提出整改意见，以降低校园的总耗能量。

2. 全球绿色校园的发展历程

早在 1972 年，在斯德哥尔摩召开的人类环境会议就通过了以环境保护为核心的《人类环境会议宣言》，其中也提出了"环境教育"的概念[11]。1977年的《第比利斯宣言》，首次把环境教育的目标分为意识、知识、态度、技能、参与五个方面，为全球环境教育的发展奠定了基本框架和体系[16]。1987 年联合国发表《我们共同的未来》①，正式提出"可持续发展"思想。1990 年的法国《塔乐礼宣言》②是目前国际公认在推动大学可持续发展方面最具标志性意义的文件。会议提出了十点关键原则，当时有全球 22 所大学的校长和数位联合国环境专家签字达成共识。会后，40 多个国家的 250 多所院校陆续加入其中[17]。1992 年 6 月，在巴西里约热内卢举行的地球首脑会议上，178 个国家通过了《21 世纪议程》③，这是一项全面的行动计划，旨在建立全球可持续发展伙伴关系，以改善人类生活和保护环境[18]。"可持续发展"思想获得了全球范围的认可。1997 年，联合国教科文组织（UNESCO），正式提出了"可持续的教育"的理念，强调了教育在保护环境上的重要性。"可持续的教育"思想的出现，为"绿色学校"的发展提供了强大的理论基础。同年，美国乔治华盛顿大学第一个提出绿色大学的先导计划[19]。

进入 21 世纪后，全球的可持续发展加快了步伐，并有了更为切实可行的目标。2000 年 9 月在纽约联合国总部举行的千年首脑会议上，成员国一致通过了《千年宣言》④。首脑会议通过并制定了八项千年发展目标（MDGs），旨在 2015 年之前减少极端贫困[18]。高等教育可持续发展促进会（AASHE）于 2005 年 12 月正式成立，是北美第一个针对校园可持续发展社区的专业高等教育协会[20]。2007 年，全球可持续发展校园联盟（International Sustainable Campus Network）⑤在瑞士成立，旨在建立一个全球可持续发展校园建设的推荐机构和交流平台。该组织得到了诸多高校的响应，欧美及日本的 30 多所著名大学纷纷加入[21]。2012 年 6 月，在具有里程碑意义的地

① 《我们共同的未来》是世界环境与发展委员会关于人类未来的报告。报告以"持续发展"为基本纲领，以丰富的资料论述了当今世界环境与发展方面存在的问题，提出了处理这些问题的具体的和现实的行动建议。

② 《塔乐礼宣言》是 1990 年"大学在环境管理与永续发展的角色"国际研讨会中，由 22 位大学校长与主要领导人共同发起签署的宣言，讨论全球环境问题、管理与永续发展。会中也就大学应扮演的角色进行了探讨。

③ 《21 世纪议程》是 1992 年 6 月 3 日至 14 日在巴西里约热内卢召开的联合国环境与发展大会通过的重要文件之一，是 21 世纪在全球范围内，各国政府、联合国组织、发展机构、非政府组织和独立团体，在人类活动对环境产生影响的各个方面的综合行动蓝图。

④ 《千年宣言》是 2000 年 9 月召开的联合国大会上，联合国全体成员国一致通过的一项行动计划，旨在 2015 年之前将全球贫困水平降低一半（以 1990 年的水平为基准）。

⑤ 全球可持续发展校园联盟（International Sustainable Campus Network），旨在提供一个支持高校相互交流、支持高校与外部进行合作创新的国际论坛，以此实现可持续的校园运营，并将可持续理念融入教学和日常行为中。

球首脑会议 20 年后,巴西里约热内卢再次举行了联合国可持续发展大会("里约＋20")。会议围绕"绿色经济在可持续发展和消除贫困方面的作用"和"可持续发展的体制框架"等展开,并计划制定一套全球可持续发展目标(SDGs),以将此前的 21 世纪议程、千年发展目标(MDGs)等进行整合,并建立联合国可持续发展问题高级别政治论坛。"里约＋20"会议成果还涉及实施可持续发展的其他措施,包括发展筹资、小岛屿发展中国家等专题任务[18]。与此同时,中国绿色大学联盟与大洋洲、美国、欧洲绿色校园联盟共同组办了"高等教育可持续发展分论坛",揭开了大学可持续发展的新篇章。2015 年,联合国通过了一项计划,帮助发展中国家创造繁荣的未来,并指导其工作到 2030 年[22]。该议程确立了 17 项可持续发展目标,各国将致力于推动这些目标的实现。同年,由 AASHE 主编的 STARS 评价体系在全球范围内得到广泛采用。经过 STARS 评估的《可持续校园指数》出版,旨在表彰在可持续发展的 17 个不同方面表现最佳的高校[20]。

可见关于可持续发展的问题一直是全球热议的工作重点。实现现阶段联合国提出的可持续发展目标离不开全球绿色校园的建设。虽然可持续大学只是全球可持续发展建设的一部分,但它为推动可持续理念的完善与目标的现实做了积极的尝试,同时提供了宝贵的建设经验[23][24]。

●中美发展比较

(1)校园建设发展历程

自斯德哥尔摩人类环境会议首倡"绿色校园"理念[11]以来,这一理念在美国得到快速发展。从密歇根大学制定"环球河川环境教育"计划①,到乔治华盛顿大学提出绿色大学试点计划,将"绿色校园"概念细化为"绿色校园"、"生态校园"和"可持续校园"[25],"绿色校园"概念得到了明确的界定、认可,并逐步推广(见表 2.1)。美国绿色校园发展可以说已从理论层面进入实践维度。在近 30 年的发展中,美国的绿色校园理念不断完善,强调整体校园的可持续性,成为可供全球参考的重要典范之一[26]。

中国的绿色校园建设起步明显晚于美国。与美国绿色校园理念逐步丰富相比,中国的发展经历了两个阶段,即从"节能校园"到"绿色校园"[27]。同济大学最先开展校园的绿色建设,但更多的是注重节能减排与校园建筑的

---

①　"环球河川环境教育"计划创建并提供了基于流域的教育项目的观念和信息,旨在采取行动保护流域环境。流域管理的各个方面都有相关行动步骤,包括监测、分析、研究、政策议题和相关背景信息。

绿色化[28]。虽然中国绿色校园的起步晚于美国，但自21世纪初以来绿色校园这一理念在中国发展得越来越快，中国的高校在绿色校园发展，尤其是参与主体与校园建筑的可持续方面积极探索，不再局限于校园的"节能"建设。同时中国高校正试图与全球高校合作，共同参与全球的绿色校园发展，并取得了一定的成果[29]。

纵观中美绿色校园发展的历程，美国致力于绿色理念的深化，形成全面的可持续校园内涵，而中国则从"节能"校园转型而来，因此两国的绿色校园发展总体上是有巨大差异的，并且有各自的侧重点。就中国目前的发展阶段而言，正处于从"节约型校园"到"可持续校园"的转型期，尚处于绿色校园建设的起步阶段[27]，因此需要充分学习和借鉴其他国家在绿色校园建设中的经验，因地制宜地探索自身的建设之路。

表 2.1　中美可持续校园建设发展历程

时间	中国		美国	
	事件	意义	事件	意义
20世纪70年代			1972年，联合国在斯德哥尔摩通过《人类环境会议宣言》和"人类环境行为计划"	首次提出了"绿色校园"的概念
			1977年联合国教科文组织发表《第比利斯宣言》和关于如何开展环境教育建议书	为美国绿色校园的建设提供了前期发展依据
20世纪80年代			1989年，密歇根大学制定"环球河川环境教育"计划	开启了美国绿色校园建设的篇章
20世纪90年代	1996年颁布了《全国环境宣传教育行动纲要（1996—2010年）》，首次提出"绿色校园"的概念	标志着绿色校园概念在中国的初步形成	1990年，全球众多高校校长共同发起和签署了《塔乐礼宣言》	绿色校园建设的内涵第一次得到丰富
			1994年乔治华盛顿大学推出了建设可持续校园的前驱计划，并建成美国第一所"绿色大学"	可持续校园初次尝试，并将"绿色校园"的概念提升为"可持续校园"

时间	中国		美国	
	事件	意义	事件	意义
20世纪90年代	1998年清华大学提出创建"绿色大学"的构想,随后,清华大学进一步提出了"绿色大学计划"	绿色大学概念首次被提及	1996年,第一届校园的绿色化研讨会在美国印第安纳州的鲍尔州立大学举行	推动了绿色校园体系的进一步完善
	清华大学召开"大学绿色教育国际学术研讨会"	在中国推动"绿色大学"建设工作	美国数百名大学校长签署气候宣言	绿色校园的内涵第二次得到丰富
21世纪第一个十年	2000年全国各高校就办学理念、教师素养、开设可持续课程与教学的创新思维方式达成共识	中国绿色校园建设基本原则	ULSF(可持续未来大学领导者协会)发行学术期刊International Journal of Sustainability in Higher Education	促使美国的可持续校园建设能被广为熟知,与走向国际化
	2001年清华大学被正式授予"绿色大学"称号	中国首个绿色大学		
	2007年,中国建筑节能专项计划中,同济大学为首个节约型校园示范建设工程	首个中国高校节能校园的典范		
	2008年,《高等学校节约型校园建设管理与技术导则(试行)》出台	为节约型校园建设提供指南		
21世纪第二个十年	2010年成立了"全国高校节能联盟"和"中国绿色大学联盟"	加强院校之间的交流,推进中国绿色大学的发展	2010年美国绿色建筑委员会成立了绿色学校中心,发起了美国绿色校园运动(U. S. Green Campus Movement)	对世界各国绿色校园模式的示范
	2013年,浙江大学在国际可持续校园联盟大会上荣获全球可持续发展校园学生创新实践奖	开创了可持续校园建设中学生参与学校行政事务的协同发展模式		

续　表

时间	中国		美国	
	事件	意义	事件	意义
21世纪第二个十年	2016年"中国绿色校园社团联盟"成立	促进校园社团合作，并与政府部门、社会企业对接	2012年联合国可持续发展峰会在里约召开，美国绿色校园联盟与其他国家绿色校园联盟联合发布"高等教育可持续性发展"全球宣言	揭开了大学可持续性发展新篇章
	2019年，国际学生环境与可持续发展大会发布《全球青年同济宣言》	绿色校园内涵再一次得到了丰富，向"可持续校园"迈进		

（2）相关政策发展历程

自1990年政府开始参与美国国内的可持续校园建设以来，美国绿色校园与绿色建筑始终保持平行的发展关系。2007年STARS 0.4发布，这标志着美国可持续校园的评价体系诞生，后经过不断实践与发展，STARS也随之不断完善，发展至2.2版本。该评价内容主要分为学术、参与、操作、计划&管理四个部分[20]。绿色校园的建设评估也从这四个方面开展，其科学全面的评价体系，吸引了全球众多高校的广泛参与。

中国最早提出较为明确的绿色校园概念是在1996年发布的《全国环境宣传教育行动纲要（1996—2010年）》，第一次将可持续发展观念与学校建设结合在一起[30]。2008年住建部、教育部联合颁布了《关于推进高等学校节约型校园建设进一步加强高等学校节能节水工作的意见》，这标志着中国节能型校园的开启[31]。2013年住建部发布了《绿色校园评价标准》CSUS/GBC 04—2013，该标准主要在校园土地规划、节约能源、节约资源、控制污染、管理运行和推广教育等方面做出了相关的规定，标志着中国绿色校园进入了正式建设阶段[32]。此后，随着绿色校园建设工作的不断推进，2013版标准已经无法满足现阶段绿色校园的评价工作。因此又于2016年在《绿色建筑评价标准》（GB/T 50378—2014）[33]基础上，提出了《绿色校园评价标准》的更新版本。此版在评价内容上做出了许多删改与创新，评价的关注点不仅仅局限于校园建筑，更关注校园在可持续方面的运营与教育推广，并在2019年正式提出了《绿色校园评价标准》GB/T 51356—2019（见表2.2）。该版本是中国目前最为完整的绿色校园评价体系。

相比之下，中国的绿色校园评价体系提出要晚于美国。中国的评价标准由政府的政策文件一步步发展而来,具有很强的政策导向性[34]。而美国的评价标准由 AASHE 组织提出并不断更新完善,广泛征集各高校的建设经验与研究成果,具有较强的自发性与开放度。同时,美国的 STARS 旨在提供一个供全球高校分享可持续建设成果的平台,以促进各高校间的开放式评价与交流[20]。

表 2.2　中美可持续校园相关政策发展历程

时间	中国			美国		
	发布者	文件	意义	发布者	文件	意义
20世纪90年代	国务院第十六次常务会议	1994年中国21世纪议程	概念萌芽	美国环境保护署	1990年Tufts Clean计划	美国政府的认同与支持
	国家环保局、国家教委、中宣部	1996年全国环境宣传教育行动纲要(1996—2010年)	首次提出"绿色校园"概念			
21世纪第一个十年	教育部	2006年教育部关于建设节约型学校的通知	为绿色校园建设提供具体的实施方案	高等教育协会可持续发展联盟	2006年校园可持续发展的评价体系	从一个"理念"发展成为"规定"
	住建部、教育部	2008年高等学校节约型校园建设管理与技术导则(试行)	由概念转变为具体的理论依据	AASHE	2007年STARS 0.4,并启动试点项目	可持续校园的评估体系诞生
21世纪第二个十年	联合国可持续发展峰会	2012年高等教育可持续发展全球宣言	揭开了全球大学可持续性发展新篇章	联合国可持续发展峰会	2012年高等教育可持续发展全球宣言	揭开了全球大学可持续性发展新篇章
	住建部	2013年绿色校园评价标准 CSUS/GBC 04—2013	中国第一部系统的绿色校园评价标准、协会标准	AASHE	2013年STARS 2.0	走向国际化示范的道路

续　表

时间	中国			美国		
	发布者	文件	意义	发布者	文件	意义
21世纪第二个十年	住建部	2019年绿色校园评价标准 GB/T 51356—2019	中国第一部绿色校园评价国家标准	AASHE	2020年可持续校园指数(SCL)	提供了参考与示范

●中日发展比较

日本文部省从 1993 年起开展绿色校园的相关研究与推广工作，并委托日本建筑学会成立了"绿色学校委员会"[35]。1994 年文部省设置了"绿色校园调查研究协作者会议"，并于 1996 年编制了《绿色学校》报告书。1997 年 12 月，"防止全球变暖京都会议"(COP3)在日本京都召开，会议通过了"京都宣言"并签订《京都议定书》①。这是继 1992 年联合国环境开发会议制定"气候变化框架条约"后的又一个重要行动[36]。1997 年，日本文部省与通产省共同实施了"绿色学校试验模范事业"，并于同年以"太阳热利用型"、"绿色推进型"、"污水利用型"、"其他节能节资型"四个绿色学校类型为评价依据[37]，选定了首批 18 所示范学校。2001 年，在国土交通省的领导下，成立了日本可持续建筑协会(JSBC)[38]，并由其建立了 CASBEE 框架，于 2002 年推出。2010 年，CASBEE 在"建筑"评价工具内加入了关于校园建筑的具体评价方法[39]。日本绿色校园的发展瞄准了提升建筑环境品质和减少建筑环境负荷的方向，将建筑放在了日本可持续校园发展的核心位置。

与日本可持续校园发展历程不同，中国可持续校园从"节能校园"②发展而来[27]。1996 年，中国政府对联合国环境与发展大会中通过的《21 世纪议程》做出了积极的回应，要求全国高校在教育中贯彻环境保护和可持续发展理念，并首次提出了"绿色校园"概念。2008 年，中国首部《高等学校节约型校园建设管理与技术导则(试行)》出台，并在全国广泛实施。《导则》对节约型校园及相关概念给出了明确的定义，为高校的节约型校园建设提供了技

---

①　《京都议定书》的目标是"将大气中的温室气体含量稳定在一个适当的水平，进而防止剧烈的气候改变对人类造成伤害"，这是人类历史上首次以法规的形式限制温室气体排放。

②　此阶段用词未统一，称节能(型)校园、节约(型)校园者皆有。

术和理论依据[40]。2010年，在相关部委指导下，"全国高校节能联盟"和以"节约型校园"示范院校为核心成员的"中国绿色大学联盟"相继成立。中国的可持续校园在这一时期主要向着校园建筑节能方向发展[41]。

中国城市科学研究会绿色建筑与节能专业委员会于2013发布了第一版中国可持续校园评价标准，即《绿色校园评价标准》CSUS/GBC 04—2013[32]，这一标准的发布，将中国可持续校园的发展方向由"节能校园"扩展到场地、节能、节水、节材、室内环境、运行管理和教育推广7个不同的层面，极大地丰富了可持续校园的内涵，同时也试图将校园建筑与校园的概念进行区分。2019年住建部在CSUS/GBC 04—2013的基础上，编制了《绿色校园评价标准》GB/T 51356—2019[42]，这一标准将CSUS/GBC 04—2013中的7个方面压缩成规划与生态、能源与资源、环境与健康、运行与管理、教育与推广五大可持续校园评价内容，并使五个主要评价内容的分数占比更加均衡。这标志着中国可持续校园进入了绿色建筑与绿色校园分由两个不同标准共同评价的新阶段。

对比中日两国可持续校园发展特征可知，日本绿色校园的发展将重心放在了可持续校园建筑品质和建筑环境两个方面，以建筑环境品质和建筑环境负荷为可持续校园评价依据，涵盖面较窄，评价范畴存在一定局限性。但同中国相比，日本对于校园建筑的评价更加细致，对日本校园建筑发展的推动意义更大。而中国可持续校园由节能校园过渡而来，在发展与探索过程中逐步减弱节能在可持续校园评价中的比重。同时中国分别用《绿色校园评价标准》和《绿色建筑评价标准》来评价校园和校园建筑，将可持续校园评价标准的内容由节能层面扩展至可持续性，增添了诸如环境与健康、运行与管理、教育与推广、特色与创新等方面的内容[42]。

3.绿色校园的相关研究

●绿色校园建设特征的研究

目前关于美国绿色校园发展特点的研究不多。2005年王东华[43]通过对乔治华盛顿大学的实例研究来总结美国绿色校园发展初期的特点，为当时高校绿色校园建设运动提供了理论依据。2007年AASHE[20]通过STARS拓展了美国绿色校园的建设内容，即从单一环境保护推向了包含可持续发展学术研究、校园参与、校园运作方式以及规划与行政的绿色校园建设。2013 年干靓[44]通过对美国绿色校园的发展过程进行研究,总结了美国绿色校园发展的时代特点,将美国绿色校园发展的历程完整展现。2017 年 Yoon Jung Choi 等人[45]对波特兰州立大学的绿色校园建设进行了全方位的调查研究,强调了各项可持续措施在校园建设中的重要性与功能性。

关于中国绿色校园发展特点的研究大体如下。2013 年同济大学的谭洪卫等人[21]对中国的绿色校园建设与发展进行了全面的总结,并提出依托绿色校园评价标准的更新对未来中国的校园可持续度进行提升。2014 年栾彩霞等人[46]对中国高校的绿色校园建设现状进行了全面梳理,提出从技术层面与管理层面来进一步加强节约型校园建设。2017 年浙江大学的陆敏艳等人[47]通过对中国绿色校园的建设进程进行研究,结合个案建设成果分析,总结出中国绿色校园的发展以“节能校园”为核心,以及中国绿色校园建设从节约型校园向多元化绿色校园转变的发展需求。2019 年刘骁等人[48]对中国资本市场学院和香港中文大学(深圳)的绿色校园建设策略进行研究,总结分析了现阶段中国绿色校园建设主要策略的利弊,尤其是校园节能相关措施。

但是就目前的研究成果而言,依据中国绿色校园发展的特点,同时探讨校园“节能”与“可持续建设”的研究不足。①对中国以“节能”为主导的绿色校园发展的优缺点进行针对性的研究不足,尤其缺少与他国(如美国)发展特点对比的相关研究。②校园节能建设对整个校园可持续性的影响与未来发展需求的探讨不足,不能针对性地提出推动绿色校园建设的具体优化建议。而目前中国的绿色校园建设正处在从“节能校园”到“可持续校园”的转型期。中国绿色校园的实际问题在于建设成果缺乏系统总结,发展阶段缺乏客观评估,发展潜力缺乏科学预判,可持续性缺乏全面梳理,因此无法制定具体的未来发展策略或调整发展方向。

●绿色校园相关技术的研究

关于绿色校园的绿色技术与实施措施,Mega Setyowati 等人(2018)[49]对 Universitas Gadjah Mada(印尼加查马达大学)的废弃物管理系统的潜力及性能进行研究,通过技术改造使其能在处理废弃物方面助力实现可持续校园建设。彭森等人(2018)[50]、Elif Kucukkaya 等人(2021)[51]和 Sanjith S. Anchan 等人(2021)[52]分析了如何在校园建筑中利用被动式雨水收集系统进行多级雨水收集与技术处理,通过雨水的循环利用来建立可持续校园。Rosaura CastrillónMendoza 等人(2020)[53]介绍了校园内光伏系统安装集成技术,通过分析不同的电气参数和系统性能指标,展示了其对校园建筑发电的贡献。Hilma Tamiami Fachrudin(2020)[54]讨论了交通规划对绿色校园的影响,认为合理高效的交通规划有助于实现校园的可持续发展。朱笔峰等人(2021)[27]聚焦"节能"对绿色校园可持续发展的影响,对中国校园的节能监测平台的可持续性进行研究,论证了节能监测平台对校园节能效果提升显著。

(1)被动式绿色校园技术

被动式绿色校园技术是指在校园设计过程中,根据校园所在地区域气候特征,本着"趋利避害"的原则,对校园中的建筑物进行适应气候条件、减少能耗损失的安排,使建筑具有一定的气候适应与调节能力。

①自然采光

将室外自然光按一定原则精准分配,实现室内空间照明。利用自然光实现建筑内部的照明能显著减少建筑物能耗。经测算,采用机械照明能耗占总能耗的10%~15%,而适当采用自然采光可以将机械照明总能耗减少50%~80%。除此之外,自然采光的光照色彩与强度有利于创造更加健康的学习环境,能提高约16.67%的学习与工作效率[55]。

②自然通风

自然通风是利用热压和风压差,提供风流动力,形成具有一定流速和强度的自然风。采用自然通风不仅能有效改善建筑内部的温湿度,而且能改善室内空气质量,提高校园建筑内部空间的舒适度。采用自然通风设计能明显有效减少建筑能耗,它具有资源能耗较低、技术成熟的优点。

③被动式太阳能

被动式太阳能主要通过延缓热量的释放和吸收,实现建筑物热能储存,是对过剩热量的一种存储机制[56]。利用太阳能对建筑进行采暖、制冷、蓄热以及采光等,能有效地降低建筑的能耗。

为了使建筑获得更多的热量,可采取被动式太阳能采暖,建筑争取南向布置并增加南向开窗面积,在建筑内部提高空气对流效率以增加得热效率,建筑可采用错层布局、设置天窗等手法,尽可能获得直接太阳辐射热。被动式太阳能采暖的效果与建筑围护结构材料和当地自然环境相关[57]。

被动式太阳能也可用于制冷来降低建筑能耗,常用的制冷措施包括遮阳、自然通风、减少冷负荷、辐射式冷却、蒸发式冷却、除湿等。也可以通过选择合理的建筑门窗材料、适宜的窗墙比、窗口位置、遮阳技术以及建筑朝向,来降低建筑内部温度,从而减少建筑能耗。

(2)绿色校园能源技术

绿色校园以需求侧能源需求为目标依据,通过更新用能设备技术来提高能源利用效率，以可再生能源替代传统能源，以及对校园建筑单体的节能设计来降低校园建筑能源总需求等方式，有效解决校园在运营过程中能源消耗过高的问题。

如在降低建筑能源需求方面，采用墙体保温板、透光 Low-E 中空玻璃、断桥铝合金框中空保温玻璃窗等技术措施，可保证建筑有效节能 73%[58]。在可再生能源利用方面，根据地区条件，充分利用太阳能资源、地热能资源，利用太阳能光伏、太阳能热水技术、空气源热泵、地源热泵等技术，可为校园提供部分电力与热水供应，并实现能源循环利用。

（3）绿色校园生态技术

绿色校园生态技术主要体现在实现良好的校园微气候环境，维持校园生态系统的平衡。绿色植物和水体对改善环境质量有着巨大作用，植物也有很好的遮阳和降噪作用，能够吸收二氧化碳并释放氧气，调节室外环境和微气候。因此绿色校园应保证一定的绿化种植率。在与建筑结合方面，屋顶可设计成种植屋面或蓄水屋面。如设计绿色生态屋顶，将有利于建筑屋顶隔热保温，降低建筑能耗，缓解校园热岛效应[59]。

（4）绿色校园健康检测技术

研究表明，优质的环境空气质量可将学生的学习效率提高 10%～16%，记忆力水平提高 10%～25%[60]。反之，不舒适的室内光环境会引起视力衰退、精力涣散，导致学习效率低下[61]。环境健康检测技术是绿色校园的重要技术措施，旨在从学习者的行为习惯出发，实现理想的环境数据指标控制检测，主要包括照明与采光优化、人体工学设计、智能照明控制、新风系统、智能天窗应用等方面，此外，还有室内 $PM_{2.5}$ 与 CO_2 实时监测、校园水质实时监测等技术。

（5）绿色校园施工技术

相较于传统施工，绿色校园施工技术更强调将校园建筑在全寿命周期中对人体健康及环境带来的危害降至最低[62]。如相较于传统施工方式，装配化制造可实现建筑构件的规模化与批量化生产，完成施工现场的高效装配[63]。利用 BIM 平台软件对装配式施工现场构（配）件调运、人员指挥、机位安装等全过程监控指导，有利于整体统筹施工进度与成本管控，实现装配式全过程的信息化监管，保证校园施工过程的绿色化。

（6）绿色校园运营技术

绿色校园依托校园智慧综合服务平台，借助校园智慧系统与学校管理系统，对校园进行绿色运营、绿色教育与绿色管理。智慧系统聚焦学生、教师、家长、后勤服务人员，搭建开放、共享、可持续服务的综合服务平台。绿色运营以互联网信息技术为条件,实现智慧系统建设与校园全方位信息化管理。

当前绿色校园领域的研究大多集中在以技术手段为基础的校园物理设施的优化、改造、创新等方面,研究适用于校园的绿色技术,通过提升校园中某一领域或多领域的可持续性,以促进可持续校园的整体发展。问题在于校园整体的可持续建设难以通过单一的技术手段来达到,某一领域的技术提升也难以脱离校园载体的存在而进行更深层次的推广。

●绿色校园建设模式与路径的研究

关于绿色校园建设模式与实现路径方面的研究,Yoon Jung Choi 等人(2017)[45]通过调查发现,可持续知识教育是发展可持续校园的重要因素。Sanjay Kumar Singh 等人(2020)[64]的研究表明,加强领导力对管理者运用人力资源进行校园管理以及绿色创新至关重要。Raquel Martinez Buján 等人(2020)[65]认为可持续校园建设的成功与否不仅体现在校园环境的物理成就上,同时也体现在人们对环境态度的变化上。

James Matthew 等人(2012)[66]认为校园的管理、组织、领导、教学、研究以及公共服务,是校园实施可持续建设的六个影响因素。翁思娟等人(2020)[67]认为高校绿色校园建设应与节能减排关键技术有效结合,提出校园绿色规划与运行管理相融合的建设模式。尚宇光等人(2019)[68]从校园全生命周期内的节能、节地和环境保护角度,探讨绿色校园规划、建设与管理三个阶段的建设模式。马晓红(2022)[69]认为陈旧的基础设施、淡薄的绿色观念、不足的创新动力是我国绿色校园的制约因素,提出绿色文化、绿色教育、节能减排、绿色管理和绿色创新五个具体建设路径。陈东旭(2021)[70]认为基于绿色环境育人、社会服务办学思路,组织领导、运行管理、学术氛围应成为我国高校"绿色校园"建设的路径与目标。

针对绿色校园建设模式的研究不足,且主要集中在研究校园管理方式和加强可持续理念教育方面。脱离了技术的支撑而进行的模式研究使高校难以将模式转化成具体行动,令高校的可持续建设缺乏操作性。因此,对于绿色校园的研究还需从技术角度出发,对校园可持续建设路径、模式等方面进一步挖掘。我们认为研究可将校园中绿色技术的主要载体之一——绿色建筑——作为主要的研究对象,对整体的校园可持续建设模式进行探讨。如此便能在推广绿色技术的同时,引导高校进行全面的绿色校园建设。

相关研究表明,校园建筑对于中国和日本的可持续校园建设十分重要。其中,因二战后工业基础薄弱,能源匮乏,故而中国在绿色校园发展之初就将减少建筑能耗作为校园可持续发展的主要任务，形成了以建筑节能为主要方向的可持续校园发展模式。日本由于地理环境因素，其环境的承载力低，而各类学校建筑又占全国公共建筑面积的25%，因此日本将绿色校园的建设核心确定在了以促进环境友好为根本目的的校园建筑领域。由于日本和中国的绿色校园建设都以建筑为核心，故而将中国与日本的绿色校园建筑进行比较研究，更符合两国以建筑为发展核心的绿色校园建设特征。

参考文献

［1］邬建国，何春阳，张庆云，等.全球变化与区域可持续发展耦合模型及调控对策［J］.地球科学进展，2014，29（12）：1315-1324.

［2］FINNVEDEN G，NEWMAN J，VERHOEF L A. Sustainable Development and Higher Education：Acting with a Purpose［J］. Sustainability，2019，11（14）：3831-3831.

［3］JARILLO M P，PEDRAZA L，GER P M，et al. Challenges of Online Higher Education in the Face of the Sustainability Objectives of the United Nations：Carbon Footprint，Accessibility and Social Inclusion［J］. Sustainability，2019，11（20）：5580-5580.

［4］PALETTA A，BONOLI A. Governing the university in the perspective of the United Nations 2030 Agenda［J］. International Journal of Sustainability in Higher Education，2019，20（3）：500-514.

［5］ANTHONY B Jnr. Green campus paradigms for sustainability attainment in higher education institutions—a comparative study［J］. Journal of Science and Technology Policy Management，2020，12（1）：117-148.

［6］王茜.产业集群视域下高校环境设计专业教学模式改革初探［J］.中国民族博览，2021（06）：111-113.

［7］联合国.联合国可持续发展目标（SDGs）［EB/OL］.（2015）［2022-01-20］. https://www.un.org/sustainabledevelopment/zh/.

［8］COLE L. Assessing sustainability on Canadian University campuses：development of a campus sustainability assessment framework［D］. Unpublished master's thesis，Royal Roads University，Victoria，BC，2003.

［9］美国绿色学校中心网址：http://www.centerforgreenschools.org/.

［10］王大中.清华大学建设"绿色大学"研讨会主题报告节录——创建"绿色大学"示范工程，为我国环境保护事业和实施可持续发展战略做出更大的贡献［J］.环境教育，1998（3）：5-7.

［11］United Nations. United Nations Conference on the Human Environment. Conference on the Human Environment［Z/OL］.（1972-6-5）［2025-02-26］. http://

www. un-documents. net/unchedec. htm.

[12] 王大中. 创建"绿色大学"示范工程,为我国环境保护事业和实施可持续发展战略做出更大的贡献[J]. 世界经济与政治,1999,(2):78-79.

[13] 雷家涛. 浅谈如何构建学校绿色管理体系. [J]. 经营管理者. 2014,(10):237.

[14] 刘一丹. 衡水学院构建节约型校园的时间研究[D]. 石家庄:河北师范大学,2012.

[15] 李勇,贺庆棠. 对推动我国绿色大学建设的思考[A].《生态文明建设——环保·园区·教育》专家论坛(浙江杭州)[C],2013-10-26.

[16] 张翠华. 论环境教育与基础教育中的教师教育[J]. 教育实践与研究,2006(12):4-6.

[17] 朱雪莉. 美国社区学院参与绿色经济发展的路径研究[D]. 金华:浙江师范大学,2016.

[18] United Nations. Sustainable Development Goals[EB/OL]. (2022)[2022-01-20]. https://sustainabledevelopment. un. org/sdgs.

[19] The George Washington University[EB/OL]. (2022)[2022-01-25]. https://www. gwu. edu/.

[20] AASHE. The sustainability tracking, assessment and rating system[EB/OL]. (2022)[2022-01-25]. https://stars. aashe. org.

[21] 谭洪卫. 中国绿色校园的发展与思考[J]. 建设科技,2013(12):25-29.

[22] United Nations. Transforming our world the 2030: agenda for sustainable development[EB/OL]. (2015)[2022-01-25]. https://sustainabledevelopment. un. org/post2015/transformingourworld.

[23] 牟园园. 可持续大学要素识别与发展路径研究[D]. 大连:大连理工大学,2018.

[24] UTAMA Y J, AMBARIYANTO, ZAINURI M, et al. Sustainable development goals as the basis of university management towards global competitiveness[J]. Journal of Physics: Conference Series, 2018,1025(1):012094.

[25] 王阳,奚潇. 美国绿色校园建设之经验启示[J]. 科教导刊(中旬刊),2013,(16):11-12,14.

[26] SHAHRULLAH R S, FITRIANINGRUM A, LESTARI R A W D. Green campus initiative: transforming law in book into law in action[J]. Mimbar Hukum, 2014,26(1):117-130.

[27] ZHU BIFENG, WANG ZHEKAI, SUN CHAOYANG, et al. The motivation and development impact of energy saving to sustainability in the construction of green campus: a case study of the Zhejiang University, China[J]. Environment, Development and Sustainability,2021(23), 1-22.

[28] 同济大学. 我校获评全球可持续校园杰出奖[EB/OL]. (2015)[2022-01-26]. https://news. tongji. cn/info/1002/4001. htm.

[29] 陆敏艳,陈淑琴. 中国高校绿色校园建设历程及发展特征[J]. 世界环境,2017(4):36-43.

[30] 国家环境保护局,中国共产党中央委员会宣传部,中华人民共和国国家教育委员

会.全国环境宣传教育行动纲要(1996—2010 年)[Z].中华人民共和国生态环境部，1996-12-10.

[31] 张福麟,阮应君.推进节约型校园示范建设[J].建设科技,2009(10):16-19.

[32] 绿色校园评价标准 CSUS/GBC 04—2013[S].北京:中华人民共和国住房和城乡建设部,2013.

[33] 绿色建筑评价标准 GB/T 50378—2014[S].北京:中华人民共和国住房和城乡建设部,2014.

[34] TAN HONGWEI, CHEN SHUQIN, SHI QIAN, et al. Development of green campus in China[J]. Journal of Cleaner Production, 2014(64):646-653.

[35] 刘继和,张玉姣.日本学校能源环境教育的地位、理念、举措与特点[J].沈阳师范大学学报(自然科学版),2012,30(02):313-316.

[36] NOMURA K, ABE O. Higher education for sustainable development in Japan: policy and progress[J]. International Journal of Sustainability in Higher Education, 2010,11(2):120-129.

[37] 刘继和.日本绿色学校的基本理念和推进策略[J].沈阳师范大学学报(自然科学版),2003(03):227-231.

[38] ALKHALAF H, YAN WANGLIN. Modeling of Building Energy Consumption for Accommodation Buildings (Lodging Sector) in Japan—Case Study[J]. Applied System Innovation, 2018,1(4):39.

[39] CASBEE[EB/OL].(2022)[2022-01-28]. https://www. ibec. or. jp/CASBEE/english/.

[40] 谭洪卫.管理节能、科技节能、行为节能——《高等学校节约型校园建设管理与技术导则(试行)》解读[J].建设科技,2008(15):22-25.

[41] ZHU BIFENG, DEWANCKER B. A case study on the suitability of STARS for green campus in China[J]. Evaluation and Program Planning, 2021,84:101893.

[42] 绿色校园评价标准 GB/T 51356—2019[S].北京:中华人民共和国住房和城乡建设部,2019.

[43] 王东华.绿色大学在国外的发展现状[J].环境教育,2005(09):53-55.

[44] 干靓.美国绿色学校评估体系及实践研究[J].建设科技,2013(12):35-38.

[45] CHOI Y J, OH M, KANG J, et al. Plans and Living Practices for the Green Campus of Portland State University[J]. Sustainability,2017,9(2):252-267.

[46] 栾彩霞,祝真旭,陈淑琴,等.中国高等院校绿色校园建设现状及问题探讨[J].环境与可持续发展,2014,39(06):71-74.

[47] 陆敏艳,陈淑琴.中国高校绿色校园建设历程及发展特征[J].世界环境,2017(04):36-43.

[48] 刘骁,包莹.湿热地区绿色大学校园整体设计实践研究——以中国资本市场学院和香港中文大学(深圳)为例[J].南方建筑,2019(05):60-67,125.

[49] SETYOWATI M, KUSUMAWANTO A, PRASETYA A. Study of waste

management towards sustainable green campus in Universitas Gadjah Mada[J]. Journal of Physics：Conference Series，2018，1022(1)：012041.

[50] PENG SEN，CUI HHIPING，JI MIN. Sustainable Rainwater Utilization and Water Circulation Model for Green Campus Design at Tianjin University[J]. Journal of Sustainable Water in the Built Environment，2017，4(1)：04017015.

[51] KUCUKKAYA E，KELESOGLU A，GUNAYDIN H，et al. Design of a passive rainwater harvesting system with green building approach[J]. International Journal of Sustainable Energy，2021，40(2)：175-187.

[52] ANCHAN S S，PRASAD H C S. Feasibility of roof top rainwater harvesting potential—A case study of South Indian University[J]. Cleaner Engineering and Technology，2021，4：100206.

[53] CASTRILLÓN-MENDOZA R，MANRIQUE-CASTILLO P A，REY-HERNÁNDEZ J M，et al. PV Energy Performance in a Sustainable Campus[J]. Electronics，2020，9(11)：1874.

[54] FACHRUDIN H T. Transportation planning on green campus[J]. IOP Conference Series：Earth and Environmental Science，2020，452(1)：012115.

[55] 靳贝贝.依托被动式技术的河南地区中小学绿色校园微气候环境设计研究[D].郑州：郑州大学，2021.

[56] 朱琳.建筑中庭的被动式生态设计策略[D].长沙：湖南大学，2008.

[57] 赵群.传统民居生态建筑经验及其模式语言研究[D].西安：西安建筑科技大学，2005.

[58] 张爱民，赵喜民，张鑫，等.绿色校园建设技术集成与创新实践——以南京一中江北校区(高中部)为例[J].建筑节能(中英文)，2021，49(10)：24-29.

[59] 蒋理，刘晓，刘超.屋顶绿化对高密度城市片区热岛效应的影响——以广州金融城起步区为例[J].建筑节能，2018，46(4)：14-19.

[60] KUNKEL S.室内空气品质，热舒适和光照——欧洲八国住宅建筑法规一览[J].暖通空调，2015，45(E06)：63-68.

[61] 潘柳青.典型教学楼的光环境优化[D].南京：南京大学，2016.

[62] 包媛媛.基于施工全过程的绿色施工评价体系研究与实践[D].镇江：江苏大学，2019.

[63] 叶浩文，周冲，王兵.以 EPC 模式推进装配式建筑发展的思考[J].工程管理学报，2017，31(2)：17-22.

[64] SINGH S K，GIUDICE M E，CHIERICI R，et al. Green innovation and environmental performance：The role of green transformational leadership and green human resource management[J]. Technological Forecasting & Social Change，2020，150：119762.

[65] MARTINEZ BUJÁN R，SANTIAGO-GOMEZ E，DIZ C，et al. Campus greening from social sciences：emerging formulas on social responsibility and teaching

innovation[J]. International Journal of Sustainability in Higher Education，2020，21
(7)：1545-1561.

[66] MATTHEW J，KAREN C. Factors contributing to institutions achieving
environmental sustainability[J]. International Journal of Sustainability in Higher
Education，2012，13(2)：166-176.

[67] 翁思娟,吴燕,郭丽莉.高校绿色校园建设与管理模式探究[J]. 建设科技,2020,10：
122-124.

[68] 尚宇光,张俊,张红蕊.全生命周期绿色校园建设模式的实践与思考——以天津大
学北洋园校区为例[J]. 建设科技,2019,(8):39-44.

[69] 马晓红,张自强. 高校开展绿色校园建设的路径探析[J]. 高校后勤研究,2022,(4)：
32-33.

[70] 陈东旭.高校绿色校园建设的路径探究[J]. 宿州教育学院学报,2021,24(1):26-29.

行动 & 建设

第三章　绿色校园的全球大学排名

近年来，许多国家推出了世界大学可持续排名，其中比较有代表性的有 Sustainable Campus Index（SCI）Ranking（可持续校园指数排名）、Times Higher Education（THE）University Impact Ranking（泰晤士世界大学影响力排名）和 UI GreenMetric Ranking（绿色指数世界大学排名）。绿色校园的建设涉及校园的方方面面，其建设的效果需要量化衡量。通过各国或各地区评价标准的评估，我们可以清楚地知道校园的可持续性建设程度，分析出建设的优劣势。而以排名的方式来研究校园的可持续性，能够更加直观地反映各高校的建设程度。与此同时，不同的绿色校园全球排名，各具关注的侧重点，为校园可持续发展的多样性呈现提供了很好的展示窗口。

本章主要通过三个绿色校园的全球排名来进一步辨析绿色校园的建设应用情况、主要的优势领域与重点的建设项目。区别于评价标准的研究，我们希望从更高的层面，用更宏观的视角来全面了解校园的可持续发展。

SCI Ranking 是由 STARS 评价系统评估得出的大学可持续排名。根据不同的学校类型，对参与高校就 17 个可持续发展影响领域进行评价。SCI 旨在收录在这 17 个可持续发展影响领域创新性和影响力建设较为突出的大学并予以推广，供其他高校参考[1]。通过这种方式来带动可持续发展水平较低的校园。同时培养教师、行政人员和学生的可持续理念，使其成为可持续性创新的有效变革者及推动者。

THE University Impact Ranking 是由英国《泰晤士高等教育》（Times Higher Education）发布的世界大学可持续排名[2]。这一排名是基于联合国可持续发展目标（UN Sustainable Development Goals）评定的，每一项排名及其指标体系都与一项 SDG 相对应，旨在评估高校对社会的影响力[3]。

UI GreenMetric Ranking 由印度尼西亚大学于 2010 年发起，其目的是使各高校通过互助和竞争来促进全球高校可持续发展，并为世界各地的大学提供与可持续发展相关的服务，促进可持续的国际伙伴关系[4]。而近几年，UI GreenMetric 也开始联合其他综合性世界大学排名，关注能源使用、运输、用水、废物回收与废物处理情况[5]。

以上三大高校可持续发展排名基本信息比较见表 3.1。

表 3.1　SCI、THE University Impact、UI GreenMetric 排名基本信息表

排名名称	SCI	THE University Impact	UI GreenMetric
发布机构	AASHE	泰晤士高等教育	印度尼西亚大学
排名内容	课程 研究 校园参与 公共参与 空气 & 气候 建筑 能源 食品 场地 采购 交通 废弃物 水 计划 & 管理 多样性 & 承受力 投资 & 资金 健康	17 个联合国可持续发展目标	环境 & 基础设施(SI) 能源 & 气候变化(EC) 废弃物(WS) 水(WR) 交通(TR) 教育 & 研究(ED)
排名方法	2017 年 3 月 7 日至 2020 年 3 月 6 日期间提交的排名参考 STARS2.0、2.1 和 2.2 版报告中提供的所有排名数据。根据在相关子类别中获得的适用分数的得分百分比来确定每个影响领域的最佳表现。	一所大学在总得分表中的最终得分是通过将其在第 17 项可持续发展目标中的得分与剩余 16 项可持续发展目标中排名前三的得分相结合来计算的。可持续发展目标 17 占总分的 22%，而其他三项可持续发展目标各占 26%。对每个可持续发展目标的分数进行处理，令总体计算中每个可持续发展目标的最高分数为 100，最低分数为 0。	每个项目的评分都以数字形式呈现，以便对数据进行统计处理。分数将是简单的计数，或某种规模的统计。每个标准都将被归类为一个一般信息类别，在处理结果时，原始分数将被加权以给出最终计算结果。
有效时长	1 年	1 年	1 年

1. 可持续校园指数排名(SCI Ranking)

●全球 17 个可持续影响领域的平均得分

数据由 AASHE 对全球 356 所参与 STARS 评估的高校进行统计并发布,其中高校类型涉及学院、本科学校、硕士学位学校和博士学位学校[①]。依据为 2017 年 3 月 7 日到 2020 年 3 月 6 日三年中采用 STARS 版本 2.0、2.1、2.2 进行评估并提交的报告。

356 所高校总体平均得分为 57.19(2018 年)、58.00(2019 年)、58.18(2020 年)。可见其总体发展趋势平稳,保持在 58.00 左右,但总体得分不高,处于中等水平。以 STARS 设立的标准,未来尚有巨大的发展空间。根据不同的高校类型,博士学位学校得分最高,本科学校和硕士学位学校基本一致,学院最低,可见校园的可持续发展水平与学校的学位类型有关,进而说明与学校的科研水平也存在一定的联系(见图 3.1)。

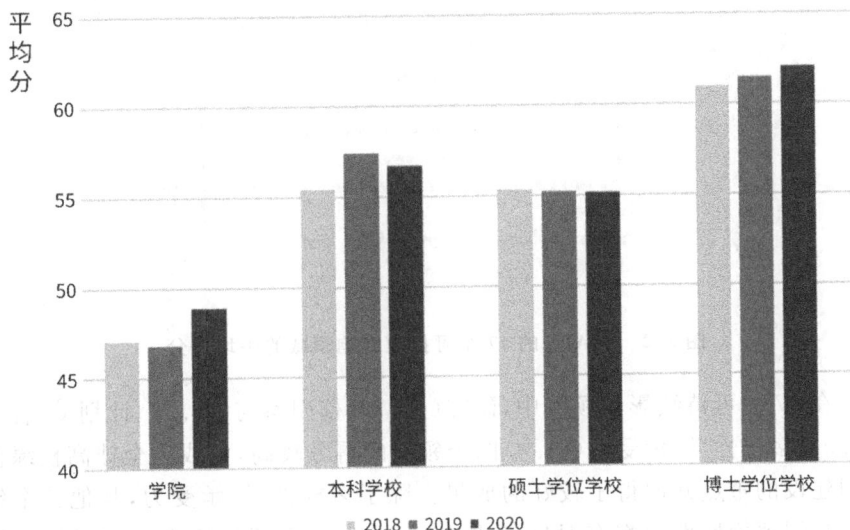

图 3.1 不同类型高校的 STARS 平均得分(2018—2020)

---

① 学院指大学专科学校,本科学校拥有学士学位授予权,硕士学位学校拥有学士和硕士学位授予权,博士学位学校拥有学士、硕士和博士学位授予权。

对 STARS 中 17 个可持续影响领域的平均得分(以 2020 年为计)进行统计,由于各类别总分值不一样,故将各类别的得分率作为比较的数据。统计发现 17 个类别得分存在较大的差异(见图 3.2),说明各领域的可持续发展并不均衡。17 个可持续影响领域分为四大类。1.学术类:课程、研究;2.参与类:校园参与、公共参与;3.计划 & 管理类:计划 & 管理、多元化 & 承受力、投资 & 资金、健康;4.操作类:其他。四大类中,学术和参与都高于总体平均得分;计划 & 管理两项高于总体平均分,两项低于总体平均分;而操作部分全部低于总体平均分。可见全球绿色校园建设的短板在于操作部分,而操作部分正代表了绿色校园中的环境友好相关技术措施的开发应用与校园基础设施的运营,整体呈现出强教育＋强管理、弱技术＋弱运营的发展态势。

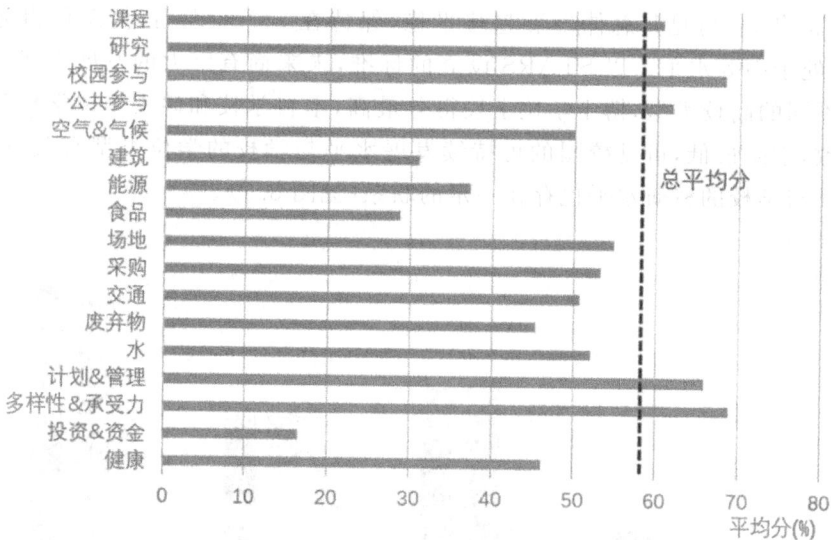

图 3.2　STARS 的 17 个可持续影响领域的平均得分

在 17 个可持续影响领域中,研究(72.7)、校园参与(68.2)、计划 & 管理(65.9)、多样性 & 承受力(68.8)四个领域的得分较高,已成为全球高校绿色校园建设的重点并取得了较好的成果。除了多样性 & 承受力,其他三个领域在我国评价标准中都有对应的内容,而未来我国评价标准中应增加多样性 & 承受力的相关内容,与全球绿色校园发展的趋势接轨。

在 17 个可持续影响领域中,建筑(31)、能源(37.2)、食品(28.7)、投资 & 资金(16.5)四个领域的得分最低。这四个领域已成为全球绿色校园发展的薄弱点,是未来提升可持续性的重点。其中投资 & 资金是 17 个领域中最低的,大部分参评高校几乎不得分或者得分很低,这不利于高校对该领域进行细化评估从而反馈自身的建设。而我国评价标准中也没有对应该领域的评价条款,未来建议我国在评价标准中增加相关评价条款,尝试并探索新发展思路,可依据 STARS 的相关评价内容进行细化,适当降低要求,制定适合自己的评价条款。而得分第二低的食品在我国评价标准中也没有对应的评价内容,所以我国评价标准中可仅增加食品安全与健康相关条款,聚焦中国校园的绿色食品问题。校园能耗中建筑能耗占了绝大部分,建筑和能源两者密切相关。我国评价标准中对于该领域的评价内容是十分细致的,而 STARS 中对于建筑的评价过于笼统,不够细化,因此我国评价标准能为该领域的可持续发展提供更好的具体措施与目标。这也一直是中国绿色校园建设的重点。中国的绿色校园从节能校园发展而来,具有一定的建设历史与较好的建设成果,因此中国的建设经验可供全球借鉴与参考,促进该领域的全球可持续建设。

●绿色校园建设的重点项目

基于 AASHE 发布的 2020 年度 40 项绿色校园建设重点项目(见表 3.2),我们将这 40 项分为 17 个可持续影响领域。绿色校园建设重点项目是由 AASHE 在 2019 年 3 月 2 日到 2020 年 3 月 6 日期间收到的各高校可持续性评估报告中选出的最具代表性的可持续创新项目。这些项目代表了全球绿色校园建设在 17 个领域中的不断尝试与挑战,为未来绿色校园发展提供了具体的行动方案。

表 3.2 AASHE 2020 年度 40 项绿色校园建设重点项目表[1]

编号	项目名称	重点内容
1	Antiracist Research & Policy Center	美国大学反种族主义研究与政策中心(ARPC)提供学术研究、教育工具和政策分析,旨在消除多种形式的种族主义。
2	The Impact Clinic	阿帕拉契州立大学的 Impact Clinic 与当地企业代表合作,共同评估、管理企业对环境与社会的影响。
3	ASU Solar	亚利桑那州立大学的太阳能项目拥有超过 50 MWdc 的太阳能发电能力。
4	Geothermal Energy System	鲍尔州立大学的地热转换项目用全美最大的地源地热区能源系统取代了燃煤锅炉和冷冻水系统。

续　表

编号	项目名称	重点内容
5	Climate Science List	2019 年，巴纳德学院发布了一份气候科学清单，旨在帮助相关化石燃料公司负起相关环保责任，并逐步撤资。
6	Large-scale Solar Farm and Laboratory	加州州立理工大学建成的 4.5 兆瓦 Gold Tree Solar Farm 是目前加州州立大学系统中最大的太阳能电池阵列，发电量近加州州立理工大学总电力需求的 25%。
7	System-wide Single-use Plastics Policy	2019 年，加州州立大学系统通过了一项新政策，禁止机构购买任何一次性塑料。该政策适用于所有 (23 所)加州州立大学。
8	Living Community Challenge Commitment	"生活社区挑战"是一个包含再生设计策略的总体校园规划架。加州州立大学蒙特瑞湾分校是第一个进行该挑战的高校，在这方面发挥了领导作用。
9	e-Badges	中央社区学院的学生可以获得电子徽章，以展示他们在环境管理方面的技能和知识。
10	Living Lab Trail	2019 年，湖郡社区学院开设了一条长 1.5 英里的环形生活实验室小径，并在整个校园和大楼内设置了标语。
11	Carbon Neutral 2020	科罗拉多学院于 2009 年承诺到 2020 年实现碳中和，并按期实现了这一目标。
12	Ram Food Recovery Program	科罗拉多州立大学的 Ram Food Recovery Program 将餐饮活动的剩余食品用作校园及社区应急食品储备。
13	ABC Framework for a Mentally Healthy Elon	2019 年，依隆大学校长宣布该校已采用 Act-Belong-Commit(ABC)框架，以促进校园内全面福祉和积极健康的校园文化。
14	Sustainability in Prisons Project	The Sustainability in Prisons Project(SPP)是常青州立学院和华盛顿州惩教部的合作项目，其任务是将自然、科学和环境教育引入监狱，以此实现服刑人员的可持续改造。
15	Environmental & Social Innovation Program	乔治·华盛顿大学的环境和社会创新项目为学生提供了研究、设计和实践的机会，该项目旨在解决华盛顿特区社区与环境的平衡问题。

续　表

编号	项目名称	重点内容
16	NX Building Retrofit Project	改造后的汉博学院 NX 大楼是北美最节能的建筑之一,还获得了加拿大绿色建筑委员会颁发的加拿大首个实现零碳建筑设计改造认证称号。
17	Commercial Food Compost Program	印第安大学与普渡大学印第安纳波利斯联合分校和巴特勒大学合作,使用大型运输车收集食物废物堆肥。
18	Fossil Fuel Divestment	路易克拉克大学董事会经过多年的讨论和研究,于 2018 年一致通过了一项决议,决定放弃该基金会的化石燃料公司股份。
19	Measuring Sustainable Business and Corporate Social Responsibility	2019 年,纽约大学斯特恩商学院的可持续商业中心建立了两种衡量企业可持续性的创新方法。
20	Accessibility Training and Certification	2018 年,新斯科舍社区学院与瑞克·汉森基金会(RHF)合作,提供无障碍评估员培训课程,使新斯科舍社区学院成为加拿大最早提供该课程的两个机构之一。
21	PolyCarbone Climate Activist Group	PolyCarbone 项目由蒙特利尔工学院的一群工程研究生创建。
22	Housing Crisis Mitigation Plan	圣何塞州立大学于 2020 年 1 月制定了一项计划,以解决该校学生、教职员工的住房危机。
23	Wokini Initiative	南达科塔州州立大学的 Wokini Initiative 旨在增加美国印第安学生的入学人数,支持他们取得学业成功,并提高他们的毕业率。
24	Sustainable Eco-Recreation Project	南伊利诺伊大学卡本代尔分校的 Sustainable Eco-Recreation Project 旨在保持良好的水质,同时提供新颖的户外娱乐形式。
25	Roadmap to Zero	2018 年,斯沃斯莫尔学院召集了一个由设施、可持续性和其他部门代表组成的工作组,以制定零排放路线图,以助学院到 2035 年实现碳中和。
26	Solar Community and Microgrid	2019 年,阿拉巴马大学伯明翰分校开通了其 Urban Multisource Microgrid,该小区展示了为 2017 年美国能源部太阳能十项全能比赛建造的 UAB Surviv(AL)住宅。

续 表

编号	项目名称	重点内容
27	Bike Friendly Platinum & Sustainable Fleet Certifications	加利福尼亚大学戴维斯分校于 2017 年再次申请自行车友好白金认证。
28	Aligning Trademark Licensee Renewal with Social Performance	加利福尼亚大学洛杉矶分校根据社会可持续性指标衡量商标被许可人的绩效，并将此信息用于商标许可证续期决策。
29	Environmental Literacy Certificate Program	辛辛那提大学可持续发展办公室通过积极参与办公室的课外教育活动项目，为学生提供了获得环境素养成就证书的机会。
30	Sustainable Dining Certifications	康涅狄格大学是美国首批在其所有校园食堂获得可持续餐饮认证的公立大学之一。
31	Clean Energy Corps	马萨诸塞大学阿默斯特分校的清洁能源团队是 UMass Clean Energy Extension（CEE）内以学生为中心的一项倡议，每年培训、动员学生与当地政府和组织合作，通过建筑改造和全面能源审计落实政府的减碳措施。
32	Protecting Pollinators	明尼苏达大学德卢斯分校于 2017 年通过了一项学生书面政策，保护传粉动物和本土植物，同时停止使用合成杀虫剂。
33	New Audubon Campus Chapters	2019 年，密西西比大学和鲁斯特学院学生在该地区创建了两个国家奥杜邦协会校园分会。
34	The Grow Pod Project	2018 年俄勒冈大学推出其 Grow Pod，这是一个专为高生产率食品增长而设计的运输集装箱，用以支持校园内可持续城市食品生产的持续研究、学习和创新。
35	College of Engineering Indigenous Peoples Initiatives Community	萨斯喀彻温大学工程学院于 2019 年启动了工程准入计划，作为学院 Indigenous Peoples Initiatives Community（IPIC）的一部分。
36	PEER-certified Campus	2019 年，德克萨斯大学奥斯汀分校的 Carl J. Eckhardt 热电联产综合设施获得同行认证，还实现了 85% 的创纪录效率。
37	Reduction in Chemical Use and Waste Water for Heating and Cooling	2016 至 2017 年，威斯康星大学停止了对某些供暖和制冷系统中的用水进行化学处理。

编号	项目名称	重点内容
38	Alliance for Water Stewardship Partnership	威斯康星大学密尔沃基分校与 Alliance for Water Stewardship(AWS)合作,开发了美国第一个课程计划,致力于根据 AWS 标准培训学生进行专业水资源管理规划。
39	Civic Identity Framework	公民身份是沃伦威尔逊学院的首要教育框架,它将公民责任和可持续性作为每个毕业生的核心精神。
40	Individualized Energy Dashboards for Students	华盛顿与李大学为学生公寓楼安装了 Lucid Energy Dashboards 和子仪表,能源专家还为每间公寓创建了独立仪表板,并与入住学生共享自定义仪表板链接。

统计发现,在这 40 个项目里,17 个领域中涉及最多的前 3 项是公共参与(11 个项目)、能源(10 个项目)和校园参与(8 个项目)(见图 3.3)。其中公共参与和校园参与两项与 STARS 2.2 分数占比中的排名较为一致,这说明校园与社会对绿色校园建设的参与度较高。同时多方参与合作,也能进一步丰富绿色校园的内涵并推动绿色理念在全球的普及。能源领域则说明高校在绿色校园建设中对节能的重视,这与中国的评价标准对节能环保的重视一致,说明能源问题在可持续发展中的紧迫性,是全球共同面临的挑战。在这 17 个领域中涉及项目最少的两项是采购(没有项目涉及)和交通(1 个项目涉及),这与 STARS 2.2 分数占比中的排名也较为一致,反映出这两个领域不是当前全球绿色校园建设的重点。

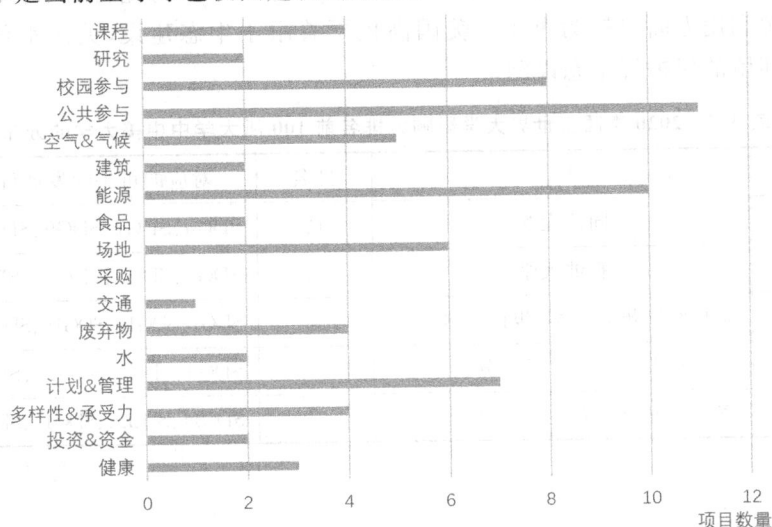

图 3.3　全球绿色校园建设重点项目中的可持续影响领域分布

2. 泰晤士世界大学影响力排名（THE Impact Ranking）

在 2020 年的泰晤士世界大学影响力排名中，前 100 所大学分布在 27 个国家/地区，其中亚洲有 8 个（占亚洲国家的 1/6）、欧洲有 12 个（占欧洲国家的 1/4）、美洲有 4 个（占美洲国家的 4/35）、大洋洲有 2 个（占大洋洲国家的 1/7）、非洲 1 个（占非洲国家的 1/60）[6]。上榜的前 100 所大学在五大洲都有分布，只是亚洲国家的数量有所减少，非洲国家由 0 增至 1。前 100 名高校中，英国最多，达到了 20 所。英国是泰晤士世界大学影响力排名的发起者与制定国，这说明在排名标准的制定过程中，会更多参考本国高校情况，以本国的绿色校园理念为评价依据。这会在某种程度上降低排名的适用范围与合理性，排名系统的拟定应该在更加广泛的调研、结合不同国家情况、考量不同文化背景的基础上，进行更加合理的制定。

中国大陆和美国分别上榜了 2 所和 3 所高校（见表 3.3）[6]。依据排名结果，这 5 所高校都在 SDG17（为实现这些目标建立伙伴关系）这一领域获得了较高的评分。这表明两国的绿色校园建设对于合作交流、建立全球伙伴关系的积极性，且都重视合作共赢的发展之道。而差异点则在于中国的两所高校在 SDG9（产业、创新和基础设施）方面评分较高，美国高校则侧重于 SDG14（水下生命）和 SDG15（陆地生命）两方面的发展。这一结果与本书所分析的两国绿色校园发展特征是一致的。中国高校普遍更加注重基础设施建设与产业革新，如同济大学，作为中国可持续校园的先行者，对水资源和能源利用方面仍较为重视。美国高校更着眼于生态建设，关注水环境与陆地环境的保护等生态议题。

表 3.3 　2020 泰晤士世界大学影响力排名前 100 所大学中中美大学的分布

国家	学校	排名	对应的可持续发展目标
中国	同济大学	13	SDG6、SDG7、SDG9、SDG17
	香港大学	41	SDG3、SDG9、SDG16、SDG17
美国	亚利桑那州立大学（坦佩校区）	5	SDG1、SDG14、SDG15、SDG17
	北卡罗来纳大学教堂山分校	22	SDG6、SDG9、SDG11、SDG17
	宾夕法尼亚州立大学（主校区）	35	SDG11、SDG14、SDG15、SDG17

附　2020泰晤士世界大学影响力排名前100所大学

表 3.4　2020泰晤士世界大学影响力排名前 100 名[6]

影响力排名	学校	所在大洲
1	奥克兰大学	大洋洲
2	悉尼大学	大洋洲
3	西悉尼大学	大洋洲
4	拉筹伯大学	大洋洲
5	亚利桑那州立大学（坦佩校区）	美洲
6	博洛尼亚大学	欧洲
7	不列颠哥伦比亚大学	美洲
8	曼彻斯特大学	欧洲
9	伦敦国王学院	欧洲
10	皇家墨尔本理工大学	大洋洲
11	利兹大学	欧洲
12	纽卡斯尔大学	欧洲
13	同济大学	亚洲
14	圣保罗大学	美洲
15	都柏林圣三一学院	欧洲
16	滑铁卢大学	美洲
17	麦克马斯特大学	美洲
18	蒙纳士大学	大洋洲
19	西蒙菲莎大学	美洲
20	艾克斯—马赛大学	欧洲
21	莱斯特大学	欧洲
22	北卡罗来纳大学教堂山分校	美洲
23	奥尔堡大学	欧洲
24	奥克兰理工大学	大洋洲
25	奥塔哥大学	大洋洲

续　表

影响力排名	学校	所在大洲
26	韦仕敦大学	美洲
27	诺森比亚大学	欧洲
28	多伦多大学	美洲
29	卡尔加里大学	美洲
30	爱丁堡大学	欧洲
31	伍伦贡大学	大洋洲
32	科克大学	欧洲
33	加拿大约克大学	美洲
34	都柏林大学学院	欧洲
35	宾夕法尼亚州立大学（主校区）	美洲
36	惠灵顿维多利亚大学	大洋洲
37	圣彼得堡彼得大帝理工大学	欧洲
38	台湾成功大学	亚洲
39	阿姆斯特丹自由大学	欧洲
40	马拉加大学	欧洲
41	香港大学	亚洲
42	拉瓦尔大学	美洲
43	格拉斯哥卡利多尼安大学	欧洲
44	邓迪大学	欧洲
45	哥德堡大学	欧洲
46	澳大利亚纽卡斯尔大学	大洋洲
47	阿尔托大学	欧洲
48	印度尼西亚大学	亚洲
49	塔斯马尼亚大学	大洋洲
50	延世大学（首尔校区）	亚洲
51	哈恩大学	欧洲
52	伍斯特大学	欧洲

续　表

影响力排名	学校	所在大洲
53	巴黎文理大学	欧洲
54	庞培法布拉大学	欧洲
55	迪肯大学	大洋洲
56	伊朗医科大学	亚洲
57	印度理工学院克勒格布尔分校	亚洲
58	诺丁汉特伦特大学	欧洲
59	萨里大学	欧洲
60	梅西大学	大洋洲
61	查尔斯特大学	大洋洲
62	科英布拉大学	欧洲
63	墨西哥国立自治大学	美洲
64	德蒙福特大学	欧洲
65	马来西亚理科大学	亚洲
66	台湾彰化师范大学	亚洲
67	新南威尔士大学	大洋洲
68	班戈大学	欧洲
69	爱尔兰国立大学(高威)	欧洲
70	昆士兰科技大学	大洋洲
71	思克莱德大学	欧洲
72	加查马达大学	亚洲
73	阿伯丁大学	欧洲
74	英国基尔大学	欧洲
75	约翰内斯堡大学	亚洲
76	北海道大学	亚洲
77	茂物农业大学	亚洲
78	瑞典皇家理工学院	欧洲
79	东京大学	亚洲

续　表

影响力排名	学校	所在大洲
80	赫尔辛基大学	欧洲
81	马来亚大学	亚洲
82	维多利亚大学	美洲
83	伊迪斯科文大学	大洋洲
84	都柏林城市大学	欧洲
85	卑尔根大学	欧洲
86	达尔豪斯大学	美洲
87	拉奎拉大学	欧洲
88	贝尔法斯特女王大学	欧洲
89	南澳大学	大洋洲
90	伯恩茅斯大学	欧洲
91	巴塞罗那大学	欧洲
92	韩国汉阳大学	亚洲
93	隆德里纳州立大学	美洲
94	俄罗斯普列汉诺夫经济大学	美洲
95	阿尔泰国立大学	欧洲
96	萨斯喀彻温大学	美洲
97	日本东北大学	亚洲
98	湖首大学	美洲
99	布鲁内尔大学	欧洲
100	查尔斯达尔文大学	大洋洲

3. 绿色指数世界大学排名(UI GreenMetric Ranking)

　　绿色指数世界大学排名的参与者由成立之初(2010 年)的 35 个国家 95 所大学,到 2020 年增至 84 个国家 912 所大学,其参与度逐年增加,影响力也逐步扩大。绿色指数世界大学排名有 6 项指标与 39 项因子内容:环境 & 基础设施（SI）（权重 15%）、能源 & 气候变化（EC）（权重 21%）、废弃物（WS）（权重 18%）、水（WR）（权重 10%）、交通（TR）（权重 18%）、教育 & 研究（ED）（权重 18%）[5]。

在 2020 年的绿色指数世界大学排名中，前 100 所大学分布在 30 个国家/地区，其中亚洲有 12 个（占亚洲国家的 1/4）、欧洲有 12 个（占欧洲国家的 1/4）、美洲有 5 个（占美洲国家的 1/7）、大洋洲有 1 个（占大洋洲国家的 1/14）、非洲 0 个（见图 3.4）[5]。说明亚洲和欧洲的可持续校园发展正处在世界前列，是可持续校园建设和世界可持续发展的主要聚集地。

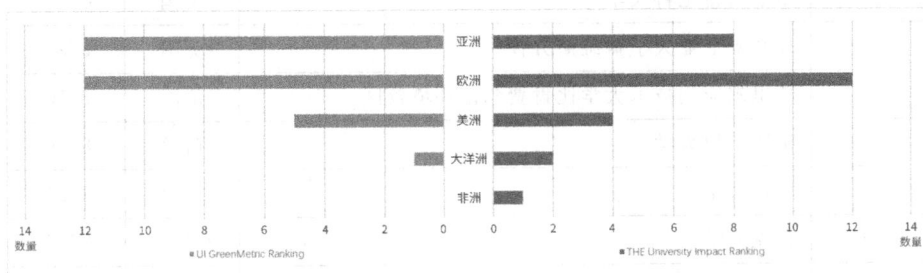

图 3.4　2020 年绿色指数世界大学排名和泰晤士世界大学影响力排名前 100 所大学的地域分布情况

排名结果中前 100 所可持续发展程度较为突出的大学，在全球基本都有分布[5]。排名中中国台湾地区的大学数量位列第一，这说明绿色大学发展在台湾地区得到了足够的重视，且可持续发展理念已得到了很好的实践，这对于推动中国乃至亚洲周边地区今后的高校可持续发展具有积极的意义。高校数量并列第二名的是印度尼西亚与哥伦比亚。印度尼西亚作为东南亚地区的发展中国家，能够在绿色校园发展领域取得较好的成果，这说明印度尼西亚将高等教育可持续发展摆在了重要的位置上。同时印度尼西亚作为绿色指数世界大学排名的发起者，自身绿色校园的发展程度，对今后绿色指数世界大学排名的发展与完善具有积极的推动价值。哥伦比亚的大学普遍在废弃物（WS）方面评分相对较高，这说明废弃物的回收利用和无害化处理等技术，是哥伦比亚可持续校园建设的一大亮点。

在排名中位列前十的大学分别来自荷兰、英国、美国、德国、爱尔兰和意大利，其中第 1、7、8 名均来自荷兰，2、3、4 名均为英国的大学（见表 3.5）[5]。这说明荷兰和英国在绿色校园发展程度方面较其他国家更高，可持续理念也在这两国中得到了相应的实践。而排名前十的高校均来自欧美发达国家，从绿色校园的发展历程来看，也在意料之中：早期的可持续理念也都是由英国、美国等欧美国家提出的，加之其经济以及现代化在世界上的领先地位，有力推动了其绿色校园的发展及探索。

表 3.5　2020 绿色指数世界大学排名总排名前 10 名

2020 排名	学校	国家	总分
1	瓦格宁根大学	荷兰	9150
2	牛津大学	英国	8875
3	诺丁汉大学	英国	8775
4	诺丁汉特伦特大学	英国	8725
5	加利福尼亚大学戴维斯分校	美国	8725
6	特里尔应用技术大学比肯费尔德环境校区	德国	8650
7	格罗宁根大学	荷兰	8550
8	莱顿大学	荷兰	8525
9	科克大学	爱尔兰	8525
10	博洛尼亚大学	意大利	8500

在绿色指数世界大学排名中，也包含了依据 6 项指标的六类分项排名，即 SI、EC、WS、WR、TR、ED[5]。从中美两国高校在六类分项排名前 100 名中的数量分布可以看出，美国高校在六类子排名的上榜大学数均高于中国（见表 3.6）。其中水资源利用方面，美国较为突出，而在能源与气候变化方面美国的优势并不明显。中国高校在 WS 与 ED 两个排名中，上榜数量为 0。这说明美国校园比较重视水资源的合理利用以及水的管理与保护，而在能源利用以及应对气候变化方面，美国高校还需进一步努力，采取相应节能措施，并减少高污染能源的使用来进一步完善自身的绿色校园建设。反观中国高校，由于中国绿色校园发展起步晚，高等教育国际化程度不高，全国科技平均发展水平尚未达到一定的高度，因此在废物的处理和回收、教育研究水平这两方面显得十分薄弱，同时其余四个方面发展也不足。由此可见，中国绿色校园发展不均衡的特点十分突出，未来应进行多方位的探索与积极实践，在努力寻求接轨国际化发展道路的同时，应结合各大学自身的科研优势形成可持续建设的多维度突破点。

表 3.6 绿色指数世界大学六类子排名前 100 名中中美大学的数量对比

子排名	美国	中国
环境 & 基础设施（SI）	6	1
能源 & 气候变化（EC）	2	1
废弃物（WS）	5	0
水（WR）	9	1
交通（TR）	3	1
教育 & 研究（ED）	3	0

附 2020 绿色指数世界大学排名中 6 类子项前十名大学

表 3.7 绿色指数世界大学排名中 6 类子项前十名及得分表[5]

子项	子项排名	学校	国家	子项得分	总分
环境 & 基础设施（SI）	1	西密歇根大学	美国	1375	7725
	2	恰帕斯自治大学	墨西哥	1375	5700
	3	茂物农业大学	印度尼西亚	1350	7975
	4	赞詹大学	伊朗	1350	7925
	5	梅州大学	泰国	1350	7400
	6	阿尔达比勒莫哈盖格大学	伊朗	1350	6725
	7	马来西亚博特拉大学	马来西亚	1325	8125
	8	台湾暨南国际大学	中国	1325	8025
	9	丘库罗瓦大学	土耳其	1325	5950
	10	诺丁汉大学	英国	1300	8775
能源 & 气候变化（EC）	1	吕讷堡洛伊法纳大学	德国	2025	8200
	2	路易斯大学	意大利	1975	8000
	3	卡尚大学	伊朗	1975	7550
	4	莱顿大学	荷兰	1950	8525
	5	潍坊理工学院	中国	1950	8250

续　表

子项	子项排名	学校	国家	子项得分	总分
能源&气候变化（EC）	6	东芬兰大学	芬兰	1950	8075
	7	巴塞罗那自治大学	西班牙	1900	8275
	8	特里尔应用技术大学比肯费尔德环境校区	德国	1875	8650
	9	都灵大学	意大利	1875	8200
	10	奥尔堡大学	丹麦	1875	7825
废弃物（WS）	1	瓦格宁根大学	荷兰	1800	9150
	2	牛津大学	英国	1800	8875
	3	诺丁汉大学	英国	1800	8775
	4	诺丁汉特伦特大学	英国	1800	8725
	5	格罗宁根大学	荷兰	1800	8550
	6	莱顿大学	荷兰	1800	8525
	7	康涅狄格大学	美国	1800	8400
	8	都柏林城市大学	爱尔兰	1800	8300
	9	都灵理工大学	意大利	1800	8175
	10	东芬兰大学	芬兰	1800	8075
水（WR）	1	瓦格宁根大学	荷兰	1000	9150
	2	牛津大学	英国	1000	8875
	3	诺丁汉大学	英国	1000	8775
	4	加利福尼亚大学戴维斯分校	美国	1000	8725
	5	特里尔应用技术大学比肯费尔德环境校区	德国	1000	8650
	6	格罗宁根大学	荷兰	1000	8550
	7	莱顿大学	荷兰	1000	8525
	8	科克大学	爱尔兰	1000	8525
	9	康涅狄格大学	美国	1000	8400
	10	南丹麦大学	丹麦	1000	8375

续　表

子项	子项排名	学校	国家	子项得分	总分
交通（TR）	1	博洛尼亚大学	意大利	1800	8500
	2	莱顿大学	荷兰	1750	8525
	3	米宁大学	俄罗斯	1725	6750
	4	里加工业大学	拉托维亚	1700	7900
	5	米兰理工大学	意大利	1700	7475
	6	格拉斯哥卡利多尼安大学	英国	1700	7050
	7	特里尔应用技术大学比肯费尔德环境校区	德国	1650	8650
	8	俄罗斯人民友谊大学	俄罗斯	1650	8025
	9	哥伦比亚国立大学	哥伦比亚	1650	7950
	10	莫杜尔大学	奥地利	1650	7350
教育&研究（ED）	1	瓦赫宁根大学	荷兰	1800	9150
	2	诺丁汉特伦特大学	英国	1800	8725
	3	迪波内戈罗大学	印度尼西亚	1800	8025
	4	茂物农业大学	印度尼西亚	1800	7975
	5	布拉格捷克生命科学大学	捷克共和国	1800	7925
	6	胡安卡洛斯国王大学	西班牙	1800	7875
	7	泗水理工学院	印度尼西亚	1800	7875
	8	马来西亚彭亨大学	马来西亚	1800	7600
	9	印度尼西亚伊斯兰大学	印度尼西亚	1800	7375
	10	乌克兰国立林业大学	乌克兰	1800	7175

参考文献

[1] AASHE. The sustainability tracking, assessment and rating system[EB/OL]. (2021)[2022-02-08]. https://stars.aashe.org.

[2] Times Higher Education World University Rankings，2021[EB/OL]. (2021)[2025-03-10]. https://www.timeshigereducation.com.

[3] 唐灿,李雨晴,王翔宇.泰晤士世界大学影响力排名分析——基于 M 大学的案例研究

[J].煤炭高等教育,2021,39(01):114-121.

[4] SUWARTHA N, SARI R F. Evaluating UI GreenMetric as a tool to support green universities development: assessment of the year 2011 ranking[J]. Journal of Cleaner Production, 2013(61):46-53.

[5] UI GreenMetric, 2021[EB/OL]. (2021)[2025-03-10]. https://greenmetric. ui. ac. id/.

[6] Times Higher Education Impact Rankings, 2020[EB/OL]. (2020)[2025-03-10]. https://www. timeshighereducation. com/rankings/impact/2020/overall ♯! /page/ 0/length/25/sort_by/rank/sort_order/asc/cols/undefined Accessed 23-09-2021.

第四章　全球大学可持续发展中 SDGs 的耦合发展模式

联合国《变革我们的世界：2030 年可持续发展议程》提出的 17 项全球可持续发展目标，是相互联系、相互促进的，而非单个目标各自独立发展。这就需要进一步系统认识 SDGs 之间的协同关系。理解大学可持续发展中 SDGs 之间的复杂关系及其主要的动力目标是高校全面实现 SDGs 的关键。因此本章试图回答：(1)在大学的可持续发展中，SDGs 之间是否存在关系？关系的强弱如何？(2)目前全球大学的可持续发展中，SDGs 相互作用产生的可持续发展模式是什么？(3)哪些 SDGs 引领各洲大学的可持续发展？未来全球大学可持续发展的动力目标是什么？

本章通过揭示大学可持续发展中 SDGs 相互作用变化的现状，来确定目前全球大学可持续发展的动力学机制，明确不同大洲的大学在可持续发展过程中所面临的机遇和挑战。具体采用耦合模型，研究大学的可持续系统的发展模式与主要的发展动力目标，以提出环境—经济—社会相协调的 SDGs 实现途径及可持续发展策略。

本章主要分为三步开展研究(见图 4.1)：

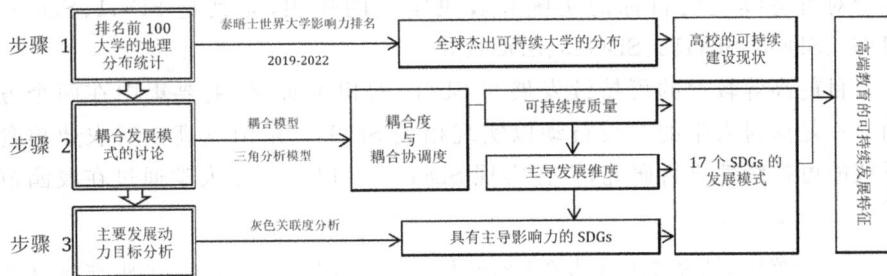

图 4.1　研究框架

第一步　Top100 大学的分布统计

通过统计 2019—2022 年度泰晤士世界大学影响力排名前 100 的高校，来分析目前全球高校的可持续发展现状。通过前 100 所大学的地理分布，来比较五大洲①的发展差异。

第二步　耦合发展模式讨论

通过各洲各年度（2020—2022）的可持续度质量的计算，利用三角分析模型，分析其中三个维度的主要发展特征。并通过耦合度与耦合协调度的计算，来进一步了解各洲的可持续发展模式：a 三个维度的耦合强度；b 相互的协调作用程度。

第三步　主要动力目标分析

在第二步的基础上，针对各洲可持续发展中起主导作用的维度，利用灰色关联度法对其内在的可持续发展目标进行甄别，筛选出发挥主要发展推动作用的动力目标，以分析各洲乃至全球的引领性可持续发展目标。

1.　高等教育可持续发展的现状

●全球相关研究成果

实现可持续发展是全球治理和构建人类命运共同体的核心任务，而全球变化②已成为当前人类可持续发展面临的最大挑战之一。高校作为先进理念与技术的试验地，在特定的气候与生态环境中，正积极探索与开展各类行动，来共同面对全球变化下生态环境演变和可持续发展的各种挑战。他们是实现 SDGs、应对全球变化和生态环境治理的重要阵地[1]。其中，高等教育对可持续发展目标的实施起着决定性的作用，尤其是 SDG1、SDG3、SDG5、SDG8、SDG12、SDG13、SDG16[2]。

目前高等教育的可持续发展与 SDGs 的相关研究，主要集中在两个方面。一是探讨大学的建设行动以实现相关 SDGs。东南亚高校对农业粮食系统的可持续性进行研究，旨在实现 SDG2[3]。巴西利亚大学通过在校园范

---

①　为统计和研究之便，本书将美洲视为一个整体，五大洲指亚洲、欧洲、非洲、大洋洲、美洲（北美洲＋南美洲）。

②　全球变化，指由自然和人类活动共同引起的环境变化。它包含大气成分变化、土地利用和覆盖度变化、全球气候变化、全球生物多样性变化和荒漠化等。

围实施智能(smart)实践,使大学新课堂模式下的教学技术和校园基础设施管理得以优化,以实现 SDG4 和 SDG9[4]。斯坦福大学借助 STARS 评估,促进绿色校园建设,致力于实现多个 SDGs[5]。二是探讨如何将 SDGs 融入大学的教学中。"可持续"是学生在高等教育中需要掌握的一项技能,而教育既是实现所有 SDGs 的目标,也是手段[6]。通过高等教育实现 SDG4,为低收入国家加强其高等教育系统和机构规划一条可能的道路[7]。相关研究主要集中在与 SDGs 相关的原则以及高等教育可持续发展的原则和教学实践[8]。

目前的研究成果集中于碎片化的案例研究,大学在实现可持续性和可持续发展的道路上应该解决的领域和问题仍然不清晰。目前相关研究主要难点之一是缺乏衡量高等教育可持续性绩效的指标[9]。而 Hansen 等人(2021)在南佛罗里达大学将 SDGs 纳入本科生教育的研究[10],Malešević 等人(2020)在欧洲大学实现 SDG 的效率的研究[11],二者都以泰晤士全球大学影响力排名作为评级指标,这为本书评价指标的获取提供了思路。

另一个主要难点是 SDGs 的数量较多,研究难以全面涵盖。在可持续的发展过程中,武旭同等人(2022)对 166 个国家的可持续发展中 SDGs 之间的联系进行了研究,提出 SDGs 的发展并不是各目标独立发展的[12]。而针对大学,其可持续发展同样会涉及多个 SDGs 之间的共同作用。Moon 等人(2018)的研究认为高等学校应强调可持续性思维,将同情心、同理心与 SDGs 联系起来进行研究[13],其研究主要关注的是 SDGS 和其他指标的联系。目前尚缺少针对 SDGs 内部各指标的关系研究。

本章通过对全球大学在可持续方面致力于实现 SDGs 的建设行动进行发展动力的交叉和集成研究,旨在深度挖掘全球大学在可持续发展中的环境维度、经济维度和社会维度之间关系的动力学机理与科学核心内涵[14]。在深入理解可持续发展内涵的基础上,为不同发展模式的大洲指明具体的行动方向,以在 2030 年前全面实现 SDGs。本书强调分析 SDGs 相互作用对整体可持续发展的必要性,尤其在 SDGs 全球共同目标的框架下,为开展绿色校园与高等教育可持续研究奠定了基础[15]。

●全球高校对可持续发展目标的努力

全球高校依据可持续的基本内涵开展各类可持续的校园建设活动。活动并不局限于绿树成荫的校园,而是更强调校园利益相关者要有效利用各类资源,并在环境、经济、社会方面做出积极探索与努力。

在环境方面,廉价和清洁能源受到广泛关注,如探索提高电力能源使用效率，废物再循环利用与管理，减少水、纸和电的使用等有助于节能和提高效率的策略与路径[16][17]。部分高校致力于将可持续性研究应用于实践，以先进的新能源技术服务社会，促进学校与社会之间的交流，以建设社区创新型可再生能源技术的枢纽[18]。

在经济方面，负责任的消费和生产得到重视。校园内采用环保技术开展学习教育，发展无纸化办公。另外，体面工作和经济增长获得关注，为此制定面向可持续经济发展的相关管理政策，鼓励公民、学术界对相关问题的参与[19]。实施一些重要措施，以满足师生需求，使可持续校园的利益相关者——如老师、学生与员工——更加满意，校园生活感受更好[20]。

在社会方面，通过编制可持续校园发展规划，建设环境友好型校园，包括内部交通、理想比例的绿地开放空间、环保建筑，创建清洁便利、无烟无污染校园，可助力可持续城市和社区建设。通过重视环保相关的优质教育，积极创建环境友好型课程，开展环境教育，培养具有可持续发展观的人才[21]。另外，还将环境科学纳入政策、管理和学术活动中，以开展环境与管理的整合与实践[22]。

全球高校围绕可持续的三个维度开展各类建设活动的同时，都不同程度地致力于实现 SDGs，从高等教育层面回应全球可持续发展的要求。其中，中国的天津大学建设了多层次的雨水收集、利用和处置设施[23]。浙江大学建立校园能耗监测系统，校园的运营能源实现了大幅的节约[24]。他们从环境资源角度提升可持续度，响应了 SDG6（清洁饮用和环境卫生）、SDG7（可负担的清洁能源）。马来西亚大学积极推广可持续教育与关注教员健康，支持可持续性校园建设[25][26]，其行动积极响应了 SDG3（良好的健康与福祉）、SDG4（优质教育）、SDG11（可持续城市和社区）。美洲的不列颠哥伦比亚大学在 1997 年便确立了可持续发展校园规划理念，并在不同历史时期形成差异化建设目标，开展校园所在区域整体生物多样性规划，致力于建立区域生物多样性[27]。该校制定土壤管理政策以及环境弹性景观设计导则，以保护、恢复和促进可持续陆地生态系统[28]，响应了 SDG13（气候变化）、SDG14（水下生命）、SDG15（陆地生命）。瑞士的苏黎世联邦理工学院从校园建筑布局、能源利用、交通组织、垃圾回收利用及食品安全等方面，推进了 SDGs 中环境、社会及经济等多个目标的协同发展[29]。此外，悉尼大学（University of Sydney）、墨尔本大学（The University of Melbourne）、西澳大学（University of Western Australia）、昆士兰大学等澳大利亚高校也都建设了可持续发展的校园建筑[30][31]。它们的行动呼应了 SDG16（和平、公正和包容的社会）、SDG11（可持续城市和社区）、SDG7（可负担的清洁能源）等目标。而非洲的一些学校则更关注社会层面的问题,在高等教育中融入可持续的理念,在实现教育可持续的同时,响应 SDG2(零饥饿)、SDG4(优质教育)、SDG5(性别平等)、SDG10(减少不平等)[32]。

2. 研究的过程

●对象及数据来源

研究对象为 17 个可持续发展目标在全球高校中的发展。本章将以洲为单位,对五大洲高校的可持续建设情况进行讨论。

本章数据基于 2019—2022 年的泰晤士世界大学影响力排名,通过对其可持续总评分与各目标评分的统计而获得[33]。泰晤士世界大学影响力排名作为全球比较有影响力的排名之一,无论从其高校的参与量上,还是其对于高校可持续性的评估的针对性上来看,都保证了本章数据的科学性,具有较强的代表性[34]。

●采用的方法

(1)评价指标体系与权重

本章依据"可持续"的三个维度(环境、经济、社会)来建立研究的评价指标体系。基于全球可持续发展目标的内涵,将 17 个可持续发展目标归到三个可持续维度下。需要注意的是,虽然有的可持续发展目标会涉及两个及以上的维度,但我们将根据该目标的内涵,将其归到最接近其定义的那一类。指标体系分为 3 个层次,分别是目标层、因素评价层、指标层:目标层为可持续的目标,因素评价层包括 3 个维度因素,指标层包括 17 个可持续发展目标指标(见表 4.1)。

研究首先采用极差标准法对数据进行标准化处理,分析得到功能贡献度 u_{ij}。由于研究采用可持续排名的评分为计算数据,因此不会有负功效,只考虑正功效的计算即可:

$$u_{ij} = (X_{ij} - X_{jmin})/(X_{jmax} - X_{jmin})$$

式中,u_{ij} 为功能贡献度,反映了各指标达到目标的满意程度,$u_{ij}=0$ 时为最差,$u_{ij}=1$ 时为最佳,其取值范围为[0—1]。j 为指标序号,i 为研究的年份,X_{ij} 为原始数值,X_{jmax} 和 X_{jmax} 分别表示第 j 指标的最大值和最小值。

为保证指标权重设定的科学性，研究采用熵值法来计算指标权重(w_j)[35]。

计算第 j 项指标权重的过程：

①计算第 j 项指标下第 i 年占该指标的比重(w_{ij})

$$w_{ij} = \frac{x_{ij}}{\sum_{i=1}^{n} x_{ij}}$$

②第 j 项指标的熵值(e_j)

$$e_j = -K \sum_{i=1}^{n} w_{ij} \ln w_{ij}, K = (\ln n)^{-1}$$

③信息熵冗余度(d_j)

$$d_j = 1 - e_j$$

④第 j 项指标的权重(w_j)

$$w_j = \frac{d_j}{\sum_{i=1}^{n} d_j}$$

根据以上公式处理确定五大洲"环境—经济—社会"可持续度综合评价体系中指标层的权重，结果如表 4.1。

表 4.1　评价体系及权重

因素	指标	权重				
		亚洲	欧洲	美洲	非洲	大洋洲
环境	SDG 6	0.204	0.214	0.213	0.202	0.188
	SDG 7	0.192	0.186	0.192	0.201	0.181
	SDG13	0.216	0.227	0.209	0.191	0.257
	SDG14	0.195	0.190	0.190	0.214	0.191
	SDG15	0.193	0.183	0.196	0.192	0.183
	总体	0.379	0.847	0.517	0.028	0.576
经济	SDG 8	0.250	0.247	0.249	0.272	0.246
	SDG 9	0.248	0.259	0.240	0.251	0.245
	SDG 12	0.261	0.248	0.248	0.240	0.257
	SDG 17	0.241	0.246	0.263	0.237	0.252
	总体	0.389	0.081	0.275	0.497	0.271

因素	指标	权重				
		亚洲	欧洲	美洲	非洲	大洋洲
社会	SDG 1	0.126	0.124	0.123	0.127	0.127
	SDG 2	0.124	0.126	0.124	0.125	0.125
	SDG 3	0.124	0.124	0.124	0.125	0.125
	SDG 4	0.123	0.126	0.127	0.125	0.124
	SDG 5	0.127	0.126	0.127	0.123	0.125
	SDG 10	0.124	0.124	0.124	0.125	0.125
	SDG 11	0.125	0.125	0.126	0.127	0.124
	SDG 16	0.127	0.125	0.125	0.123	0.125
	总体	0.232	0.072	0.208	0.475	0.153

（2）可持续度质量

采用线性加权法对 2019—2021 年各年的环境可持续质量（ES_i）、经济可持续质量（CS_i）和社会可持续质量（SS_i）进行计算，计算公式如下：

$$ES_i = \sum_{j=6}^{5} w_j \times u_{ij}, (i = 2020, 2021, 2022)$$

$$CS_i = \sum_{j=8}^{4} w_j \times u_{ij}, (i = 2020, 2021, 2022)$$

$$SS_i = \sum_{j=1}^{8} w_j \times u_{ij}, (i = 2020, 2021, 2022)$$

式中，u_{ij} 为 i 年的指标 j 对系统的函数贡献，w_j 为该指标的权重。

（3）三角分析模型

三角模型评价方法由美国农业部提出，是根据三角形的数学性质来构建的[36]，目的是将所研究的三个要素之间的关系进行可视化的表达[37]。本章构建"环境—经济—社会"可持续发展评价的三角模型，并在图中对环境可持续质量（ES）、经济可持续质量（CS）和社会可持续质量（SS）的相互关系进行描述。

三个可持续质量值分别对应三角形的 X、Y、Z 轴。每个轴设定值为"0"到"1"，并以 0.2 的跨度，将其分为 5 段。由于三角形中的任意一点的坐标值之和为 1，因此 ES、CS、SS 将被标准化处理成 ES'、CS'、SS'，使得 $ES' + CS' + SS' = 1$。

三角形被它的三条高划分为六个区域，分别代表六类可持续发展关系的模式(见表 4.2)。对应着三个维度进程间不同的相对关系。

表 4.2 "环境—经济—社会"可持续发展三角模型

类型	发展特点	数学表达	图示
Ⅰ	环境为主,经济为辅	ES>CS>SS	
Ⅱ	环境为主,社会为辅	ES>SS>CS	
Ⅲ	社会为主,环境为辅	SS>ES>CS	
Ⅳ	社会为主,经济为辅	SS>CS>ES	
Ⅴ	经济为主,社会为辅	CS>SS>ES	
Ⅵ	经济为主,环境为辅	CS>ES>SS	

(4)耦合度与耦合协调度

在可持续发展的过程中,环境、经济、社会三个维度是耦合发展的关系,它们相互作用,共同促进高校的可持续建设。研究利用耦合度模型[38]来分析其相互间耦合作用的强度。其计算公式如下:

$$C_i = \{(ES_i \times CS_i \times SS_i)/\prod_{i=1}^{3}(ES_i + CS_i + SS_i)\}^{1/3}$$

式中,ES_i、CS_i、SS_i 分别代表 i 年的三个维度的可持续质量。C_i 为耦合度,其值介于 0 与 1 之间。当 C_i 趋向于 1 时,代表该系统的耦合度好,系统达到良性共振,整体趋向有序发展;当 C_i 趋向于 0 时,代表系统耦合度差,系统之间矛盾冲突大,趋向无序发展[35]。

耦合度 C_i 主要反映系统的耦合强度,代表的是系统内各因素相互之间关系的强弱,但难以反映各因素之间相互作用的协调程度[39]。因此,需要借助耦合协调度 D_i 这一指标来表达,即判断"环境、经济、社会"的可持续的耦合协调程度,模型为

$$D_i = \sqrt{C_i \times T_i}$$
$$T_i = \alpha ES_i + \beta CS_i + \gamma SS_i$$

式中,α、β、γ 为待定系数,代表了三个维度的贡献份额,$\alpha + \beta + \gamma = 1$。$D_i$ 取值范围为(0,1]。依据相关研究,将 D_i 分为 10 种类型(见表 4.3)[40]。

表 4.3 耦合协调度(D_i)的十个阶段

D_i 范围	含义	评价	D_i 范围	含义	评价
(0,0.1]	特别不协调		(0.5,0.6]	特别协调	
(0.1,0.2]	高度不协调		(0.6,0.7]	高度协调	
(0.2,0.3]	中度不协调	不协调	(0.7,0.8]	中度协调	协调
(0.3,0.4]	低度不协调		(0.8,0.9]	低度协调	
(0.4,0.5]	弱不协调		(0.9,1.0]	弱协调	

（5）灰色关联分析法

灰色关联分析法（GRA）主要用于确定各因素对其所在系统的影响程度。它的基本思路是根据序列曲线几何形状的相似程度来判断其联系是否紧密：曲线越接近，相应序列之间的关联度就越大，反之就越小[41]。

本章主要用 GRA 来辨析可持续的主导维度中起主要影响作用的可持续发展目标。各指标（可持续发展目标）历年的关联系数为

$$R_{x_{0(k)},x_{i(k)}} = (a+\rho b)/(|x_{0(k)} - x_{i(k)}| + \rho b), (i=1,2,\cdots,m;k=1,2,\cdots,n)$$

式中，a 为两极最小差，b 为两极最大差。ρ 为分辨率系数，反映相关系数之间的差异显著性。当 ρ 小于 0.546 时，分辨率最好，本章取 0.5[42]。

各指标与母系统（可持续维度）的灰色关联度 GR_{x_0,x_i} 为计算出的该指标历年关联系数的平均值[43]。

3. 全球可持续校园建设的分布

●2022 年排名前 100 大学的分布

2022 年泰晤士世界大学影响力排名中前 100 名的地理分布情况：欧洲，共 32 所；美洲、大洋洲，各 24 所；亚洲，18 所；非洲最少，仅有 2 所（见图 4.2）。从地理分布上来看，五大洲的发展是非常不均衡的，尤其欧洲与非洲之间差距巨大。

排名前 30 的大学是在可持续方面取得重大成绩，并且对全球发展具有重要贡献的大学[44]，其主要分布：亚洲，共 9 所；欧洲、美洲、大洋洲都是 7 所；而非洲没有（见图 2）。可见，无论从数量上还是质量上，欧洲、美洲是全球大学可持续发展的主要承载地，在可持续发展方面全球领先。而亚洲大

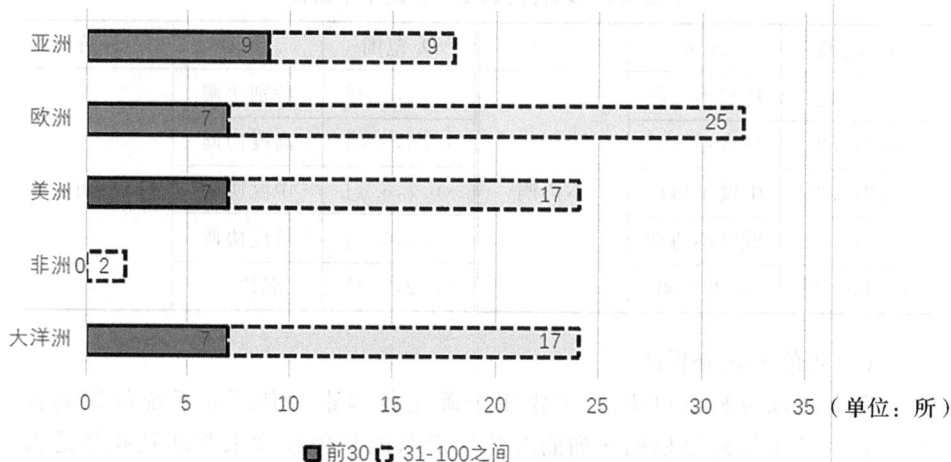

图 4.2 2022 年全球排名前 30 与前 100 大学的分布

学的可持续发展主要集中在特定的一些学校,它们的建设成果显著,并处在全球领先地位。但亚洲整体发展一般,与欧洲、美洲还有一定的差距,尤其是还未形成良好的发展梯队,可持续发展未全面铺开。

●五大洲可持续高校数量的变化(2019—2022)

从近四年(2019—2022)的前 100 所可持续大学排名来看,欧洲高校数量变化显著,由 2019 年的 45 所持续下降至 2022 年的 32 所。大洋洲可持续校园数量提升显著,由 2019 年的 15 所持续增加至 2022 年的 24 所。美洲波动较大,先升后降,从 2019 年的 21 所到 2022 年的 24 所。亚洲的可持续大学数量稳定,基本保持在 18 所左右。非洲的可持续大学数量是最少的,与其他大洲差距明显,但 2020 年后稳步提升,2022 年有 2 所入围前 100(见图 4.3)。

仅从全球可持续大学的排名分布来看,五大洲的发展整体分三个梯队:欧洲,可持续发展较领先的第一次梯队;美洲、大洋洲与亚洲,仅次于欧洲的第二梯队;非洲,可持续发展相对落后的第三梯队。其中,虽然亚洲属于第二梯队,但与美洲、大洋洲还有一定的差距。大洋洲发展势头强劲,而亚洲发展相对稳定,具有良好的发展潜力。

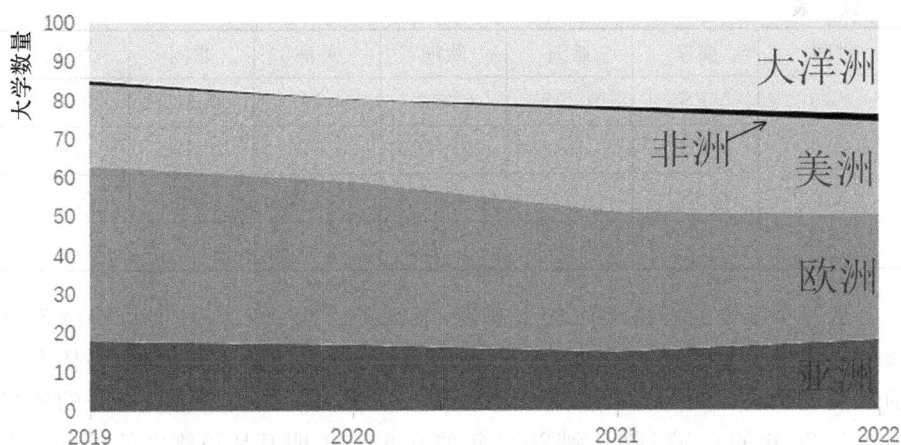

图 4.3　2019—2022 全球排名前 100 可持续大学的分布

4. 环境—经济—社会的耦合发展模式讨论

●可持续度质量特征

经计算得到五大洲大学的可持续发展质量值，如表 4.4 所示。

表 4.4　2020—2022 五大洲大学的可持续发展质量值

时间	要素	亚洲	欧洲	美洲	非洲	大洋洲
2020	ES	0.479	0.376	0.5	0.47	0.492
	CS	0.538	0.586	0.568	0.405	0.549
	SS	0.485	0.606	0.492	0.479	0.603
	S	0.503	0.409	0.517	0.442	0.525
2021	ES	0.539	0.572	0.569	0.524	0.541
	CS	0.611	0.686	0.706	0.494	0.66
	SS	0.56	0.574	0.574	0.546	0.533
	S	0.572	0.581	0.607	0.519	0.572

续　表

时间	要素	亚洲	欧洲	美洲	非洲	大洋洲
2022	ES	0.739	0.684	0.755	0.511	0.682
	CS	0.832	0.676	0.773	0.672	0.641
	SS	0.687	0.67	0.642	0.763	0.609
	S	0.763	0.682	0.736	0.711	0.66

从三个维度的可持续质量上来看，亚洲的环境、经济、社会可持续发展质量值均呈上升趋势，2021年后三个维度的可持续质量增速加大，整体发展前景乐观。欧洲的可持续发展环境维度——相比其他两个维度——的质量值由2020年的0.376增长到2022年的0.684，表明其环境维度的可持续得到了充分的发展。目前其三个维度的可持续发展水平趋向均衡。美洲三个维度的可持续发展呈现稳步增长态势，其发展的质量较高且各维度均衡。非洲在2020—2021年间三个维度的可持续质量值平缓增长。其中，2021年环境可持续质量发展出现拐点，发展水平下降，但经济、社会可持续质量迅速提高。这与非洲以牺牲环境质量为代价，追求更高速的经济、社会的发展模式有关[45]。大洋洲社会可持续质量值先降后升，经济可持续质量值先升后降，虽然三个维度可持续质量总体呈现增长趋势，但可持续发展并不稳定。

五大洲大学的综合可持续质量值逐年提高（见图4.4），说明各洲大学所采取的可持续建设策略已见成效。其中，大洋洲的增速最慢，综合可持续质量排名由2020年的第一名退居2022年的最后一名。欧洲的增速最快，但2021年增长速度放缓，2022年其综合可持续质量值仅排五大洲的第四。从这三年来看，各大洲间可持续度质量发展仍有着巨大差距，亚洲发展的质量最高，非洲发展的势头最强劲，美洲的发展整体平稳并质量较好，欧洲发展后劲不足，大洋洲的发展增长较弱。

依据各洲2022年的可持续质量值，得到可持续的三角模型（见图4.5）。亚洲与美洲 CS＞ES＞SS，属于Ⅵ区，它们的可持续发展模式以经济维度为主，环境维度为辅。欧洲与大洋洲 ES＞SS＞CS，属于Ⅱ区，它们的可持续发展模式以发展环境为主，社会可持续发展为辅。非洲 SS＞CS＞ES，属于Ⅳ区，它的可持续发展模式以社会维度为主要发展方向，经济发展为辅，而环境方面是相对薄弱的。另外，在三角模型中，亚洲、欧洲、美洲、大洋洲的位置皆贴近三角模型重心，体现这四大洲经济、环境、社会可持续质量发展得均较为平衡。

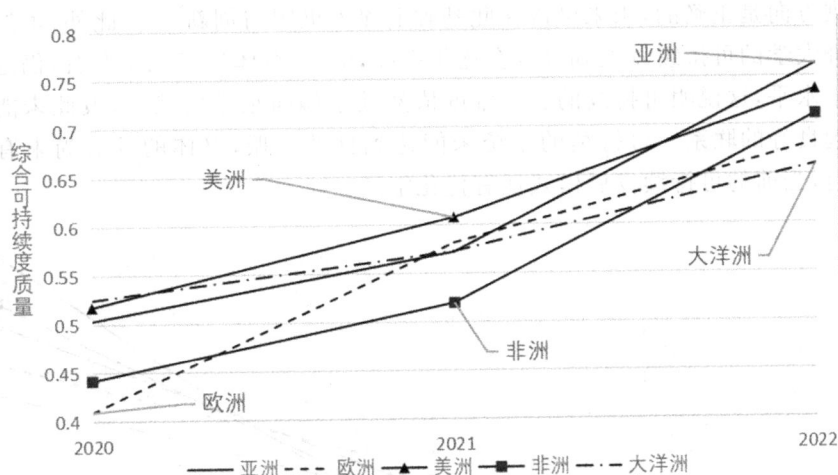

图 4.4 2020—2022 五大洲大学的可持续质量值

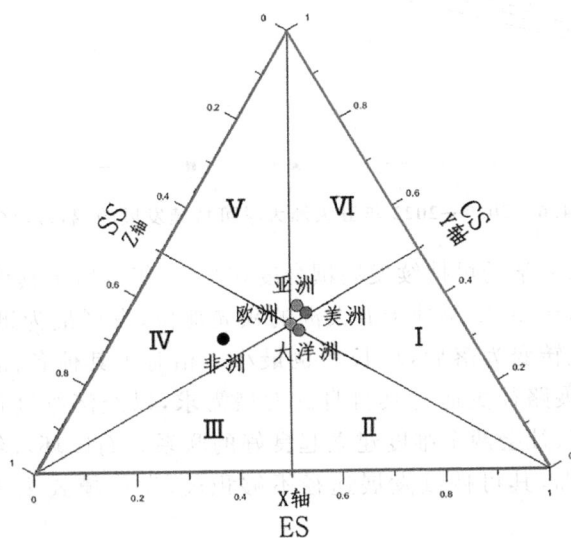

图 4.5 2022 五大洲大学的可持续质量三角模型

●模式的发展特征

(1)耦合强度

对 2020—2022 年五大洲大学可持续发展耦合度的计算分析显示:五大洲大学的可持续发展耦合度总体上逐年上升,呈现出一个良好的增长态势(见图 4.6)。可见目前五大洲大学可持续方面所做的努力是十分有价值的,发展方向是正确的，未来可以在此基础上深入巩固与创新[46]。此外，虽然五大洲大学的可持续发展耦合度在逐年提高，但 C_i 总体处于 0.4 左右，仍处于中下水平，这说明可持续的三个维度依然处于偏向独立的状态，彼此未能建立起良好的联系。可持续的系统未能达到良性共振，整体的发展尚未有序进行，当前的可持续发展模式仍有优化空间。

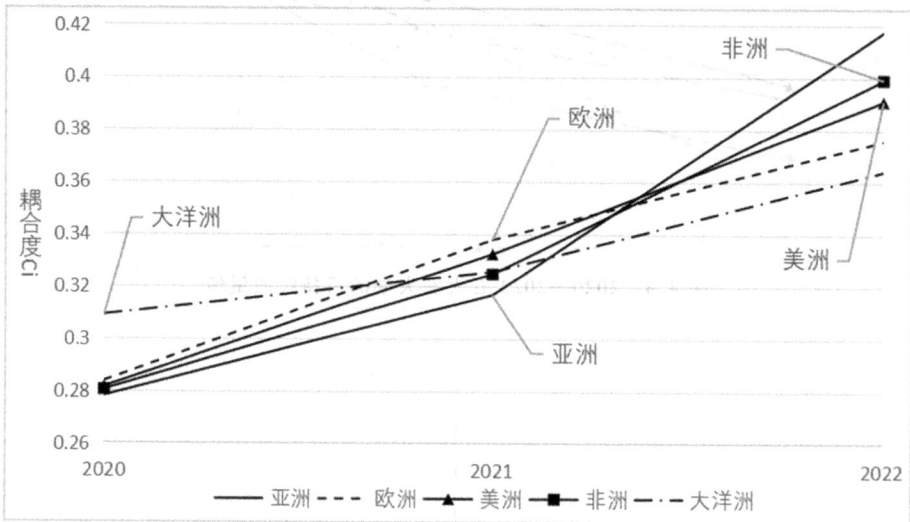

图 4.6　2020—2022 年五大洲大学可持续发展的耦合度(C_i)

其中，亚洲大学的可持续发展耦合度在 2020 年落后于其他四个大洲，经过两年的发展，在 2022 年处于五大洲的领先地位，发展最为迅速；而大洋洲则相反，从领先转变为落后，增长率也最小。相对于其他各洲，亚洲大学目前的可持续发展路径更适合其自身的发展需求，以经济维度作为主要突破口，从而与环境、社会两个维度建立起良好的联系。而以环境维度为主要发展目标的大洋洲，其可持续发展途径不够积极，发展模式未来的发展潜力不足[47]。

（2）耦合协调度

依据 2022 年五大洲大学可持续发展的耦合协调度，目前亚洲、欧洲、美洲和非洲已经进入协调状态（D_i 大于 0.5），只有大洋洲仍然处于失调状态（见图 4.7）。其中，亚洲的耦合协调度最高，达到了 0.56，即已进入低度协调的状态。这表明，亚洲大学在可持续发展的同时紧密结合环境、经济、社会这三个维度，使其初步建立起良好的联系，三个维度相互协作良好，但未来仍有提升的空间。

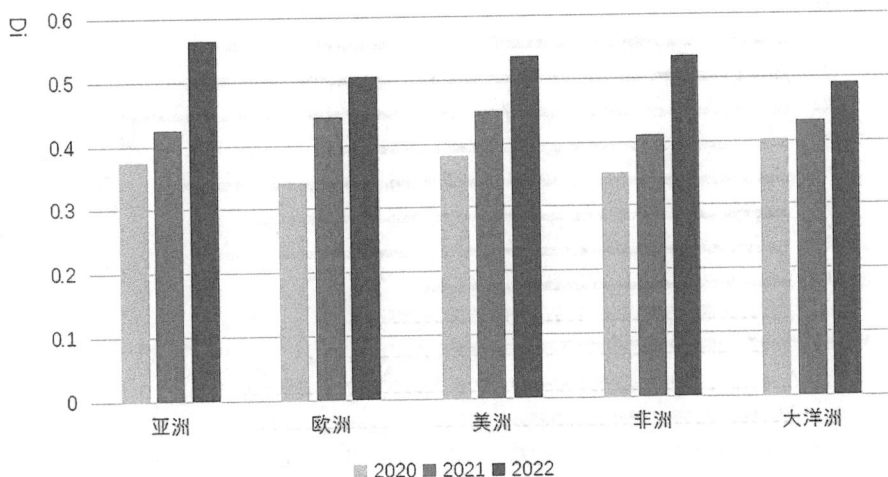

图 4.7　**2020—2022 年五大洲大学可持续发展的耦合协调度(D_i)**

　　近三年(2020—2022),五大洲大学可持续发展的耦合协调度都在持续增长(见图 4.7)。其中,亚洲的耦合协调度在 2022 年赶超其他大洲,协调度最高,在 2021—2022 年间的提升速度约为 32.6%,发展最为迅速。而大洋洲的协调度在 2020 年和 2021 年并非最低,却在 2022 年垫底,且 2022 年仍处于失调状态,在 2021—2022 年间耦合协调度的提升速度约为 13.5%。欧洲在 2021—2022 年间协调度的提升速度约为 14.3%,发展比较缓慢,但在 2022 年迈进协调状态。美洲和非洲的协调度发展速率较为相似,2022 年的耦合协调度也十分接近。然而,虽然五大洲大学的可持续协调发展正在稳步推进,但其目前的耦合协调度仍处于较低水平,这说明目前全球大学可持续发展的协调程度不高,校园中环境、经济、社会三个维度的结合仍有一定缺陷,未能共同协作、有序发挥各自的潜力。

5. 主要动力目标的讨论

　　依据各洲 2022 年的可持续度质量值,得到各洲大学在可持续方面主要的发展引领维度:亚洲与美洲的发展引领维度为经济,欧洲与大洋洲为环境,非洲为社会。本节针对各洲的主要引领维度,旨在找出该维度下起主要影响作用的动力目标(见图 4.8),以此深入剖析各洲大学在可持续发展中具有主要推动作用的关联 SDG。

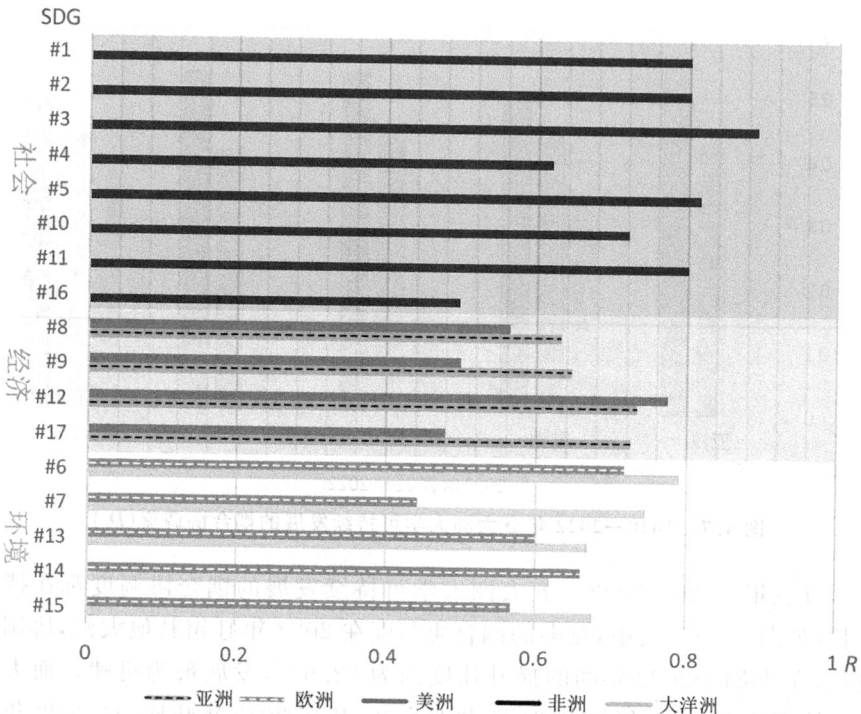

图 4.8　2022 年五大洲大学的重点可持续维度下 SDGs 的灰色关联度值

亚洲的国家组成以发展中国家为主,因此经济对于亚洲的可持续发展来说是重要的建设维度[14],这与可持续度质量值的计算结果一致。而在亚洲主要探讨的经济维度中,SDG12(负责任的消费和生产)的灰色关联度最高,说明资源的合理开发和利用对于亚洲大学的经济可持续发展来说是具有较大影响力的。同时,经济维度所探讨的四个 SDGs 的灰色关联度均大于0.6,说明经济维度所涉及的四个目标对于亚洲大学的可持续发展均十分重要。

美洲与亚洲一致,也聚焦经济维度。这与拉丁美洲社会发展相对缓慢,经济较为落后有关[48],经济维度因而成为现阶段可持续发展的主要动力。与亚洲一样,SDG12(负责任的消费和生产)的灰色关联度最高,接近0.8,但其余三个 SDG 关联度都不到0.6。这表明 SDG12 为美洲极具影响力的关联动力目标。美洲高校的可持续发展主要依靠该单一目标。

对于欧洲来说,国家组成以发达国家为主,经济发展水平相对较高,对环境保护十分重视,因此欧洲的主要发展维度为环境。SDG6(清洁饮用和环境卫生)的灰色关联度最高,说明水资源的合理利用与保护对欧洲大学的可持续发展起到关键性的推动作用。十多年来,水资源的节约与保护已经成为欧洲人可持续发展的基本理念之一。欧洲环境署 2018 年发布报告称:欧洲超过 60% 的地表水未达到欧盟规定的"良好生态状况"这一标准,其中德国、捷克、匈牙利水质最差,超过 90% 的水体未能达标[49]。因此,当下欧洲各国正采取各种措施解决该问题,以推动可持续发展。另一方面,可以看到欧洲的 SDG7(可负担的清洁能源)的灰色关联度处于非常低的水平,说明未来清洁能源的发展有很大潜力。

大洋洲大学的主要可持续发展维度与欧洲相同,且同样是 SDG6(清洁饮用和环境卫生)的关联度值最大。大洋洲国家的经济发展基础较好,社会发展程度高,其可持续建设过程中对于水资源的投入较大[47]。而与欧洲不同的是,大洋洲除了清洁饮水方面,其他环境维度的目标关联度也相对较大,灰色关联度值均大于 0.6,说明环境维度中各目标发展较为均衡且都对大洋洲大学的可持续发展产生了较大的动力。

非洲大学的可持续发展重点在社会维度。相比之下,非洲的经济发展较为落后,社会进步缓慢,很多民生问题没有得到很好的解决[45]。SDG3(良好的健康与福祉)的灰色关联度值最高,接近 0.9,说明目前非洲大学的可持续建设集中在卫生与健康方面,并且投入较大。这与 2018 年 5 月世卫组织颁布的《2019—2023 年工作总规划》有关,规划的三个战略重点是全民健康覆盖、卫生安全和改善健康与福祉,其中特别提到了关注非洲的卫生与医疗健康问题[50]。另外,对于非洲来说,消除饥饿与贫困(SDG1&SDG2)也是当下最重要的任务与目标。非洲相关专家表示,非洲正在积极借鉴他国减贫经验,逐步实现联合国的可持续发展目标[51]。

6. 小　结

本章主要关注全球大学的可持续发展与 17 个 SDGs 之间的耦合关系。试图总结当前全球可持续大学的发展现状、各大洲的发展特征与发展中起主要作用的动力目标。主要得到以下结论:

(1)从全球可持续大学的分布上来看,五大洲的发展是非常不均衡的,分三个发展梯队。其中,欧洲处于领先地位,非洲的发展相对落后,美洲发展波动较大,大洋洲发展势头强劲,亚洲发展具有较好的潜力。

(2)从五大洲发展的可持续度质量来看,全球的综合可持续度质量逐年提高,各大洲环境、经济、社会三个维度的可持续度质量发展差异明显。亚洲与美洲是以经济为主、环境为辅的发展模式，欧洲与大洋洲是以环境为主、社会为辅的发展模式，非洲是以社会为主、经济为辅的发展模式。

（3）从发展过程中可持续的三个维度间关系的角度来看，五大洲大学的可持续耦合度总体上逐年上升，呈现出一个良好的增长态势。但总体耦合强度不高，三个维度偏向独立发展的状态。而三个维度发展的协调程度，亚洲、欧洲、美洲、非洲都处于弱协调区，大洋洲还处于非协调区。全球大学的可持续发展总体上并未达到理想的协调发展状态。

（4）基于五大洲大学的可持续发展模式，亚洲和美洲的可持续发展主要动力目标是 SDG12（负责任的消费和生产）；欧洲和大洋洲的主要动力目标是 SDG6（清洁饮用和环境卫生）；非洲的主要动力目标是 SDG3（良好的健康与福祉）。

本章有利于深入了解全球大学可持续发展的整体概况及主要特点，尤其各高校行动与可持续目标之间耦合关系的解译，对各大洲高校在可持续发展方面的进一步提升具有重要指导意义。

对于大学可持续性的建设主体来说，依据本章的研究结论，一方面，不同大洲的大学能探寻、发展、完善自身的可持续发展路径；明确自身可持续校园的发展侧重点；补齐短板，突破当前可持续的发展瓶颈；协调校园的环境、经济、社会三要素，以实现和谐共建。另一方面，对于区域性可持续校园的发展组织、国家及地区政府、联合国指导各国可持续发展的相关部门等机构，在未来能够依据当地发展的特征来规划某区域内大学的可持续发展，激发当地可持续校园发展的动力机制，实现可持续发展在三个维度下的良性循环。

对于具体措施来说，基于本章研究得出的五大洲大学发展模式特征更为合理、更适应其所处大洲主要建设方向的可持续发展路径。与此同时，高校还可借助其所在大洲的可持续校园建设主要动力目标，优先进行该方面的可持续探索及建设，以实现更快速、更富有成效的可持续发展。

参考文献

[1] 郭永园，白雪赟. 绿色大学：习近平生态文明思想在高等教育中的"打开方式"[J]. 思想政治教育研究，2019，35（05）：49-54.

[2] ŽALĖNIENĖ I, PEREIRA P. Higher Education for Sustainability: A Global Perspective[J]. Geography and Sustainability, 2021, 2(2): 99-106.

[3] NELLES W, VISETNOI S, MIDDLETON C, et al. Higher education institutions, SDG2 and agri-food sustainability: lessons from Chulalongkorn University and

Thailand［J］. Environment，Development and Sustainability，2022，24（9）：10975-10996.

［4］DALLA GASPERINA L，MAZUTTI J，BRANDLI L L，et al. Smart practices in HEIs and the contribution to the SDGs：implementation in Brazilian university［J］. International Journal of Sustainability in Higher Education，2021，23（02）：356-378.

［5］ZHU BIFENG，ZHU CHUFAN，DEWANCKER B. A study of development mode in green campus to realize the sustainable development goals［J］. International Journal of Sustainability in Higher Education，2020，21（04）：799-818.

［6］MEMBRIL LO-HERNANDEZ J，LARA-PRIETO V，CARATOZZOLO P. Sustainability：A Public Policy，a Concept，or a Competence? Efforts on the Implementation of Sustainability as a Transversal Competence throughout Higher Education Programs［J］. Sustainability(Switzerland)，2021，13(24)：13989.

［7］HELETA S，BAGUS T. Sustainable development goals and higher education：leaving many behind［J］. Higher Education，2021，81(1)：163-177.

［8］ALBAREDA-TIANA S，RUÍZ-MORALES J，AZCÁRATE P，et al. The EDINSOST Project：Implementing the Sustainable Development Goals at University Level［J］. Universities as Living Labs for Sustainable Development，2019：193-210.

［9］OMAZIC A，ZUNK B M. Semi-Systematic Literature Review on Sustainability and Sustainable Development in Higher Education Institutions［J］. Sustainability，2021，31：7683.

［10］HANSEN B，STILING P，UY W F. Innovations and challenges in SDG integration and reporting in higher education：a case study from the University of South Florida ［J］. International Journal of Sustainability in Higher Education，2021，22，05，1002-1021.

［11］MALEŠEVIĆ PEROVIĆ L，MIHALJEVIĆ KOSOR M. The Efficiency of Universities in Achieving Sustainable Development Goals［J］. Amfiteatru Economic，2020，22(54)：516-532.

［12］WU XUTONG，FU BOJIE，WANG SHUAI，et al. Decoupling of SDGs followed by re-coupling as sustainable development progresses［J］. Nature Sustainability，2022，5：452-459.

［13］MOON C J，WALMSLEY A，APOSTOLOPOULOS N. Governance implications of the UN higher education sustainability initiative［J］. Corporate Governance：The international journal of business in society，2018，18(4)：624-634.

［14］邬建国，何春阳，张庆云，等. 全球变化与区域可持续发展耦合模型及调控对策［J］. 地球科学进展，2014，29(12)：1315-1324.

［15］王婵，柴王军.《2030 可持续发展议程》框架下体育推动社会可持续发展研究［J］. 武术研究，2021，6(02)：154-156.

[16] TAN HONGWEI, CHEN SHUQIN, SHI QIAN, et al. Development of green campus in China[J]. Journal of Cleaner Production,2014,64:646-653.

[17] BAITULE A S, SUDHAKAR K Solar powered green campus: a simulation study [J]. International Journal of Low-Carbon Technologies,2017,12(4):400-410.

[18] FONSECA A, MACDONALD A, DANDY E, et al. The state of sustainability reporting at Canadian universities [J]. International Journal of Sustainability in Higher Education,2011,12(1):22-40.

[19] CHOI Y J, OH M, KANG J, et al. Plans and Living Practices for the Green Campus of Portland State University[J]. Sustainability,2017,9(2):252-267.

[20] TIYARATTANACHAI R, HOLLMANN N M. Green Campus initiative and its impacts on quality of life of stakeholders in Green and Non-Green Campus universities[J]. SpringerPlus,2016,5(1):84.

[21] BUANA R P, WIMALA M, EVELINA R. Pengembangan Indikator Peran Serta Pihak Manajemen Perguruan Tinggi dalam Penerapan Konsep Green Campus[J]. Reka Racana: Jurnal Teknil Sipil,2018,4:82-93.

[22] PUSPADI N A, WIMALA M, SURURI M R. Perbandingan Kendala dan Tantangan Penerapan Konsep Green Campus di Itenas dan Unpar[J]. Reka Racana: Jurnal Teknil Sipil,2016,2(2):23-35.

[23] PENG SEN, CUI HUIPING, JI MIN. Sustainable Rainwater Utilization and Water Circulation Model for Green Campus Design at Tianjin University[J]. Journal of Sustainable Water in the Built Environment,2018,4(1):04017015.

[24] ZHU BIFENG, WANG ZHEKAI, SUN CHAOYANG, et al. The motivation and development impact of energy saving to sustainability in the construction of green campus: a case study of the Zhejiang University, China [J]. Environment, Development and Sustainability, 2021,23(9):14068-14089.

[25] ANTHONY B Jnr. Green campus paradigms for sustainability attainment in higher education institutions—a comparative study[J]. Journal of Science and Technology Policy Management, 2020,12(1):117-148.

[26] ABU QDAIS H, SAADEH O, AL-WIDYAN M, et al. Environmental sustainability features in large university campuses: Jordan University of Science and Technology(JUST) as a model of green university[J]. International Journal of Sustainability in Higher Education,2019,20(2):214-228.

[27] ROJAS A, RICHER L, WAGNER J. University of British Columbia Food System Project: Towards Sustainable and Secure Campus Food Systems[J]. EcoHealth, 2007,4(1):86-94.

[28] LOZANO R. The state of sustainability reporting in universities[J]. International Journal of Sustainability in Higher Education,2011,12(1):67-78.

[29] ETH Zürich. Sustainability Report 2015/2016 [R/OL]. (2017) [2022-03-15].

http://www. sustainability. ethz. ch.

[30] 李盈盈,刘凡奇,丁俊.澳大利亚大学的可持续发展实践及其对中国大学可持续发展的启示[J].环境保护与循环经济,2016,36(02):16-18.

[31] 杨华,刘春路.澳大利亚高职教育可持续发展探索——基于对澳大利亚"绿色技能协议"的政策解读[J].当代职业教育,2016(01):110-112.

[32] PRETORIUS R W, NICOLAU M. Guest editorial[J]. International Journal of Sustainability in Higher Education,2021,22(7):Ⅰ-Ⅲ.

[33] Times Higher Education Impact Rankings,(2019—2022)[EB/OL].(2022-03-15)[2025-03-10]. https://www. timeshighereducation. com/rankings/impact/2022/overall♯!/page/0/length/25/sort_by/rank/sort_order/asc/cols/undefined.

[34] 唐灿,李雨晴,王翔宇.泰晤士世界大学影响力排名分析——基于 M 大学的案例研究[J].煤炭高等教育,2021,39(01):114-121.

[35] CHEN YU, SONG JING, ZHONG SISI, et al. Effect of destructive earthquake on the population-economy-space urbanization at county level-a case study on Dujiangyan county, China[J]. Sustainable Cities and Society,2022,76:103345.

[36] 李涛,廖和平,杨伟,等.重庆市"土地、人口、产业"城镇化质量的时空分异及耦合协调性[J].经济地理,2015,35(05):65-71.

[37] USDA SOIL SURVEY STAFF. Soil Survery Manual. USDA Handbook NO. 18 [C]. Washington D. C. : United States Government Printing Office,1951.

[38] LIU YAOBIN, LI RENDONG, SONG XUEFENG. Analysis of Coupling Degrees of Urbanization and Ecological Environment in China[J]. Journal of Natural Resources, 2005,20(01):105-112.

[39] 张虎,尹子擘,薛焱.新型城镇化与绿色发展耦合协调水平及其影响因素[J].统计与决策,2022,38(11):93-98.

[40] 张巧言.中部地区城镇化水平与城镇化质量协调度分析[J].特区经济,2022(03):77-80.

[41] 周应堂,贾馥蔚,吕鸿江.基于递进时段灰色关联度分析的中国全球创新指数影响因素比较研究[J].科技管理研究,2019,39(02):1-7.

[42] 杨光明,罗垚,陈也,等.川渝地区农业与旅游业耦合协调机理及优化研究——基于灰色系统理论[J].资源开发与市场,2021,37(08):991-997.

[43] 卡卡南安.数学建模常用算法——灰色关联分析法(GRA)[E/OL].(2020-07-24)[2022-03-16]. https://blog. csdn. net/cyj972628089/article/details/107565491/.

[44] 阎琨,李莞荷,林健.世界一流大学特征研究——基于全球大学排名的实证分析[J].高等工程教育研究,2017(01):82-87.

[45] 卢凌宇,刘鸿武.非洲的可持续发展:挑战与应对[J].国际问题研究,2016(04):50-65.

[46] ALAIMO L S, CIACCI A, IVALDI E. Measuring Sustainable Development by Non-aggregative Approach[J]. Social Indicators Research, 2021,157:101-122.

[47] FRIEDLANDER A M. Marine conservation in Oceania：Past，present，and future [J]. Marine Pollution Bulletin，2018，135：139-149.

[48] 郭凌威. 2022 年拉丁美洲经济环境展望[J]. 进出口经理人，2022(02)：30-32.

[49] EUROPEAN ENVIRONMENT AGENCY. European waters—Assessment of status and pressures 2018[R/OL]. (2018-07-03)[2022-03-16]. https：//www. eea. europa. eu/publications/state-of-water.

[50] WHO. Thirteenth General Plan of Work 2019—2023[E/OL]. (2019-05-16)[2022-03-16]. https：//www. who. int/publications/i/item/thirteenth-general-programme-of-work-2019-2023.

[51] MAGOMBEYI M T，ODHIAMBO N M. Dynamic impact of FDI inflows on poverty reduction：Empirical evidence from South Africa[J]. Sustainable Cities and Society，2018，39：519-526.

第五章　中、美、日绿色校园的评估标准

　　作为实现全球可持续发展目标重要一环的高校,其自身的可持续发展对全社会具有探索性实践的积极意义。而校园的可持续建设与推广离不开绿色校园评价标准的支持。评价标准有助于推动绿色校园的发展,有助于绿色校园从理论转为实践,也有助于更多的高校明确自身发展的方向。同时,不同国家绿色校园评价标准的制定应符合自身国情以及发展的规律,这样有利于针对性地解决各国绿色校园发展过程中的问题,从而形成各具特色的绿色校园建设方案。标准的制定也能从政策层面定义绿色校园的具体内涵,进而为全社会的可持续发展提供支持。

　　本章从绿色校园评价角度(美国的 STARS 评价体系和中国的《绿色校园评价标准》)与绿色校园建筑评价角度(日本的 CASBEE 评价体系和中国的《绿色建筑评价标准》),探讨中、美、日绿色校园评价体系各自的优缺点以及特色。在现有数据的基础上,对中、美、日三国绿色校园的发展历程以及现行的评价体系进行比较,理清三国可持续校园评价标准发展的脉络,分析其评价体系的异同。本章一方面将着重对比中国的绿色校园评价标准与美国的 STARS;一方面对比中国的绿色建筑评价标准与日本的 CASBEE,将依据各国绿色校园发展的特点,对同层次的标准开展对比研究。研究范围大至整个校园,小至一栋建筑。探讨校园建筑节能、绿色的同时,注重校园绿色意识、绿色管理、绿色规划等方面的内容。

1. 全球主要评估系统及评价标准

● 全球主要评价标准

　　自 1972 年"绿色校园"这一理念在联合国被提出以来[1],世界上很多国家都开始投身于绿色校园的探究与实践,并制定了相关的评价标准,其中美国、英国、

中国、日本、澳大利亚等国家的标准都具有各自的特点。虽然都是绿色校园评价标准，但无论在指标设置还是评价方法等方面都有一定的差异（见表 5.1）。

表 5.1　主要国家绿色校园评价标准[2][3][4][5][6]

国家	标准名称	评价方式	编制机构	出台时间	评价内容/分类	
美国	STARS 2.2	按照完成情况，各评价项计分，按总分划分等级	AASHE（北美可持续发展大学联盟）	2019	学术	
					参与	
					操作	
					规划 & 管理	
					创新 & 领导力	
英国	EcoCampus 2015	通过达到每个阶段的标准来提升评价等级，共四个阶段，每个阶段包含特定的评价内容	Loreus Ltd	2005	1. 开发阶段	领导的方式与能力
						环境
					2. 实施阶段	履行义务
						环境特征
						规划措施
						环境目标
						政策方针
					3. 运营阶段	团体角色、职责与权力
						能力与意识
						交流合作
						文件化信息
						运营规划与控制
						应急准备与应对措施
					4. 检查与修正阶段	监测、测量、分析与评价
						合规评估

国家	标准名称	评价方式	编制机构	出台时间	评价内容/分类
					不合格与纠正措施
					内部审核
					管理评审
中国	绿色校园评价标准 GB/T 51356—2019	设控制项、评分项和加分项。控制项必须满足，对每个项目进行评分，按总得分确定评价等级	住房和城乡建设部	2019	规划与生态
					能源与资源
					环境与健康
					运行与管理
					教育与推广
					特色与创新
日本	绿色学校及"绿色学校试验模范事业"规定	按学校类型分类指导	文部省 通产省	1997	新能源利用型
					绿化推荐型
					污水利用型
					其他节能节资型
澳大利亚	Green Star Education	按照项目是否达标来记分，合计总分后根据认证级别得分要求换算出最终的认证等级	绿色建筑委员会	2003	管理
					室内环境质量
					能源
					交通
					水
					材料
					土地使用与生态
					排放
					创新

（1）STARS 2.2（美国）

　　基于可持续的基本理论框架，以 SDGs 为发展愿景，AASHE 针对学校制定了 STARS（The Sustainability Tracking，Assessment & Rating

System)。STARS 独立于美国 LEED for School① 评价标准，是针对校园可持续建设的评价系统。STARS 既是一个开放的自我评价框架工具，供高校衡量其可持续发展的建设情况，也是校园可持续建设的发展目标[2]。全球高校在 STARS 平台上共享各自的绿色校园建设数据，交流全球的绿色校园建设情况。截至目前，全球已有 659 个高校成为其会员[2]，使用 STARS 评估、完善自身的绿色校园建设。

　　STARS 提供了一个清晰、完整的系统，可作为高等教育机构当下和未来设定目标的评价基准。STARS 专注于各方面的制度，包括研究与课程、校园业务、规划和制度能力、战略规划目标，以促进校园可持续发展的跨部门对话并刺激机构之间的交流与学习[2]。STARS 的评价范畴主要分为四个大类、17 个子项（见图 5.1），每个子项对应若干评价指标；一共 70 个指标，每个指标有相应分值；此外还有 4 分创新分（见表 5.2）。待评高校可根据自身情况，对完成建设情况进行评价打分。最终等级分为四级，从低到高依次为铜奖、银奖、金奖、铂金奖[2]（见表 5.3）。

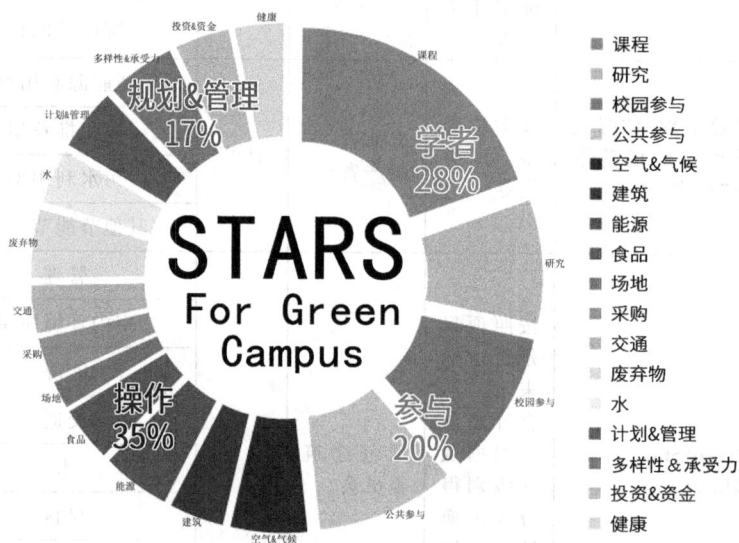

图 5.1　STARS 的主要内容和分值占比

---

　　① LEED(Leadership in Energy and Environmental Design)是一个绿色建筑评价体系。宗旨是在设计中有效地减少环境和住户的负面影响。目的是规范一个完整、准确的绿色建筑概念，防止建筑的滥绿色化。LEED for School 是其专为校园建筑开发的版本。

表 5.2　STARS 评价表

类别	子项	评价内容
学术	课程	学校正式的可持续性教育项目和课程。
	研究	以可持续性为主题的研究。
参与	校园参与	可持续性教学以外的其他课程,教职员工参与,可持续性的培训项目。
	公共参与	通过公众参与,帮助促进可持续性发展项目、社区伙伴关系和服务。
操作	空气 & 气候	对温室气体和空气污染物的排放测量进行监测,并采取针对性措施减少排放。
	建筑	改善建筑的可持续性性能,改善使用者体验。
	能源	通过节约和提高效率减少能源消耗,转向更清洁和可再生能源,如太阳能、风能、地热和水电到位。
	食物	支持可持续的食物系统,提供多元化的食物选择,如素食。
	场地	实施可持续性计划,建立多样的场地特征与保护方案。
	采购	通过学校自身的购买力来帮助建立一个可持续发展的采购循环。
	交通	可持续环境友好的交通系统。
	废弃物	减少浪费,重复使用、回收和堆肥。
	水	保护水源和水质,通过多种措施节约、再利用水资源。
规划 & 管理	计划 & 管理	可持续性的资源,可持续性协调投入制度化管理,朝着吸引学生、教职员工积极参与的管理方向制定计划。
	多样性 & 承受力	校园服务与文化多样性和风险预估抵抗能力。
	投资 & 资金	可持续发展的投资决策,具有公开、公众参与的特点。
	健康	将可持续发展融入人力资源计划和政策。

表 5.3　STARS 分值等级表

等级	最低分值要求
铜奖	25
银奖	45
金奖	65
铂金奖	85

（2）EcoCampus 2015（英国）

英国的生态学校（Eco-Schools）是在英国永续发展策略（Sustainable Development—The U. K. Strategy）的背景下，由世界"环境教育基金会"（Foundation for Environmental Education，FEE）①于 1994 年发起的一项"迈向绿大地计划"（Going for Green），主要面向学校开展环境教育，目的是在社会基层推广可持续发展的观念，在提升学生对环境问题认知的同时，以环保教育为主题，倡导绿色建筑设计[7]。

英国著名的非营利组织"保持英国整洁"（Keep British Tidy）②从 1994 年开始，就尝试在不同地区开展生态学校项目，目前已吸引全球 68 个国家加入，成为全球最大的校园可持续发展项目。随着国际社会对生态学校的大力倡导，各国积极开展生态教育实践，生态学校项目面向多阶段的学生团体，包括学龄前、小学、中学、大学和继续教育等。学生主动参与环境保护和管理等活动，在教师的引导下，学生的环境保护意识不断增强，进而对家庭成员产生影响。

英国生态学校的教育内容包括生物多样性、能源、废物利用、健康生活、垃圾分类、水等十大主题，主要通过三种路径实施：①国家层面，重新修订课程标准，将可持续发展教育和环境教育纳入课程强制学习范畴；②与 K12 教育体系相融合，将生态与环境的内容与其他课程融合，并落实到各学段中；③教师与专业的同步发展，对教师开展培训，提供丰富的学习与教学资源。

（3）《绿色校园评价标准》GB/T 51356—2019（中国）

中国的《绿色校园评价标准》GB/T 51356—2019（以下简称 GB/T 51356—2019）由住建部发布，是在《绿色校园评价标准》CSUS/GBC 04—2013 的基础上，再根据国家 2013 年后于重大会议上提出的各项经济政策，对绿色校园的建设进行严格规范，并结合当时绿色校园可持续发展在各学校内建设与创新的实际情况编制的评价标准。GB/T 51356—2019 适用于评估新建、现有校园的建设和运营情况，包括教学辅助用房、教学建筑、行政办公场所、生活服务领域建筑，以及绿色校园建设的组织制度建设、校园规划、校园资源能源利用效率管理、绿色教育、绿色人文等各方面的全面评价。GB/T 51356—2019 可作为学校申请绿色校园示范建设单

---

① 环境教育基金会（FEE）成立于 1981 年，是世界上最大的环境教育组织之一，在 81 个国家拥有 100 多个成员组织。其最新战略计划优先考虑气候行动，以应对气候变化、生物多样性丧失和环境污染的紧迫威胁。

② Keep British Tidy 是一家独立慈善机构，有三个目标：消除垃圾、结束浪费和改善土地。

位的评价工具，或据以进行新建校区的规划评价和既有校区的运行评价。

GB/T 51356—2019 的编写与现有国家标准规范在主要内容和编制框架上保持一致，契合我国国情与学校特点，在满足校园功能需求与节能目标的同时，借鉴国际先进经验，突出强化绿色理念在人文教育中的适用性。相较 2013 版，2019 版标准参考了《绿色建筑评价标准》GB/T 50378—2014[8]的评价系统，以整个校园为评价主体，限定具体评价项的得分分值，评价对象最终得分为五类指标评分项的加权得分与各加分项的附加得分总和。2019 版标准标志着我国的绿色校园评价标准开始向量化转型，与国际标准接轨，在注重一级指标所占权重的基础上，对各评价项赋予具体分值，以阶段性计总分的方式推动绿色校园建设[9]。

GB/T 51356—2019 结合学校所在地的经济、气候、资源、环境等特点，以及可持续发展理念需求的差异程度，以单个校园或学校整体作为评价对象，对既有校园根据其实际运行情况，对已有资源的节约、再生资源的利用或开发、环境保护等性能与措施给予综合评价；也可对正在规划建设的校园提供预测评价。GB/T 51356—2019 分别针对中小学校、职业学校及高等学校提供两套评价体系。GB/T 51356—2019 具体内容包括总则、术语、基本规定、中小学校、职业学校及高等学校、特色与创新、条文说明七个部分。其中中小学校、职业学校及高等学校价标准体系内，又包含规划与生态、能源与资源、环境与健康、运行与管理、教育与推广五个具体的评价内容。按满足一般项和优选项的项数从少到多，绿色校园划分为一星级、二星级和三星级，三星级为最高评价级别，要求最高，满足难度最大[10]。

美国对于绿色校园评价标准的研究是领先全球的，发展特色明显，其评价标准已在全球范围内广泛使用，与中国相比，无论是其发展的历程还是评价标准的制定，都有巨大的差异。对中国来说，绿色校园建设起步较晚，因此了解并学习其他国家较为先进的绿色校园评价体系，尤其是美国的，研究他们的侧重点与特色，是十分必要的。如此能为以后中国的绿色校园建设积累宝贵经验，使中国的绿色校园评价体系更科学，更严谨，更完整，更符合全球绿色校园发展的趋势，满足现阶段发展的实际需求的同时，着眼未来，接轨全球，进而推动中国可持续事业的发展与进步。

（4）绿色学校及"绿色学校试验模范事业"规定（日本）

在全球环境问题不断深化的背景下，1996 年日本文部省①拟定《关于完

---

① 文部省是日本中央政府行政机关之一，负责统筹日本国内的教育、科学技术、学术、文化和体育等事务。2001 年 1 月 6 日起，与科学技术厅合并，并更名为文部科学省。

善考虑环境的学校设施》报告书，委托日本建筑学会对绿色学校开展调查与研究。同时，将采取降低环境负荷措施创建新型学校，推进绿色学校事业发展，作为文部省的一项重要课题。

日本绿色学校的基本理念及宗旨是在设施的建设和运营管理方面要有利于减少环境负荷，在设施的教育教学方面要有助于开展环境教育，并将这两方面有机统一。

文件提出绿色学校应从设施、运营与教育三个方面对学校设施进行完善和建设，并对绿色学校含义和内容进行定义与说明。第一，学校设施的建设要有益于环境，设计和建设的学校设施有益于学生、社区和地球；第二，学校设施的运营使用要耐久与合理，设计和建设的学校设施应高效合理地利用自然材料，并能延长建筑物的使用寿命；第三，学校设施要有益于教育教学，设计和建设的学校设施应利于学生尊重环境，提高社区居民的环境意识[11]。（图 5.2）

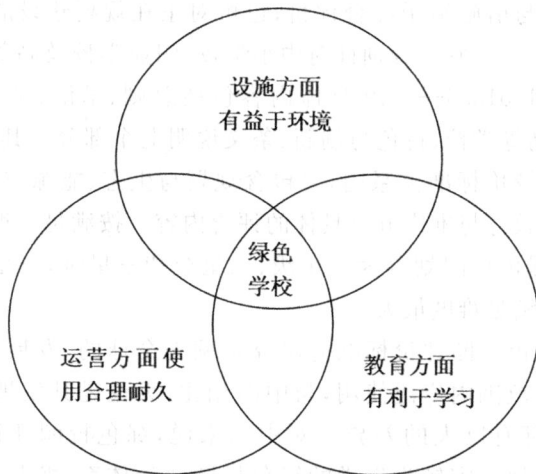

图 5.2　日本绿色学校建设理念示意图

为了顺利推进绿色学校实证研究，日本文部省和通产省于 1997 年共同实施了"绿色学校试验模范事业"（见图 5.3），目的在于向学生普遍开展环境教育，同时致力于学校设施的进一步充实与完善。"绿色学校试验模范事业"规定了绿色学校事业的实施主体，即各都道府县市镇乡，实施对象是管辖范围内的公立学校。事业的具体内容包括太阳能利用、发电等新技术，污废循环等技术的引进，推动学校节能与环境建设效果。据统计，1997 年度选出 18 所示范学校，1998 年度选出 20 所示范学校，事业类型分别是太阳光发电型和太阳光发电与综合型。2001 年，日本已有 147 所学校实施了该事业[5]。

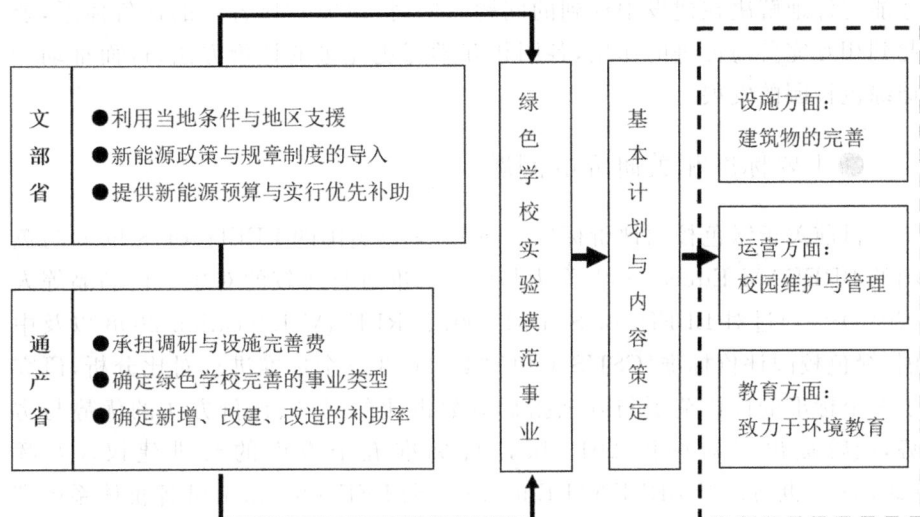

图 5.3 日本"绿色学校试验模范事业"实施框架

（5）Green Star Education（澳大利亚）

澳大利亚建筑委员会（Green Building Council of Australia，GBCA）成立于 2002 年，是一个致力于绿色建筑实践与研究的非营利组织，组建初期便得到政府和行业的支持。2003 年，GBCA 发起了一个绿色之星（Green Star）建筑环境系统评级认证，开展一系列关于建筑与环境影响的实践项目，致力于让建筑在满足使用者需求的同时，减少对周围环境的影响，以及减少环境资源的浪费，对建筑的可持续研究发展做出了新的尝试。据统计，相对于同类别其他建筑，凡获得 Green Star 认证的建筑，排放的温室气体总量更小，水资源的消耗量为同类别其他建筑的 30％，废弃物排放为同类别其他建筑的 60％[12]。Green Star 共包含 9 个评价类别，分别为管理、室内环境质量、能源、交通、水资源、材料、土地利用与生态、排放、创新。Green Star 分为 6 个认证等级[6]，等级数越大，等级越高。其中 Green Star 4 级代表该项目为环境可持续设计或建设的优秀等级，得分为 45～59 分；Green Star 5 级代表该项目为环境可持续设计或建设的卓越等级，得分为 60～74 分；Green Star 6 级代表该项目为环境可持续设计或建设的世界领先地位，得分 75～100 分。Green Star 引领了澳大利亚绿色建筑理念在建筑工程领域的普及，推动了可持续建筑设计的发展。

为推动绿色校园的发展，研究绿色校园评价的标准是十分重要的。绿色校园的内涵在全世界共同的努力下得到了极大的丰富，越来越多的国家参与到绿色校园的建设中，这就需要不断丰富、完善绿色校园评价的标准，才能更好地解决在建设中遇到的问题。同时,研究对比各国的评价体系,能起到相互完善与促进的作用,各国相互学习更先进的评价方法,进而推动全球绿色校园的发展。

●主要标准相关研究的问题

目前关于绿色校园评价标准的研究,多以美国的 LEED for School 与英国的 BREEAM Education① 作为与中国标准进行比较的对象。杨晶晶等人(2016)[15]通过对 LEED for School 2007、BREEAM Education 2008 以及中国《绿色校园评价标准》CSUS/GBC 04—2013 三个标准进行对比分析,研究了三个标准的评价范围与各项指标分数占比的异同、评价方法的优势与劣势,最后提出了对中国 2013 版评价标准五个方面的改进建议。席晖(2018)[16]也通过对 BREEAM Education 和 LEED for School 评价体系中高校绿色校园评价部分的分析比较,提出中国的高校绿色校园建设应量化评价指标,合理设置权重,增加灵活性。程嘉颖(2019)[17]对比了世界主要国家的绿色校园评价标准的内容,包括美国 LEED for School、WELL②、英国 BREEAM Education、日本 CASBEE、澳大利亚 Green Star Education 与中国《绿色建筑评价标准》GB/T 50378—2014。他对各个评价标准的研究现状进行横向对比与分析总结,对中国的绿色校园评价标准的发展有借鉴意义。但以上研究基本将"校园"与"校园的建筑"的概念混同,采用的标准也基本是针对校园建筑,没有对绿色校园的评价标准进行严格的横向比较。

采用 LEED for School 来研究美国的绿色校园,我们认为是不够准确与全面的,应该采用 STARS。Paul Rowland(2010)[18]研究了 STARS 在北美高校的使用反响、STARS 评价系统对于绿色校园的推动能力以及 STARS 是否将取代现有的各评价系统等问题,肯定了 STARS 评价系统在北美的发展与作用。Washington-Ottombre(2018)[19]对 STARS 统计报告的 454 项创新进行了编码和分析,并利用大数据评估了 STARS 自我创新发展的状态,探讨了校园可持续理念在消化与发展中进行创新的一般规律和模式,以

---

① 英国建筑研究院环境评估方法(BREEAM,Building Research Establishment Environmental Assessment Method)是世界上第一个,也是全球最广泛使用的绿色建筑评估方法之一。BREEAM Education 是其专为校园建筑开发的版本。

② WELL 标准是一个基于性能的评价系统,是世界上第一部体系较为完整、专门针对人体健康的建筑认证与评价标准。它测量、认证和监测空气、水、营养、光线、健康、舒适度和精神等影响人类健康和福祉的建筑环境特征。

及推动创新的内外因素。以上诸位都对 STARS 在美国绿色校园发展方面的促进作用进行了研究并给予高度评价。但 STARS 与其他国家的绿色校园标准的对比研究仍比较缺乏。系统梳理全世界具有代表性的评价标准对全球绿色校园建设与评价具有重要的研究价值。

我们在 2016 年发表的 Research on the suitability improvement of the standard of green campus in China based on STARS,相比于其他同类研究,首次采用了美国的标准 STARS 2.0 进行研究,而非之前普遍采用的 LEED for School,将研究对象扩大到整个校园而非校园建筑[19]。研究将 STARS 2.0 与中国当时的《绿色校园评价标准》CSUS/GBC 04—2013 进行对比。随着标准的不断更新,STARS 评价标准在原有 2.0 版本的基础上进行了完善,更新到 2.2 版本;中国的标准在之前协会标准的基础上进行了大幅度的修改与更新,调整了整体评价框架,出台了国家标准《绿色校园评价标准》GB/T 51356—2019。因此,有必要重新对更新后的标准进行全面梳理与总结,并在之前标准比较研究的基础上,增加标准在实际评估应用中的情况分析,以便更全面地了解 STARS 在全球应用的优势与不足。

2. 中美绿色校园评价标准的比较

本节主要比较中国的《绿色校园评价标准》GB/T 51356—2019[4](以下简称 GB/T 51356—2019)与美国的绿色校园评价标准 STARS 2.2[2]。

中美评价标准具体内容见表 5.4:

表 5.4　中美绿色校园评价标准比较

标准	STARS 2.2	绿色校园评价标准 GB/T 51356—2019
评价体系框架来源	以 AASHE 提出的可持续性教育为出发点	绿色校园评价标准 CSUS/GBC 04—2013
评价内容	学术 参与度 操作 规划 & 管理 * 创新 & 领导	规划与生态 能源与资源 环境与健康 运行与管理 教育与推广 * 特色与创新

续　表

评价对象	高等院校	中小学校、职业学校及高等院校
评价方法	评价内容分为多个类别，按照所须满足条件来进行各项评分，依据评分结果划分等级	设控制项、评分项和加分项。控制项应全部满足，评分项依据满足情况计分，加分项为额外得分。按总得分确定评价等级
有效时间	三年	永久
条款分类	无定性评价条款，自主选择评价项	设控制项、评分项和加分项
评价阶段分类	校园建设发展阶段（可持续性跟踪）	规划、设计、施工、运行四阶段
评价等级分类	铜奖、银奖、金奖、铂金奖	一、二、三星级

＊为特色的优选附加内容，根据参评对象自身情况得分，不做统一评价。

●评价的方法

（1）组织与参与

STARS 由 AASHE 组织出版。AASHE 是一个由高校自发组织起来的联盟，其目的在于促进高校可持续发展的概念推广，强调软实力建设，这种组织模式有利于调动参与者的积极性，提高参与度[2]。STARS 是通过参与者的反馈不断发展和完善的。STARS 的自评报告采用了个人问责制，要求学生加入委员会并参与评定，全面分享评分和数据。中国的 GB/T 51356—2019 是根据中国城市科学研究会绿色建筑与节能专业委员会的要求，经广泛调查研究，参考国内外相关标准，并在广泛征求意见的基础上编制而成[4]。STARS 是 AASHE 收集了 2006 年研讨会、2007 年落基山可持续发展峰会、2007 年智能和可持续校园大会以及 2007 年校园绿化大会研讨会参与者的反馈而编制的[2]。GB/T 51356—2019 由政府发布，由官方进行编写与增补。这种政府主导型的发展模式，自上而下的可操作性和实施性较强，但也正因此缺少正向反馈调节机制，灵活性低于 STARS。中国校园内的很多部门都是相对独立的，各部门之间数据不共享，虽然有些高校设立了专门的校园可持续建设管理部门，但其很难调动其他部门参与。因此未来在绿色校园的建设中，广泛调动学生、老师、职工与部门的参与积极性，全校达成可持续发展的共识，已成为可持续的行政管理中的重要问题[16][17]。

（2）计分方式

GB/T 51356—2019 采用控制项、评分项和加分项相结合的计分方式[4]。其中的控制项，参评高校必须全部满足。这其实是对绿色校园设置了最低要求，追求各校园的均衡发展。而评分项作为评估学校在可持续建设方面所采用的常规措施，其在总评分项数中占的比重较大（见图 5.4）。设置加分项，可以激发校园建设的创造力和主动性，促进绿色校园的个性化和特色发展。这样的评价方法，可以保证绿色校园建设的最低水平，帮助学校控制校园发展的总体方向，同时也可以基于校园的实际情况，结合长期发展规划，选择适合学校发展的可持续措施。分数高低不仅可以直观反映校园的可持续建设情况，也对参评对象起到了激励作用。

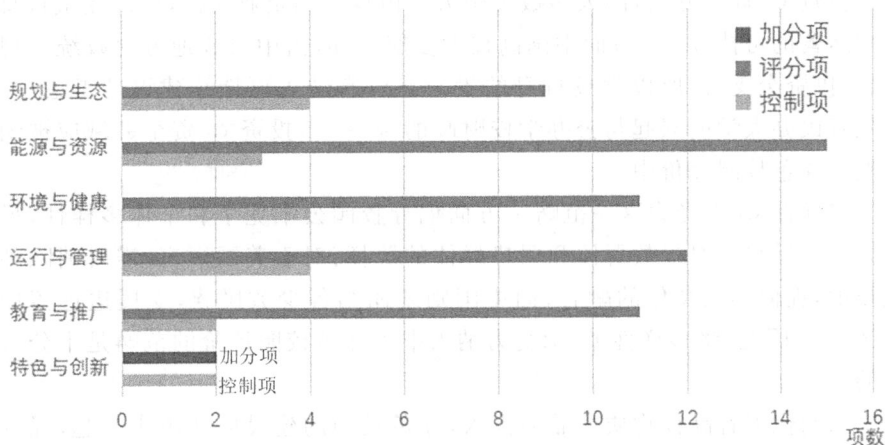

图 5.4 GB/T 51356—2019 六大类评价项类别占比

STARS 2.2 评价系统的评价内容分为五个大类，五大类又划分成 17 个可持续性影响领域，按照所须满足的条件来进行各领域的评分。根据最后的得分确定评价等级，每个等级设有最低得分[2]。采用控制总分的计分方式，能发挥参评者的主观能动性。参评者只需选择自己想参加的项目，总分达到评分标准即可，突出的是参评者本身的发展特色。评价过程也是对可持续发展理念的理解过程，参评者在确定申评前，需研究 STARS 2.2 准则和相关案例，确保对可持续发展有系统和全面的了解。

● 评价的内容与分值

（1）评价内容和范畴

STARS 2.2 的评价范畴主要为学术、参与度、操作、规划 & 管理、创新

& 领导五个大类。前四个为常规评价类别，最后一个创新 & 领导为附加加分类别。前四个常规评价类别划分成 17 个可持续性影响领域：课程、研究、校园参与、公众参与、空气 & 气候、建筑、能源、食品、场地、采购、运输、浪费、水、协调 & 规划、多样性 & 承受力、投资 & 资金、健康[2]。GB/T 51356—2019 的评价内容分为规划与生态、能源与资源、环境与健康、运行与管理、教育与推广、特色与创新六个大类。前五个为常规评价类别，最后一个特色与创新类别为附加加分类别[4]。以 STARS 的 17 个可持续性影响领域为分类依据，将 GB/T 51356—2019 中的各评分项进行分类，结果发现 GB/T 51356—2019 的评价内容比 STARS 少了食品、采购、多样性 & 承受力、投资 & 资金四个领域的内容（见图 5.5）。

投资 & 资金方面，因大多数美国大学由校友和企业支持，所以注重自身资本运营的可持续性[21]；而中国高校大多属公办，由中央或地方财政统一规划、提供资金支持，所以学校自身的投资并没有纳入可持续建设的考虑中。但随着民办大学的兴起与公办学校财政的调整[22]，投资 & 资金领域应被纳入整个绿色校园评价中。

多样性 & 承受力这一范畴一方面倡导校园公平竞争和个体多样性，另一方面也反映了对少数群体和弱势群体的关怀：对于美国而言，需要消除种族歧视，提倡不同文化的融合；而中国则要团结各少数民族，支援边远落后地区[23]。因此，将多样性 & 承受力纳入中国绿色校园评价的范畴是十分必要的。

采购代表着高校物质产品的投入，绿色校园的建设应从源头抓起，强调整个校园的绿色、可持续的生命周期。但每个大学的性质和特点都是不同的，没有必要强加太多的限制，仅在控制项设置中有所保证即可。

在食品方面，STARS 主要提出了两个方面的评价：一是对餐饮食品和供应商的选择；二是提供素食等多样性的饮食服务。前者有必要在采购中进行评估，保证安全，提供健康的食品供给。而后者涉及个人饮食习惯，受宗教、地域、民族文化等因素影响较大，无法强制执行。同时，目前中国高校的食堂基本都由承包商运营，实施竞争机制，因此基本都提供了丰富的产品选择[24]。

（2）分值占比

STARS 的 17 个可持续性影响领域，分值占比大多数都在 5% 左右，但有四个领域分值占比特别高，课程 19.5%、校园参与 10.2%、公共参与 9.8% 和研究 8.6%，分值占比最小的为场地 2.0%。而 GB/T 51356—2019 中除无前文提到的四个领域外，大多数领域分值占比集中在 2%—8%。所占比重最大的依次为建筑 17.2%、计划 & 管理 17.2%、水 8.8%、场地 8.6% 和能源 8.4% 五个领域,分值占比最小的为研究 2%(见图 5.5)[2]。

由此可见,①STARS 各领域较为均衡,学术与参与是建设的重点。②GB/T 51356—2019 各领域差异较大,注重建筑与计划领域的发展。③STARS 与 GB/T 51356—2019 评价指标中的侧重点差异较大,呈现出完全不同的分值占比。中国更关注建筑、规划与能源等物质方面的校园建设,这也与中国绿色校园从节能校园演变而来,早期强调基础设施建设有很大的关系。而美国则更关注课程、各方参与以及研究方面的内容,这说明美国更注重对师生可持续素质与参与度的培养。从长远角度来看,美国对可持续人才的培养,对于推动绿色校园发展以及社会可持续发展都有着重要意义,而中国对绿色校园的理解也应从基础设施建设向精神文明建设转变。因此,建议调整 GB/T 51356—2019 中各项评价领域的比例,适当均衡各领域之间的分值比例。提高现阶段 GB/T 51356—2019 中占比靠后的课程、研究等领域。适当降低建筑的分值占比,倡导绿色校园以培养绿色人才、提高绿色管理、推动绿色教育、促进全社会可持续发展为建设目标[25]。

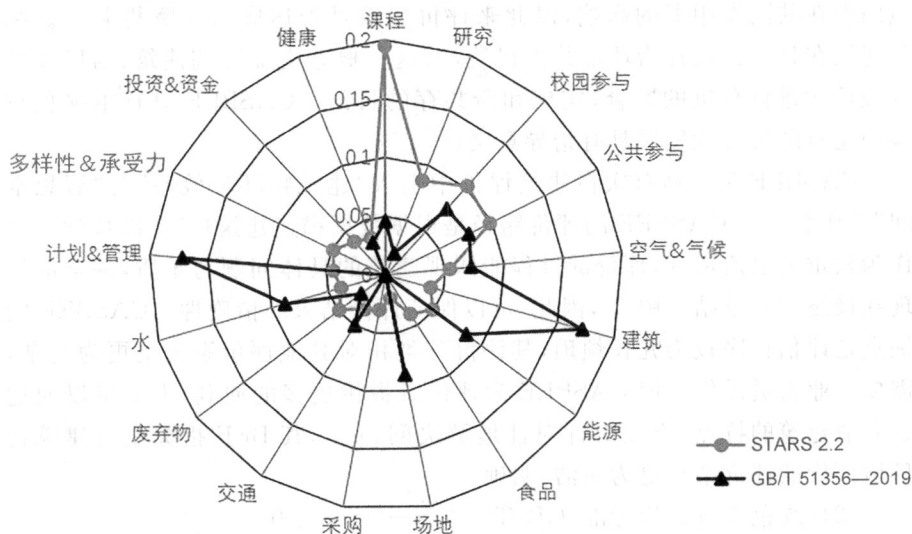

图 5.5 STARS 2.2 与 GB/T 51356—2019 评估内容及分值比重分布图

3.中日绿色校园建筑评价标准的比较

●评价标准简介

因为日本 CASBEE 关于绿色校园的评价都是围绕校园建筑展开的,而中国针对绿色校园的评价标准涉及的范围较广,两者无法进行横向比较。针对这一情况,本章选用中国绿色建筑评价标准,即 GB/T 50378—2014[26],与 CASBEE[27] 进行比较研究(见表 5.5)。由于 GB/T 50378—2014 与 CASBEE 同属建筑尺度的评价标准,因此本节将这两个标准进行对比研究更为适宜,也更具有实际操作意义。

(1)CASBEE for Building(日本)

CASBEE for Building(以下简称 CASBEE)是当前日本用于评价校园绿色建筑的统一标准。它创造了一个假想的封闭空间,在其中考虑建筑和环境两者在共同作用下的影响,以此来评价建筑是否达成与环境共生[28]。绿色建筑在日本也被称为环境共生建筑,而这一概念更加强调建筑、居民以及区域环境进行有机的融合,实现和谐共存的目的。CASBEE 对日本绿色校园中建筑的可持续发展具有指导意义。

CASBEE 是全球首次在建筑评价中引入"建筑物环境效益"与"假想空间"等概念[29]。CASBEE 的评价路径是根据数据描述建筑特征,以数学运算作为权重的赋值依据,评价的过程能体现建筑的具体问题与矛盾,并全部体现在最终的定量结果中[30],因此,可以保证评价结果的精确性。CASBEE 的缺点是评估程序较为冗长烦琐,其评价分类相对其他评价系统也更为复杂,需要专业人员操作。但 CASBEE 为评价者提供更多的便利,人们可以通过它看清建筑的特点,方便有针对性地解决问题[31],其 BEE 指标使得建筑物环境评价的评价结果更为简洁、明确[32]。

(2)《绿色建筑评价标准》GB/T 50378—2014(中国)[26]

《绿色建筑评价标准》GB/T 50378—2014(以下简称 GB/T 50378—2014)是中国政府 2014 年发布的适用性广泛的绿色建筑评价标准。该标准在原《绿色建筑评价标准》GB/T 50378—2006 基础上编写,其中将绿色建筑定义为:在建筑的全寿命周期内,最大限度地节约资源、保护环境和减少污染,为人们提供健康、适用和高效的使用空间,与自然和谐共生的建筑。这一标准的发布促进了中国绿色建筑发展的标准化、规范化,直接推动了中国建筑在可持续领域的发展进程。

GB/T 50378—2014 采用分数计数法作为判定级别的依据,废除了旧标准的条数计数法。这样的调整创新,有利于我国绿色建筑级别判定方法与国际接轨,与当前全球流行的绿色建筑评价标准 LEED 保持一致性。为了将绿色主题在建筑全生命周期内各阶段体现得更加全面,GB/T 50378—2014 内容保持原标准"控制项"不变,即在节地与室外环境、节能与能源利用、节水与水资源利用、节材与材料资源利用、室内环境质量、运营管理 6 大类指标内容基础上,新增加"施工管理"与"提高和创新"两项新内容,突出强调建筑设计、建造和运营全过程的绿色化[33]。GB/T 50378—2014 条文中采用定量和定性结合的分析方法,技术指标和概念定义也更加清晰,加强了绿色建筑设计的深度和广度,条文的适用性也更加明确。GB/T 50378—2014 强调工程的实际情况与建设背景,可以因地制宜灵活选择对应的标准条文,合理计分,为建筑师对绿色建筑进行合理创造提供条件。

表 5.5　CASBEE 与 GB/T50378 两标准对比

标准	CASBEE for Building	绿色建筑评价标准 GB/T 50378—2014
评价体系编写单位	日本可持续建筑协会 JSBC	中华人民共和国住房和城乡建设部
评价内容	建筑环境的品质(Q) Q1 室内环境质量 Q2 服务质量 Q3 户外环境质量 建筑减少环境负荷(LR) LR1 能源负荷 LR2 资源与材料负荷 LR3 周边环境负荷	节地与室外环境 节能与能源利用 节水与水资源利用 节材与材料资源利用 室内环境质量 施工管理 运营管理 ＊提高与创新
评价对象	包括办公、医疗、学校、商场、餐饮、会所、宾馆及住宅	住宅、公建
评价方法	采用"环境效率"BEE(Q/L)来评价。根据 BEE 数值的大小及 Q 值的要求标准的不同,将建筑分为不同的等级	设控制项、评分项和加分项。控制项应全部满足,评分项依据满足情况计分,加分项为额外得分。按总得分确定评价等级

续　表

评价等级分类	极佳(S)、优(A)、良(B＋)、较差(B一)、差(C)	一星级、二星级、三星级

　　*为特色的优选附加内容,根据参评对象自身情况得分,不做统一评价。

●评价方法

　　CASBEE 评价方法采用"环境效率"(BEE)来体现。其具体评估方法是用建筑环境质量(Q)与建筑环境负荷(LR)之比来评价建筑与环境之间的关系(BEE＝Q/L)[27]。各评价项目均以 5 分为满分,分成 1、2、3、4、5 级进行评分,然后再各自按其权重系数分别加总求和。LR(Load Reduction)用来评价对减少环境负荷所作努力的效果,在计算 BEE 值时将 LR 换算成 L。最后根据 BEE 数值的大小及 Q 值的要求标准不同,将建筑分为 5 个不同的等级,根据优劣依次为极佳(S)、优(A)、良(B＋)、较差(B一)、差(C)。

　　GB/T 50378—2014 各项指标均由三部分组成,即控制项、评分项和加分项[26]。控制项的评价结果只以满足或不满足来评价,且必须满足所有控制项才有评级资格。评分项的评价结果用评分值表示,评分值代表了此项建筑性能的优劣。另外,为了鼓励可持续技术的应用,在评价指标体系中增加了额外的加分项,加分项的评价结果也以分值表示。在满足相应项目要求的基础上,按项目的得分高低和附加分数划分不同等级,由低到高分为三个等级,即一星级、二星级、三星级[26]。

　　从上述两个标准可以看出,两种体系都是按照最终得分进行评价的。CASBEE 通过将建筑品质性能 Q 与环境负荷 LR 相关联来得出最终结果,极大体现了建筑与环境之间的联系,确保发展绿色建筑与营造绿色环境协同发展。因此 CASBEE 的评价方法能够避免只追求自身优势领域、忽视自身短板所带来的不平衡发展[28]。但同时,这种方法在评价项目较多时则有可能出现数据不准、不便于多项目横向比较等问题。中国的 GB/T 50378—2014 采用计量评价方法,不同的评价内容设置了不同的权重。相比之下由于其设置了控制项,对绿色建筑设置了最低要求,保证了绿色建筑建设的最低水平。但从另一方面看,这种评价方法也可能会使部分建筑为了追求满足控制项的要求而减少自身的创新发展[34]。

●评价的内容与分值

　　区别于 GB/T 50378—2014 的体系框架,CASBEE 是从建筑和环境两个方面进行综合测评,对建筑的使用进行长期试验评价,重点关注建筑与周围环境的相互影响。而 GB/T 50378—2014 主要侧重于评价绿色建筑的使用性能状况。

GB/T 50378—2014 评分项的评价内容有七大类:节地与室外环境、节能与能源利用、节水与水资源利用、节材与材料资源利用、室内环境质量、施工管理、运营管理,还有一项额外加分项为提高与创新[26]。将评分项的七类按照内容与 CASBEE 进行对应,其中 GB/T 50378—2014 里的节地与室外环境、节能与能源利用、室内环境质量、施工管理、运营管理分别与 CASBEE 的户外环境质量、能源负荷、室内环境质量、周边环境负荷、服务质量一一对应。而需要提到的是 GB/T 50378—2014 中的节水与水资源利用、节材与材料资源利用两方面内容对应了 CASBEE 中的资源与材料负荷(见图 5.6)。除此之外 GB/T 50378—2014 中的提高与创新,有助于鼓励高校进行自我创新,探索自身的特色发展方向。

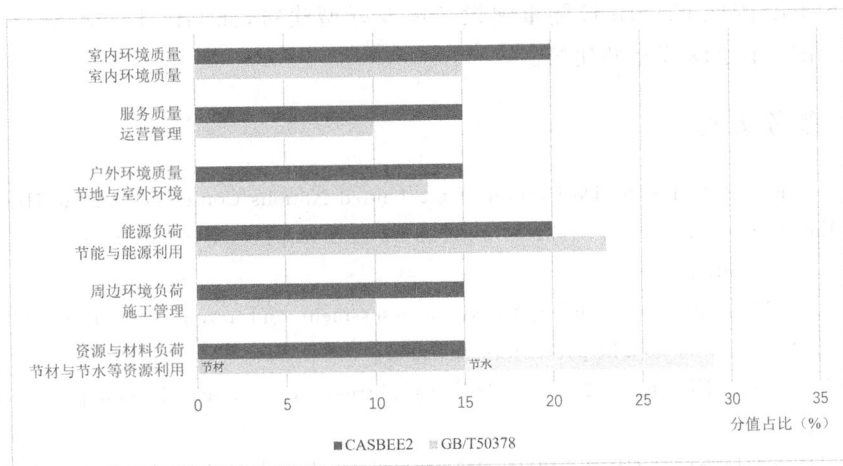

图 5.6 CASBEE 与 GB/T 50378—2014 评价内容及其分值占比

在 CASBEE 的两大评价内容 Q 与 LR 中,建筑环境质量(Q)的三个子项分值占比:室内环境质量占比 40%,服务质量占比 30%,户外环境质量占比 30%。降低建筑对环境的负荷(LR)中能源负荷占比 40%,周边环境负荷占比 30%,资源与材料负荷占比 30%[27]。可见这 6 个项目的分值占比较为均衡。Q 中室内环境质量更受重视,这说明日本绿色建筑注重提高人在建筑中的舒适度,营造更好的室内环境。LR 中能源负荷是分值占比最高的项目,说明日本绿色建筑中会更多关注能源问题,并以此来减少建筑对环境的压力。其余的项目在总分值中的占比一致,体现出 CASBEE 着重引导日本绿色建筑在可持续建设中各个维度上的均衡发展。

GB/T50378—2014 的评分项中,节地与室外环境占比 13%,节能与能源利用占 23%、节水与水资源利用占 14%、节材与材料资源利用占 15%、室内环境质量占 15%、施工管理占 10%、运营管理占 10%[26]。其中节能与能源利用占比最高,说明中国对建筑节能方面比较重视。施工管理和运营管理这两方面占比较少,这说明中国对控制建筑施工建设阶段产生的污染、能耗和使用过程中各项指标的监测管理重视度偏低。而进行碳排放与能耗监测是建筑运营阶段实现可持续的重要手段之一[35]。其余各项分值占比基本一致,可见同等重要。

CASBEE 和 GB/T 50378—2014 评价项的总体分值占比差异较大(见图 5.6),其中 CASBEE 中服务质量(运营管理)、周边环境负荷(施工管理)相较于 GB/T 50378—2014 偏高。而 GB/T 50378—2014 中节能与能源利用(能源负荷)、节材与节水等资源利用(资源与材料负荷)的要求要高于 CASBEE,因此 CASBEE 侧重建设环境友好型建筑,而 GB/T 50378—2014 则更偏向于建设节能型建筑。

参考文献

[1] UNITED NATIONS. Declaration of the United Nations Conference on the Human Environment[Z/OL]. (1972-6-5)[2022-04-01]. http://www. un-documents. net/unchedec. htm.

[2] AASHE. The sustainability tracking, assessment and rating system [EB/OL]. (2021)[2022-04-08]. https://stars. aashe. org/.

[3] EcoCampus[EB/OL]. (2015)[2022-04-01]. https://ecocampus. uk/mod/page/view. php? id=1095.

[4] 绿色校园评价标准 GB/T 51356—2019[S]. 北京:中华人民共和国住房和城乡建设部,2019.

[5] 刘继和. 日本绿色学校的基本理念和推进策略[J]. 沈阳师范大学学报(自然科学版),2003,021(003):227-231.

[6] GREEN BUILDING COUNCIL OF AUSTRALIA. Green Star Education[EB/OL]. (2020)[2022-04-08]. https://new. gbca. org. au/.

[7] 刘骁,湿热地区绿色大学校园整体设计策略研究[D]. 广州:华南理工大学,2017.6.

[8] 绿色建筑评价标准 GB/T 50378—2014[S]. 北京:中华人民共和国住房和城乡建设部,2014.

[9] 周越,朱笔峰,葛坚. 中美绿色校园评价标准适宜性比较与改善研究[J]. 建筑学报,2016(14):150-154.

[10] 国家标准《绿色校园评价标准》10月1日实施[J]. 建设科技,2019(10):7-8.

[11] 大越美香,熊谷洋一. 学校ビオトープと绿地の自然環境教育的利用に関する研究[J]. ランドスケープ研究,2001,65(5):743-746.

[12] 何玥儿,丁勇. 国际典型绿色建筑评价体系的节能效益评价关键要素对比[J]. 暖通空调,2016,46(06):79-86.

[13] FIKSEL J, LIVINGSTON R, MARTIN J, et al. Sustainability at The Ohio State University: beyond the physical campus[J]. Journal of Environmental Studies and Sciences, 2013,3(1):74-82.

[14] LI XIWANG, TAN HONGWEI, RACKES A. Carbon footprint analysis of student behavior for a sustainable university campus in China[J]. Journal of Cleaner Production, 2015,106:97-108.

[15] 杨晶晶,申立银,周景阳,等. 国内外绿色校园评价体系比较研究[J]. 建筑经济,2016,37(02):91-94.

[16] 席晖. 国内外高校绿色校园评价体系比较研究[J]. 装饰,2018(11):140-141.

[17] 程嘉颖. 绿色校园评价标准研究现状综述[J]. 城市建筑,2019,16(12):27-29,152.

[18] ROWLAND P. Identifying Sustainability STARS: AASHE initiates a voluntary reporting program for colleges and universities[J]. Sustinability: The Journal of Record,2010,3(1):32-36.

[19] ZHU BIFENG, ZHOU Y, GE J. Research on the suitability improvement of the standard of green campus in China based on STARS[J]. Lowland Technology International,2016,17(4):251-258.

[20] 翁思娟,吴燕,郭丽莉. 高校绿色校园建设与管理模式探究[J]. 建设科技,2020(10):122-124.

[21] MULLER H S. The contribution of organizational identification and induced reciprocity to institutional support and philanthropy by expatriate alumni of an American university abroad: An exploratory theoretical model[D]. New York University,2004.

[22] 吴晶,郅庭瑾. 促进义务教育阶段民办学校与公办学校协同发展:现状分析与对策建议[J]. 人民教育,2020(9):29-32.

[23] 段洁龙. 消除种族歧视 促进和保护少数民族权益——中国代表团团长段洁龙在联合国消除种族歧视委员会审议中国第十至十三次履约报告会议上的介绍性发言[J]. 人权,2009(5):5-7.

[24] 徐友飞. 引入经营竞争机制构建高校和谐餐饮[J]. 中国电力教育,2009(16):174-175.

[25] WANG ZIYE, ZHANG QINGYING. Higher-Education Ecosystem Construction and Innovative Talents Cultivating[J]. Open Journal of Social Sciences, 2019,7(3):146-153.

[26] 绿色建筑评价标准 GB/T 50378—2014[S]. 北京:中华人民共和国住房和城乡建设

部,2014.

[27] CASBEE[EB/OL].（2022）[2022-04-13]. https://www. ibec. or. jp/CASBEE/english/.

[28] 韩飞. CASBEE 与《绿色建筑评价标准》GB/T 50378—2019 的对比研究[J]. 城市建筑,2020,17(30):81-83.

[29] 华佳. 浅析日本 CASBEE 评价体系[J]. 住宅产业,2012(05):46-47.

[30] 日本可持续建筑协会. 建筑物综合环境性能评价体系——绿色设计工具[M]. 石文星,译. 北京:中国建筑工业出版社,2005.

[31] 刘畅. 绿色校园评价体系研究及其在灾后学校重建中的应用[D]. 北京:清华大学,2011.

[32] 伊香贺俊治,彭渤,崔惟霖. 建筑物环境效率综合评价体系 CASBEE 最新进展[J]. 动感(生态城市与绿色建筑),2010(03):20-23.

[33] 林海燕,程志军,叶凌. 国家标准《绿色建筑评价标准》GB/T 50378—2014 解读[J]. 建设科技,2014(16):11-14,18.

[34] 王雅钰,李振全,马思聪. 基于绿色建筑检测角度对比《绿色建筑评价标准》2019 版与 2014 版的差异性[J]. 建筑节能(中英文),2021,49(08):75-78.

[35] 刘芳,马晓雯. 基于公共建筑能耗监测系统的节能管理应用研究[J]. 建筑节能,2015,43(06):96-99,114.

策略 & 特色

第六章　致力于实现全球可持续发展目标的美国绿色校园建设

　　实现现阶段联合国提出的可持续发展目标离不开全球绿色校园的建设，虽然可持续大学只是全球可持续发展建设的一部分，但它为推动可持续理念的完善与目标的现实，做了积极的尝试，同时提供了宝贵的建设经验。

　　本章不是讨论可持续发展目标本身，而是从校园角度关注目标实现的途径。区别于以往对可持续目标本身进行单一的讨论，或是仅针对某几个校园的可持续建设成果来进行研究，我们想将两者结合起来进行思考，依据其发展的历史轨迹，将校园建设作为实现可持续发展目标的一种有效途径。本章将通过具体美国高校案例的引入，总结其发展建设的具体模式，将直接对如何实现可持续发展目标进行探讨。

　　本章采用选取典型案例的方法进行讨论，围绕案例斯坦福大学分三个步骤展开讨论（见图 6.1）。

　　步骤 1，对斯坦福校园建设的成果分主要的 8 个方面进行梳理。通过分析其绿色校园具体建设所采用的措施计划，总结其绿色校园建设的经验。

　　步骤 2，采用 STARS 可持续评估系统对斯坦福大学按 17 个评价项进行全面评估，从而得到各方面的量化指标，明确其建设的不足与优势，总结其绿色校园建设的特征，为探究其发展模式提供客观的依据。

　　步骤 3，依据目前斯坦福大学自身发展的不足，进一步探讨绿色校园建设与当地社区的相互影响。从校园视角过渡到更高的社区视角，对可持续发展目标的实现途径进行思考，同时也分析绿色校园建设对可持续社区建设的积极意义。

　　通过以上三步分析，提出以全球可持续发展目标为导向的绿色校园发展模式，进而为全球其他高校的绿色校园建设提供借鉴与引导。虽然该模式只是基于一个案例学校，具有一定的局限性，但斯坦福大学作为全球绿色校园建设评价的最高分得主，其建设模式是具有全球领先意义的，该模式也可以在后期大量案例的运用中不断完善。

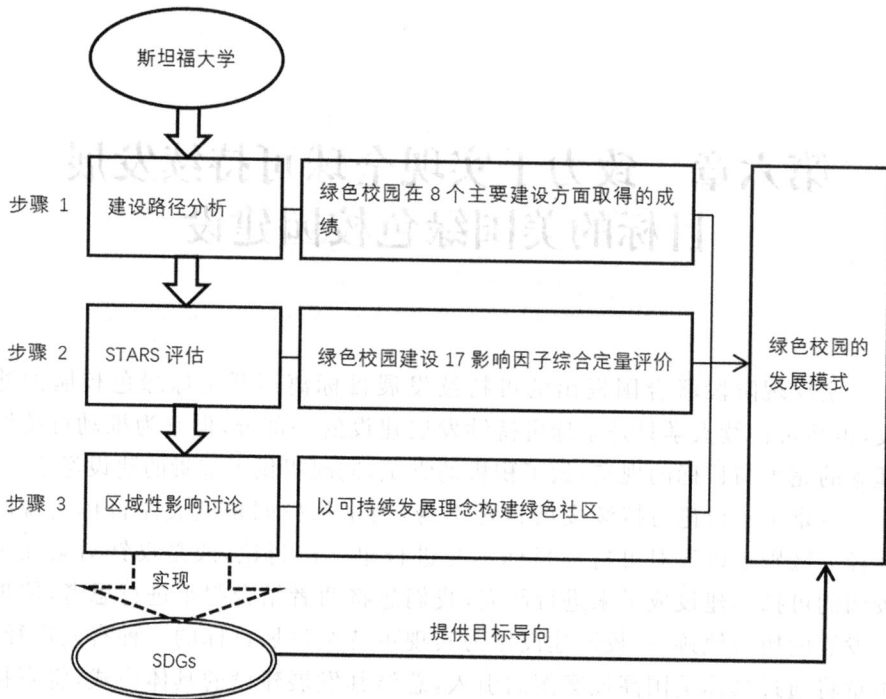

图 6.1　研究方法路线图

1. 可持续发展目标、STARS 与高校

可持续发展目标是国家乃至全球层面的发展目标，为全球的可持续发展提供了明确的方向与要求。但它仅仅只是目标，缺乏可操作性，难以实施，需要将其细化，落实到具体的操作层面。而 STARS 就是在可持续发展目标的大框架下落实到学校层面的目标，不仅为校园的可持续建设提供了明确的发展方向，还提供了具体的实施建议。大学是创新发展的前沿阵地，注重技术的不断革新，也更有利于可持续理念的推广与更新。而校园作为大学的物理载体，它具有完整的社会生活系统，因此校园的建设经验对更大尺度的城市或是国家都有很好的借鉴意义。校园的可持续建设成果不仅是可持续发展目标的一部分，也很大程度上弥补了可持续发展目标具体实施方案的缺乏（见图 6.2）。

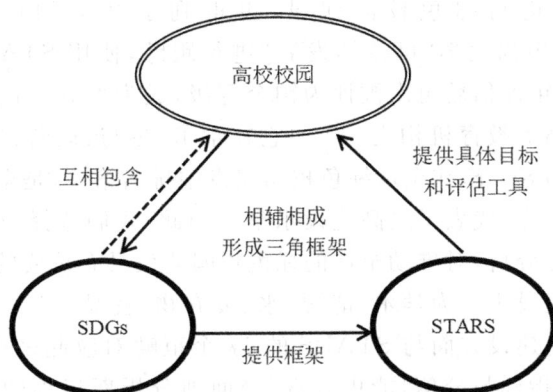

图 6.2　可持续发展目标、STARS 与高校的关系构想

2. 关于斯坦福

斯坦福大学位于加利福尼亚的海湾地区,其 IECC 气候分区①为 3-暖和,冬季温和多雨,夏季高温少雨。斯坦福大学是世界领先的研究型大学之一,截至 2018 年 12 月学校有在校学生 11367 人,雇员(教师＋职工)人数为 15620 人[1]。学校拥有 8180 英亩土地,其中 60％未开发,剩下的 40％包括斯坦福大学的主校区,含大约 1500 万平方英尺的建筑空间,其中有 150 万平方英尺的实验室建筑面积以及约 6 万平方英尺高能耗建筑空间[2]。斯坦福是一个在研究、教学、校园学生活动和社区方面均可持续发展的实验场。目前斯坦福大学有独特的标志性建筑物——如中央能源设施(CEF)、威廉和克洛伊科迪加资源恢复中心(CR2C)等,这为来自世界各地的研究人员、游客以及学生提供了观摩与学习的场所[1]。

斯坦福大学校长呼吁"将斯坦福大学的巨大力量和知识产权用于造福人类"。为此,斯坦福在 2018 年春季宣布了两个可持续建设目标:到 2025 年实现 80％的无碳排放,到 2030 年实现零废物排放。同时斯坦福已经将"可持续性"纳入其未来愿景战略中[1]。

斯坦福大学实施的一系列"可持续性"措施取得了突出的成果,这鼓励

①　2021 年,第六版国际节能规范 International Energy Conservation Code(IECC)中划分的美国气候区域,用于规范建筑用能,建立不同气候条件下的能效标准。美国 IECC 气候分区可参见 https://basc.pnnl.gov/images/iecc-climate-zone-map。

着更多的学校进行绿色校园建设,也得到了社会的认可。2019 年,AASHE① 对斯坦福大学"可持续发展"进行跟踪,使用 STARS 进行评估。斯坦福继 2017 年评估后再次被评为铂金等级,成为世界上仅有的两所达到这一里程碑的高等教育机构之一[1]。它在学术、参与、运营、规划 & 管理方面的综合评分为 88 分,在全球绿色校园建设中排名第一,是全球绿色校园建设的实践者与先锋,代表了最高建设水平。因此,我们选择斯坦福大学为典型案例进行研究分析,对推动全球的绿色校园建设具有重要的借鉴意义。

斯坦福的建设主要为学术、能源、水、废弃物、食品、建筑、交通与管理 8 个方面。将这些建设方面与 STARS 的 17 个范畴对应起来进行讨论,借助 STARS 的评级指标与分值,能更客观、全面地分析斯坦福的绿色校园建设行动。同时,斯坦福这些创新解决方案也积极回应了与之相关的可持续发展目标(见表 6.1)。

表 6.1　斯坦福绿色校园建设主要方面与可持续发展目标以及 STARS 的对应关系

可持续发展目标	斯坦福行动	STARS
4.优质教育	学术	A1. 课程 A2. 研究
7.经济适用的清洁能源 9.产业、创新和基础设施 13.气候行动	能源	O1.空气 & 气候 O4.能源 O6.采购
6.清洁饮水和卫生设施 14.水下生物 15.陆地生物	水	O5.场地 O9.水
6.清洁饮水和卫生设施 9.产业、创新和基础设施 11.可持续城市和社区 12.负责任消费和生产	废弃物	O8.废弃物
6.清洁饮水和卫生设施 9.产业、创新和基础设施 11.可持续城市和社区 12.负责任消费和生产	食品	E1.校园参与 E2.公众参与 O3.食品 P4.健康

---

① 高等教育可持续发展促进协会 Association for the Advancement of Sustainability in Higher Education(AASHE),成立于 2005 年,主要服务北美地区,是促进高等教育可持续发展的领先协会之一。

可持续发展目标	斯坦福行动	STARS
9.产业、创新和基础设施 11.可持续城市和社区	建筑	O2.建筑
11.可持续城市和社区 13.气候行动 15.陆地生物	交通	O7.交通
11.可持续城市和社区 12.负责任消费和生产	管理	P1.计划 & 管理 P2.多样性 & 承受力 P3.投资 & 资金

3. 斯坦福的建设行动与成果

● 学　术

在学术方面,斯坦福大学在 2018—2019 年拥有 30 个与可持续性相关的项目,420 名从事可持续性研究的研究人员,1140 多节与可持续性相关的课程,另有 5200 名毕业生的毕业项目与可持续发展相关[1]。

斯坦福利用其专业知识,影响了食品的可持续。R&DE Stanford Dining① 通过在课程中进行客座演讲,以及推出两门新的学术课程,扩大了对可持续性的学术支持[1]。R&DE Stanford Dining 与 Roble、Ng 两个宿舍合作,将可持续食品主题教育活动带进宿舍,作为大学住宅教育和社区关注的一部分。同时也开设了从花园工作日到斯坦福大学食品实验室的采摘和果酱制作课程,提供了多样化的学习和课程选项。此外,斯坦福提出了解决气候变化的方案,并培养了学生对自然世界未来的可持续性的深刻理解。在工程、商业、法律、自然科学和艺术各个领域开展合作,尝试从整体的角度来应对气候变化的影响[1]。斯坦福大学在长期计划中对可持续性的重视确保了这种协作精神将在未来几十年中持续下去。

――――――――――

①　斯坦福餐饮部门,隶属于斯坦福住宅和餐饮机构。该机构还包括学生宿舍、斯坦福酒店、辅助服务以及斯坦福会议等,是斯坦福大学的第二大辅助机构。

● 能　源

在能源方面，为确保校园可持续发展，同时满足日益增长的能源需求，斯坦福大学制定并实施了创新的节能策略，尤其在能源供应管理方面。2015 年实施了 SESI(Stanford Energy System Innovations)①计划之后[4]，斯坦福正在努力实现其在 2025 年截止日期之前将范围 1 和范围 2②的温室气体排放量减少 80% 的目标[1]。这也比加州电力到 2045 年达到 100% 碳中和的要求提前了几十年。为了实现这一目标，2021 年，第二座太阳能发电站投入使用，将该大学的可再生能源发电比例将从 69% 提高到 100%（见图 6.3)[1]。截至 2018 年，斯坦福已将校园内的能源强度从 2000 年的基准水平降低了 26%，排放量比峰值水平低 72%，并对校园内能源密集度最高的建筑进行了系统改造，每年可节省 400 多万美元[5]。2018—2019 年，完成了 25 个以上的能源改造项目，预计每年可再节省 30 多万美元[1]。

图 6.3　斯坦福的减排路径

---

①　斯坦福能源系统创新计划 The Stanford Energy System Innovations(SESI)，该计划将校园能源供应从化石燃料转变为由可再生电力驱动的能源，旨在满足大学未来的能源需求，减少温室气体排放和用水量。

②　斯坦福将温室气体排放分为三类：范围 1，内部化石燃料直接燃烧和其他直接温室气体排放；范围 2，购买电网电力的场外排放；范围 3，由于机构运营而发生的排放，但源头并非该机构拥有或直接控制。

●水

在民用基础设施(WRCI)①组织的指导下,斯坦福有高效水资源管理和实践的经验。在实施节水计划的同时,配合大学社区和生态系统的需要,自2001年启动以来,校园的总饮用水用量减少了44%[1]。尽管2018—2019年是有记录以来降雨量最多的年份之一,但在2017年结束的持续四年干旱期间所实施的保护水资源措施依旧带来长期的影响,与2013年旱灾前的基准相比,所有主要校园用水用户的用水量都显著减少[1]。未来的水规划工作将通过制定可持续的水管理计划继续进行,WRCI为此完成了近20项有关替代供水、需求预测和节约用水的技术研究[1]。如在过去的18年中,保护项目、改造、资本改善和行为改变使饮用水的用量减少了44%[6]。2018年饮用水用量比上年下降3%,非饮用水用量比上年下降1%,平均每天减少用水120万加仑[6]。

同时斯坦福与区域水机构在水资源管理方面进行合作,通过监测确定区域水源的可持续产量[7]。斯坦福用当地的地表水和井水为校园提供非饮用水和灌溉用水。学校目标是不断改进用水效率计划,制定新的策略,以最大程度地利用地表径流,为重要的用途提供经过处理的生活用水,并保护水源。斯坦福同时也通过维护和翻新来提高现有建筑物的用水效率,并教育校园用户进行节水。与现有的类似建筑物相比,新建筑物的用水量至少减少了25%[7]。

●废弃物

对于废弃物的处理,斯坦福是美国实行废物转移计划时间最长的大学之一,其历史可以追溯到20世纪70年代[8]。斯坦福减少废物计划始于以学生为主导的回收计划,而学生的参与至今仍然是大学可持续发展计划的重要组成部分[8]。为了给整体规划提供依据,斯坦福于2017年发起了"零废物计划和可行性研究"[9],该计划对其当时的废物组成进行了全面分析。这项研究不仅证实了垃圾填埋场中超过75%的废物实际上可以被转移,而且还详细研究了组成每条垃圾链的材料类型,并提出了可行的解决方案[10]。解决方案将重点放在废物的减少和再利用上,从而形成一个闭环系统[11]。它强

---

① 民用基础设施(The Water Resources and Civil Infrastructure,WRCI)组织,负责校园内配水工程、雨水排放系统、污水排放系统以及道路、桥梁和水坝的建造、运营和维护等。

调将负责任的采购、广泛的再利用、易于回收、扩大堆肥和最小的垃圾填埋场几方面作为提高斯坦福分流效率的关键组成部分[1]。学校将努力在2030年之前将零废物校园推进至90%或更高的转移率（斯坦福2018年的转移率是64%）。

●食　品

在食品方面，R&DE（Residential & Dining Enterprises）作为斯坦福大学最大的辅助部门，是斯坦福13000名学生生活的后勤保障。R&DE的"可持续生活[11]和可持续食品计划[12]"旨在将可持续行为和选择融入学生的日常习惯中[3]。R&DE尽可能提供可持续的食品，减少运营中的浪费并影响着周边社区。R&DE在其所有的餐馆和咖啡馆中，实行食品回收和捐赠项目，将餐厅、咖啡馆和特许经营店的多余食品捐赠给当地组织[1]。同时R&DE正在寻找新方法来减少食物浪费，如放置15台废物称量机来帮助减少多余食物，从而减少食物过剩。此外，R&DE尝试了许多新技术，包括智能恒温器、跟踪空气质量和热舒适的传感器[1]。2018—2019年，超过75名学生与R&DE合作开展研究，在其生活和饮食空间实施可持续发展项目[1]。

●建　筑

斯坦福大学的建筑建设环境对支持学术使命至关重要。项目管理部（DPM）负责校园内的主要建设，并不断努力提高可持续实践在建设和设计中的应用[1]。斯坦福大学的新建筑旨在满足整个建筑的能源绩效目标[13]，建筑物设计和建造既要保留原有绿色空间，又要使用环保材料来减轻环境影响。目前，校园温室气体排放量的93%来自建筑物供暖、制冷和发电[13]。斯坦福大学设计团队参考了《可持续建筑指南》，希望打造一个既可以节约资源，又可以容纳周围环境的绿色校园[14]。

目前已经完成的建筑项目有红木城和化学研究所等。红木城是学校历史上规模最大的项目之一。该项目有一套名为"微型中央能源设施"的电力系统进行热回收，并为校内建筑物供暖和制冷，以此达到不使用天然气的目的。此项措施被纳入学校最新的可持续设计中。建筑还采用了低流量设备、LED传感灯、自动机械遮阳板等先进措施，以节能节水。

●交　通

对于交通，斯坦福于2002年建立了运输需求管理（TDM）计划[11]，该计划包括美国一些最基本的减排策略。TDM 计划开发了新方法,鼓励学生、教师和职工拼车入校。除了减少高峰时段的出行,TDM 还启用可持续的停车设施、增加公共汽车和班车,以及开发各种替代交通项目,以减少相关的交通排放、缓解交通拥堵、满足停车需求。得益于 TDM 计划,斯坦福大学在实现"No Net New Commute Trips"目标①方面取得了长足的进步。除了自行车出行之外,斯坦福大学校园通勤者还采取拼车出行的方式,2089 名拼车会员也为减少交通量做出了贡献,并享受了学校设置的免费高级预留停车位[10]。同时斯坦福的免费玛格丽特穿梭车队已从 23 辆全电动巴士增加到 41 辆,每年有 286 万乘客[10]。2018 年,斯坦福大学通勤俱乐部有超过 11,000 名会员[10],享受着学校各种福利的同时,积极采用可持续的交通方式。斯坦福大学雇员和通勤学生中独自开车到主校区的比例从 2002 年的 67% 下降到 2018 年的 42%,58% 的校园通勤者定期使用可持续交通工具[10]。

● 管　理

对于可持续性的管理是贯穿校园生活方方面面的一条主线,统一的规划和治理能对校园绩效进行全面分析,并对今后的改进进行详细规划。SSBS② 不断进行评估、改进,努力通过长期规划进程塑造学校可持续发展的未来[1]。SSBS 还对其系统组进行了战略评估,该系统管理数以千计的公共数据,以监测和分析最大效率的消费和趋势,计划通过 135 个建筑仪表盘和 25 个系统仪表盘,为校园绩效提供较好的透明度[2]。

除了学校本身的计划管理外,自 2017 年以来,"我的红衣主教绿色计划"[15]为 4000 多名校园社区成员提供了一条参与可持续实践的简化途径[1]。通过 SSBS 的综合保护计划,2018—2019 年的节约总额接近 95 万美元[1]。另一个推动综合保护的计划是综合控制和分析计划(iCAP)。该计划将各种能源监测和控制平台集成为一个系统,帮助斯坦福成为"智能校园"[1]领域的领导者。该项目确保了斯坦福大学的运营与人工智能的学术研究项目相辅相成,为校园带来更高的生产力和更高效的运营。

---

①　开发替代交通项目使斯坦福大学校园内通勤车辆的数量保持稳定,从而缓解校园人口增长对校园内交通状况的影响。

②　SSBS,可持续发展和可持续性能源管理商业服务组织(The Sustainability and SEM[Sustainability & Energy Management] Business Services group)。该组织为校园基础设施建设计划和可持续行动及教育计划的枢纽机构。

4.斯坦福的可持续性评估

通过 STARS 评估,斯坦福大学在 STARS 的 17 个类别中的课程、研究、水等 13 个方面都有较高的得分率。而废弃物、食品、建筑、投资 & 资金这四个方面有待提高(见图 6.4),也是学校未来建设的重点所在[1]。

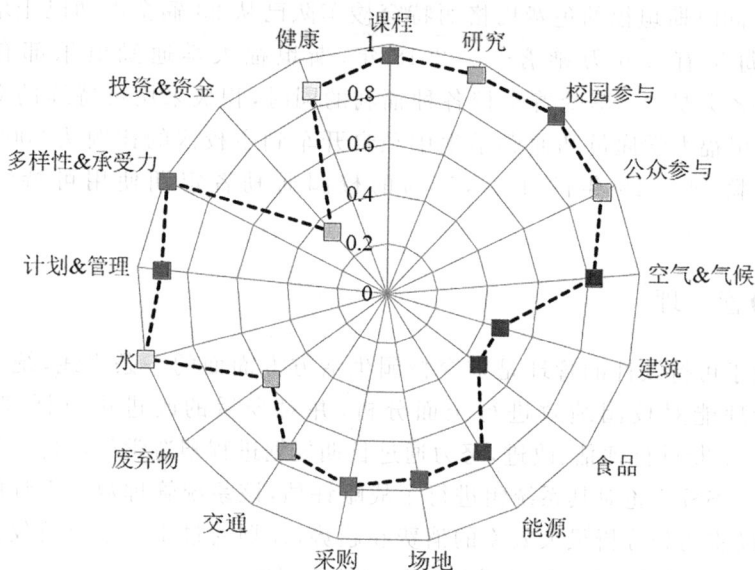

图 6.4 斯坦福在 STARS 的 17 类评价中的得分率

其中废弃物部分,废物的最小化和转移得分率仅为 50%[2]。虽然斯坦福大学 2018 年较 1998 年减少了 14.5% 的总废物量,但相较评分满分标准(减少 50%)[16],相差甚多。与基准相比,单位校园用户产生的总废物减少的百分比为 44.09%,与评分满分标准(减少 90%)[16]仍有差距。斯坦福大学对废物的回收利用率为 17.3%,相较于基准年的 20.7% 下降了[16],说明学校对废物的回收还有新的发展空间。未来可考虑扩大公共区域垃圾站、提高保管服务效率,以及实行纸、塑料、金属和玻璃的联合回收方案,以提高废物回收率[8]。

食品部分,食品和饮料采购得分较低。目前学校食品和饮料总支出的 24% 用于获得"第三方认证"或"本地和社区认证"资格的产品,与满分标准 75% 相差甚大。这也说明了学校在采购食品和饮料时所选的产品大多不具有"第三方认证"或"本地和社区认证"资格。而事实上,库存中标注的所有物品都是有机的。斯坦福有自己的教育农场，其农产品是有机的，只是大多未经认证，因而在评估时未能计入[17]。

　　建筑中的运营部分、设计 & 建造部分均得分较少[2]。评估显示过去 5 年中，斯坦福没有已通过认证、符合绿色建筑物等级相关制度的建筑空间[18]，经过绿色建筑评级系统认证，可用于现有建筑物的运营和维护的建筑空间的百分比为 55.36%[18]。原因在于斯坦福有自己制定的建筑评级系统，以评估其建筑物的可持续发展性能，其所有新建筑均按照 CAL Green Tier 1 标准①（第二高级别）设计和建造，但与 STARS 要求的 LEED 金②还有一定的差距[19]。

　　投资 & 资金方面，不足之处主要是可持续产业、可持续发展投资基金等各个类别的资产价值为 0[20]，即学校没有在可持续产业、可持续性表现卓越的企业、可持续发展投资基金会、社区发展金融机构和绿色循环贷款资金项目上的持股。这导致学校的决议无法保证具有可持续性，其相关投资也同样无法保证对社会或环境负责[20]。同时在投资管理当中，学校投资者责任委员会（CIR）中无学生代表[21]，从而可能导致学校的投资考虑缺少学生的立场与建议。

5. 从绿色校园到绿色社区

●校园和社区协调发展

　　斯坦福大学虽然是全球最杰出的绿色校园代表，但正如前文所述，在某些领域仍有不足之处。想要进一步改善，仅仅依靠校园本身是不现实的，因为在建设过程中需要更多的资源与发展空间，比如资金的支持、更多的土地、更多的参与者[22][23][24]。这种情况下，校园周边的社区无疑为校园的可持续发展提供了更多的可能性[25]。因此，在可持续社区中充分发挥合作双赢

　　①　CAL Green Tier 1. 美国加利福尼亚州绿色建筑标准规范（California Green Building Standards Code，CAL Green Code）中，被评价建筑在满足所有控制项后的第一级自愿性附加要求（共分两级，二级为最高）。

　　②　LEED 金，美国绿色建筑评价体系之能源与环境设计先锋（Leadership in Energy and Environmental Design，LEED）评价分级中的第二个认证等级（共分四级，铂金级、金级、银级、认证级）。

的发展理念是十分重要的。学校对当地社区的投资，解决了校园面临的负担能力和交通挑战的同时，更积极响应了邻近居民和管辖区的利益诉求。

例如，斯坦福大学向 Santa Clara 县提交了一封提议，详细说明了他们拟提供的价值 47 亿美元的福利——包括住房、交通和公立学校教育，作为其新的长期土地使用许可证开发协议的一部分，这些福利将覆盖许可证预计的 17 年期限[25]。斯坦福的提议包括：①在校园内和附近新建数百套保障性住房；②扩大可持续通勤计划，并为当地交通基础设施的改善提供相应资金；③对 Palo Alto 公立学校建设进行支持。47 亿美元的社区福利计划中包括 34 亿美元的住房和 11 亿美元的交通，可最大限度满足县、社区和大学的发展需求[25]。

该提议和近期宣布的社区福利计划超出了 Santa Clara 县其向斯坦福大学提出的许多要求（见表 6.2）：立即修建住房，加大对交通改善的投资，鼓励可持续通勤，并为 Palo Alto 学校提供支持。这一额外的社区福利方案响应了社区的未来发展需求，符合斯坦福大学可持续发展和为社区及其居民服务的价值观[25]。

表 6.2　斯坦福大学福利计划和 Santa Clara 县原始要求清单对比

项目	斯坦福计划	Santa Clara 县原始要求
学术提升	随发展逐步提高	随发展逐步提高
劳动力住房供应总量	100%满足发展的需求	100%满足发展的需求
保障型劳动力住房	马上交付 575 套低于市场价格的住房单元	资金或建造费用低于实时市场利率
保障型住房减免费	超越费用条例并预先提供	满足费用条例
包容性保障型住房	为每个市场单元提供 16%的平价单元	为每个市场单元提供 16%的平价单元
往返通勤/全天出行	允许员工入住校园，并允许公众进入校园	阻止校内员工住房和公众进入校园
自行车/校车/交通改善	为邻近社区提供 3030 万美元的资金	提供 120 万美元支持
Palo Alto 学校	直接资助该项目 1.384 亿美元	提供 420 万美元的资助

斯坦福大学为 Santa Clara 县提供的帮助，一方面助力社区住房，交通与教育的建设，推进了当地的可持续发展；另一方面社区的建设发展也为斯坦福大学弥补了不足。劳动力住房的增加，无疑增加了更多的社区劳动力，提高了本地生产能力，有利于食品类别的可持续建设[26]。可持续交通的建设，

很大程度上分担了学校自身的通勤负担,减少了温室气体排放,为废弃物的处理提供了更广阔的空间,为扩大公共区域垃圾站、提高保管服务效率提供了可能性[27]。学校的建设,通过教育扩大了可持续的参与者,是一种从"学生到居民"的重要推广方式,为今后的可持续建设提供了人员保证,也积极响应了全球可持续发展目标[28]。以上的一系列举措本身即可视为一种可持续投资,其带来的价值将远大于实际投资额度,加强了学校与社区互补的发展关系[29]。虽然,目前斯坦福大学在投资 & 资金这一方面可持续度较低,但在不久的将来,与社区共建具有很大的发展潜力。

●通过社区支持项目来促进共同参与

自成立以来,斯坦福大学一直在寻求新的方式来履行大学的研究、教育和服务使命,并落实到整个绿色校园的建设中。如何将绿色校园的成果进行转化,不仅自身受益,也带动周边社区的可持续建设?这一直是斯坦福关注的问题。为此,它制定并开展了一系列支持社区的项目(见表 6.3),从不同维度加强社区与校园的联系,提高学生、教师、居民与当地政府的共同参与程度[30][31],促进社区的可持续发展建设。

表 6.3　斯坦福支持当地社区的主要项目

项目	主要内容
负担能力工作组	项目组利用校园可承受性评估和利益相关者团体研究产生的数据,制定可持续的、基础广泛的建议。其评估中新出现的主题是围绕住房、交通、儿童保育和福利的优先事项,事项优先级在各个社区中各不相同。
IDEAL	IDEAL 旨在将斯坦福大学的文化推向未来,以保持其作为一流研究和教育机构的地位。该项目团队在招聘、参与、研究和教育方面开展工作,并在每个领域设定了优先事项,将共同愿景、最佳组织安排、资源和问责指标嵌入理想的价值观营造中。
村镇中心与社区参与	村镇中心项目将优先考虑涉及社区建设、社会互动和知识交流的项目的运营和服务。社区参与尝试在校园内建立更深入的联系,以支持大学的任务。目的是增强学校员工和学生的归属感和幸福感。
专业发展	这些项目将为各级员工提供全面、现代的专业发展方法的咨询,使其在教育、经验和实践中平衡发展。

续 表

项目	主要内容
管理工作	这项工作将确保硬件设施、基础设施和资源的管理满足不断变化的工作场所的需求。考虑到校园和多个工作场所之间的协作不断增加，管理者正致力于将开发治理模式、组织结构和资源集中化，以支持未来的计划和运营需求。
参与中心	参与中心将致力于推进公益事业，并在校园之外发展可持续的伙伴关系。该中心将在一个由教职工和学生组成的咨询委员会的指导下，通过对外关系办公室设立一个新的社区参与办公室，来支持与协调学术和非学术社区参与活动。

正如斯坦福大学所说的那样："斯坦福是在快速变化的世界中解释和促进人类经验转变为现实的实验场所，我们有机会也有责任这样做。"[32] 绿色校园建设的终极目标是实现可持续发展目标，应对世界的快速发展与转变，将建设成果与经验外化延伸到社区与国家，共同应对可持续发展的时代挑战[33]。

6. 小 结

到目前为止，斯坦福大学绿色校园建设成效卓越。相较于基准 2000 年，斯坦福在温室气体排放方面减少 72%，能源强度下降 26%，生活用水减少 45%，垃圾填埋处理减少 26%[1]。在 STARS 评价中获得铂金级，并获得全球绿色校园建设的最高分。斯坦福正为 2030 年实现零废物的目标做准备，通过调整，将这一目标定义为 90% 的垃圾从填埋场转移。斯坦福的绿色校园发展模式可总结为四个特点：

（1）以自身科研为基础。斯坦福是一个不断自我完善与创新的可持续发展实验室，以自身科研为基础，以可持续教育为动力，关注校园能源、温室气体排放、水资源利用与废弃物处理，多角度转化校园的建设成果。

（2）从环境友好方面深入。着重在校园的学术、能源、水、废弃物、食品、建筑、交通和管理 8 个方面进行尝试，采取一些列针对性措施和计划，如 SESI 计划（校园将过渡到电力供暖和制冷系统）、能源与气候行动计划、零废物计划和可行性研究、收集雨水并将其用于校园灌溉、成立通勤 CLUB 和无车俱乐部、可持续生活和可持续食品计划。一切皆旨在减少环境负荷，保护资源并实现可持续发展。

（3）实现学生、教师、居民与当地政府的共同参与。强调可持续发展需要全校乃至全区域的共同努力，通过开展一系列校园参与活动与社区支持活动，推广可持续的生活理念与行为准则。兼顾多方利益，使可持续成为多方参与者共同的发展目标。

（4）与社区形成互补，实现可持续投资。正如斯坦福将校园的交通与负担问题疏散到周边社区，同时也为周边社区带来了发展的活力与利益，形成良性互动的模式。可持续的发展逐步从校园建设发展到服务可持续社区的建设，形成以绿色校园为基础的可持续社区发展模式，并最终达成可持续发展目标。随着绿色校园建设的发展，单单依靠校园自身，其未来发展的潜力是不足的，因此需要借助周边社区的资源，突破校园发展的障碍。

斯坦福绿色校园建设的意义，不仅仅在于自身取得的成果，还在于对全球各高校的引领作用。其他学校可以借鉴斯坦福在建设中的措施，总结其经验，从而针对自身制定出更好、更高效的计划方案。这大大促进了全球绿色校园的发展。同时，斯坦福通过校园的建设与创新，实践了教育、能源、气候、水、生产、可持续社区等 10 个 SDGs，为实现人类共同的可持续发展，从校园角度提供了较好的解决路径，并具有较高的推广价值。

绿色校园的建设从可持续发展目标、STARS 和高校组成的单一三角框架，转变为在现有基础上增加了由可持续发展目标、高校和社区三者构成的复合三角框架（见图 6.5），大大扩充了全球可持续发展目标的实现途径。以此为基础，随着不断发展建设，该框架未来可不断生长，在规模与种类上变化出更多的复合三角框架。

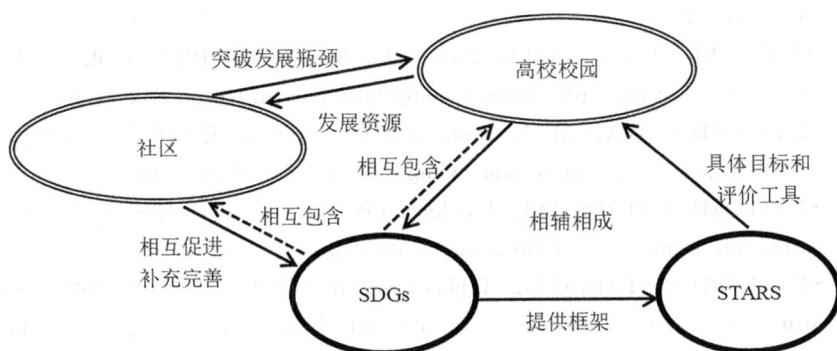

图 6.5　从绿色校园到可持续社区的发展模式框架

参考文献

[1] STANFORD SUSTAINABLE. Sustainability-year-in-review，2018—2019[EB/OL].
(2019)[2022-05-09]. https：//sustainability-year-in-review. stanford. edu/2019/.

[2] AASHE. The sustainability tracking，assessment and rating system[EB/OL].
(2019)[2022-04-08]. https：//stars. aashe. org/.

[3] STANFORD SUSTAINABLE. Food and living[EB/OL]. (2019)[2022-05-09].
https：//sustainable. stanford. edu/food.

[4] STANFORD SUSTAINABLE. Stanford University Energy and Climate Plan，2015
[EB/OL]. (2015)[2022-05-09]. https：//news. stanford. edu/__data/assets/pdf_file/
0029/127496/E_C_Plan_2015. pdf.

[5] STANFORD SUSTAINABLE. Energy[EB/OL]. (2019)[2022-05-09]. https：//
sustainable. stanford. edu/campus-action/energy-climate.

[6] STANFORD SUSTAINABLE. Water[EB/OL]. (2019)[2022-05-13]. https：//
sustainable. stanford. edu/water.

[7] AASHE. OP-22：water use[EB/OL]. (2019)[2022-05-13]. https：//reports. aashe.
org/institutions/stanford-university-ca/report/2019-02-22/OP/water/OP-22/.

[8] STANFORD SUSTAINABLE. Waste[EB/OL]. (2019)[2022-05-13]. https：//
sustainable. stanford. edu/waste.

[9] STANFORD SUSTAINABLE. A vision for zero waste[EB/OL]. (2018)[2022-05-
14]. https：//sustainable. stanford. edu/content/vision-zero-waste.

[10] AASHE. OP-21：hazardous waste management[EB/OL]. (2019)[2022-05-14].
https：//reports. aashe. org/institutions/stanford-university-ca/report/2019-02-22/
OP/waste/OP-21/.

[11] STANFORD SUSTAINABLE. Sustainable living in R&DE[EB/OL]. (2019)
[2022-05-14]. https：//rde. stanford. edu/studenthousing/sustainable-living.

[12] STANFORD SUSTAINABLE. Sustainable food program[EB/OL]. (2019)[2022-
05-15]. https：//rde. stanford. edu/dining/sustainable-food-program.

[13] STANFORD SUSTAINABLE. Buildings[EB/OL]. (2019)[2022-05-15]. https：//
sustainable. stanford. edu/campus-action/buildings.

[14] STANFORD SUSTAINABLE. Table of contents[EB/OL]. (2002)[2022-05-15].
https：//sustainable. stanford. edu/sites/default/files/Stanford _ sustainable _
guidelines. pdf.

[15] STANFORD SUSTAINABLE. My cardinal green[EB/OL]. (2019)[2022-05-16].
https：//sustainable. stanford. edu/cardinal-green/my-cardinal-green.

[16] AASHE. OP-19：waste minimization and diversion[EB/OL]. (2019)[2022-05-16].
https：//reports. aashe. org/institutions/stanford-university-ca/report/2019-02-22/

OP/waste/OP-19/.

[17] AASHE. OP-8：sustainable dining［EB/OL］.（2019）［2022-05-17］. https：//reports. aashe. org/institutions/stanford-university-ca/report/2019-02-22/OP/food-dining/OP-8/.

[18] AASHE. OP-3：building operations and maintenance［EB/OL］.（2019）［2022-05-17］. https：//reports. aashe. org/institutions/stanford-university-ca/report/2019-02-22/OP/buildings/OP-3/.

[19] AASHE. OP-4：building design and construction［EB/OL］.（2019）［2022-05-17］. https：//reports. aashe. org/institutions/stanford-university-ca/report/2019-02-22/OP/buildings/OP-4/.

[20] AASHE. PA-9：sustainable investment［EB/OL］.（2019h）［2022-05-17］. https：//reports. aashe. org/institutions/stanford-university-ca/report/2019-02-22/PA/investment-finance/PA-9/.

[21] AASHE. PA-8：committee on investor responsibility［EB/OL］.（2019）［2022-05-17］. https：//reports. aashe. org/institutions/stanford-university-ca/report/2019-02-22/PA/investment-finance/PA-8/.

[22] 齐岳,汪小婷,张喻姝.引入绿色基金参与高校绿色校园建设的探索研究[J].未来与发展,2019,43(04):67-73.

[23] 陆春其,徐美娟.校园建设中土地的开发利用分析[J].常州工学院学报,2010,23(Z1):19-21.

[24] LI XINQIN，NI GUOPING，DEWANCKER B. Improving the attractiveness and accessibility of campus green space for developing a sustainable university environment[J]. Environmental science and pollution research international，2019，26(32):33399-33415.

[25] CHANGWOO A，STEPHANIE S. Designing wetlands as an essential infrastructural element for urban development in the era of climate change[J]. Sustainability,2019,11(7):1920.

[26] Stanford submits offer of additional community benefits to Santa Clara county as part of long-term land use plans[EB/OL].（2019）［2022-05-19］. https：//news. stanford. edu/2019/06/24/stanford-submits-offer-additional-community-benefits-san ta-clara-county-part-long-term-land-use-plans/.

[27] 谢佳慧.保障房对居民消费和就业的影响研究[D].大连:东北财经大学,2018.

[28] 张磊,刘建民.国外生态校园的研究方向与建设实践[J].山东建筑大学学报,2007(06):501-506.

[29] 俞俪.建设高校节能监管平台的设计和实现[C].第十届国际绿色建筑与建筑节能大会暨新技术与产品博览会,2014-03-28.

[30] NARULA K. 'Sustainable Investing' via the FDI Route for Sustainable Development[J]. Procedia-Social and Behavioral Sciences，2012,37:15-30.

［31］朱笔峰.中美绿色校园标准比较及案例评估与优化研究［D］.杭州：浙江大学,2016.

［32］朱雪莉.美国社区学院参与绿色经济发展的路径研究［D］.金华：浙江师范大学,2016.

［33］Stanford Our Vision：A vision for Stanford［EB/OL］.（2019）［2022-05-20］.https：//ourvision.stanford.edu/.

［34］QUEIROZ T L A. Challenges for the Internationalization of Sustainable Development：A Case Study about the Plurinational State of Bolivia［D］.武汉：华中师范大学,2019.

第七章 "产、学、研"一体化发展的
日本绿色校园建设

日本北九州学术研究都市在可持续校园探索中,以其独特的建设路径和具有日本本土特色的校园建筑成为日本绿色校园建设的典型案例。由于环境污染严重,日本北九州市曾被称为"七色烟城"。为了解决严重的环境污染问题,日本通过政、企、民、科的共同努力,于 2001 年 4 月在北九州市建成了学术研究都市,并开始了一系列可持续理念的研究与创新实践。2011年开始,北九州市的环境问题得到了较好的改善。学研都市的建设在素质教育、可持续经济、创新基础设施、可持续社区与城市、可持续消费与生产、社会生活以及国家政策等方面都有涉及,极大地推动了北九州市的区域性可持续发展。

本章对日本北九州学研都市进行深入分析,旨在对日本绿色校园发展的特征以及学研都市的可持续发展模式进行深入剖析。通过分析学研都市内主要建筑的绿色技术与整个校园的可持续性,总结与推广其绿色校园发展模式。我们基于日本绿色校园特征,既将"绿色校园"与"绿色校园建筑"的概念进行区分,又进一步加以整合,探讨建筑对校园可持续性的影响。通过评价标准自身与案例评价的量化比较,实现对建筑与区域的可持续性评价。

本章分三个步骤对日本绿色校园的发展模式进行详细的研究与分析(见图 7.1)。

步骤 1 日本绿色建筑与绿色校园的发展梳理

分别从绿色建筑与绿色校园两方面的发展来梳理日本的绿色校园建设特征。旨在了解目前日本绿色校园的建设水平、理念内涵的维度与绿色评价体系的发展,从而总结出在其绿色校园发展过程中,校园建筑对可持续发展的重要性与核心推动作用。

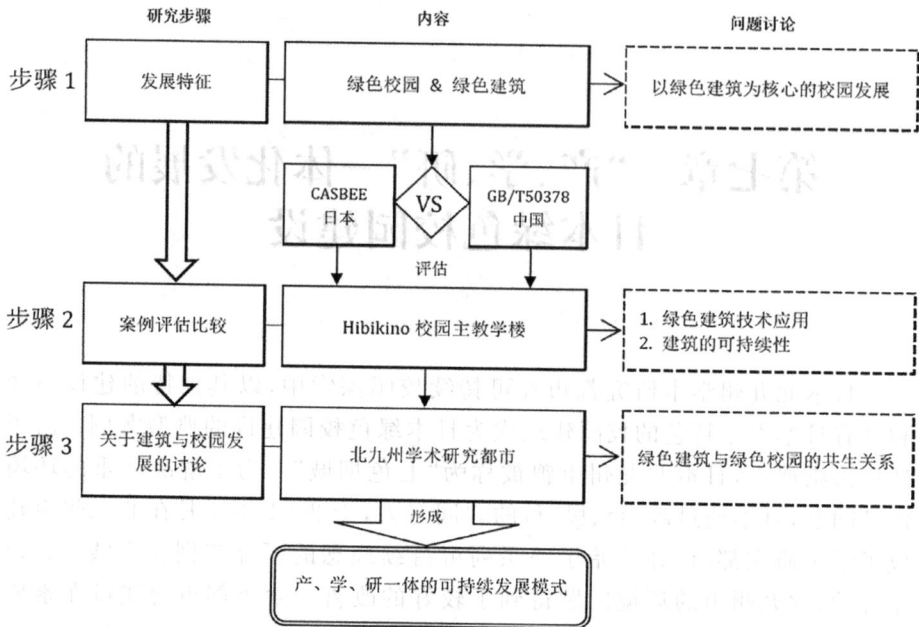

图 7.1 本章研究步骤框架

步骤 2　中日绿色建筑评价标准对案例的评价

该步骤分别以中国和日本两国的绿色建筑评价标准对北九州大学 Hibikino 校区主教学楼进行评估，同时对建筑中所使用的相关绿色技术进行研究。以此较为全面地反映此教学楼的技术特点以及对周边校园区域的可持续性影响。

步骤 3　日本可持续校园发展的路径讨论

通过研究日本北九州学研都市的发展路径，讨论其校园可持续发展特征，总结其建设模式，并进一步探讨绿色建筑对可持续校园发展的影响。

1. 日本绿色校园建设与评价的发展特征

日本文部省从 1993 年起开展对绿色校园的相关研究工作，并委托日本建筑学会成立了"绿色学校委员会"。1994 年文部省设置了"绿色校园调查研究协作者会议"，并于 1996 年编制了《绿色学校》报告书，该书对绿色校园的具体含义做出了三点界定：①设施方面，旨在减少环境负荷而设计和建设的设施；②运营方面，按照减少环境负荷之目的而运营的设施；③教育方面，在环境教育上也能充分发挥作用的设施[2]。

二战结束后,日本快速恢复工业体系的同时,其生态环境遭到严重的破坏。1970年,日本开始着手改善国内环境问题。20世纪90年代后,其环境问题基本得到了解决。1997年12月,"防止全球变暖京都会议"(COP3)在日本京都召开。这是继1992年联合国环境开发会议制定了《气候变化框架公约》①后的又一个重要行动[3]。1997年,日本文部省与通产省共同实施了"绿色学校实验模范事业"。同年,以"太阳热利用型"、"绿色推进型"、"污水利用型"、"其他节能节资型"四个绿色学校类型为评价依据[2],首次选定了18所"绿色学校实验模范"学校。在此背景下,日本绿色校园的发展确定在了提升建筑环境品质和减少建筑外环境负荷的方向上。其中建筑作为校园的主要物质载体,发展绿色低碳的校园建筑被放在了日本绿色校园发展的核心位置。

2001年,在国土交通省的领导下,日本成立了JSBC(日本可持续建筑协会)[4],旨在构建其自身的绿色建筑概念,用来开发建筑环境性能综合评价工具。JSBC建立了CASBEE框架,并于2002年完成了最早的评价工具CASBEE事务所版。此后CASBEE陆续开发了针对住房、建筑、城镇发展、城市管理四个维度的评价工具。随着CASBEE工具群的扩大,于2010年在"建筑"评价工具内加入了关于校园建筑的具体评价方法[5]。至此日本有了针对校园建筑的绿色评价标准,日本的绿色校园发展进入了统一标准的新阶段。

纵观日本的发展历程,可归纳出以下几点特征:①重视绿色校园的发展。日本始终致力于通过政府、学术界和高校开展对绿色校园的调研、探索工作,通过理论研究与实践相结合的方式来形成自己的绿色校园建设模式。②日本绿色校园的发展方向由之前的硬件设施、运营管理、绿色教育三个层面逐步聚焦至校园建筑这一具体载体。但日本并未对绿色校园整体的内涵进行更为深入的挖掘,而是注重建筑层面的挖掘。③从当前CASBEE的内容及其发展脉络来看,日本的绿色校园评价体系较为单一,仅包含对校园建筑的评价标准,并未提出针对整个校园的相关标准。

---

① 《联合国气候变化框架公约》(United Nations Framework Convention on Climate Change),是世界上第一个为全面控制二氧化碳等温室气体排放,以应对全球气候变暖给人类经济和社会带来不利影响的国际公约,也是国际社会在应对全球气候变化问题上进行国际合作的一个基本框架。

2. 关于北九州学术研究都市

日本北九州学术研究都市建成于 2001 年，位于日本九州岛最北端的北九州市，隶属福冈县。其中包括 4 所大学、12 家研究机构和 48 家企业。北九州学术研究都市以被动式设计为基础，重视和利用自然资源；同时积极采用主动式设计，引进太阳能发电系统、高效能源系统、生活污水处理及雨水循环利用系统；建设便于企业开展共同研究和当地居民利用的共用设施，集中尖端技术方向的教育、研究机构，建设科学与技术相结合、适应新时代要求的学术研究城。

北九州市立大学 Hibikino 校区主教学楼（见图 7.2）位于北九州学术研究都市内。该建筑以减少环境负荷为特点，并采取了一系列绿色技术——诸如太阳能辅助自然通风、地道风、分布式能源供应、太阳能光伏发电、中水回用、雨水回收、综合管廊、装配式建筑等，实现了能源、水和其他资源的循环利用和环境友好的校园模式[6]。这是北九州学研都市中建筑体量最大、使用绿色技术最多、达到建筑可持续效果最好的代表性绿色建筑。

图 7.2　北九州市立大学 Hibikino 校区主教学楼 ①

---

① 　图源：https://www.ibec.or.jp/jsbd/G/index.htm。

●建筑基本信息

该教学楼建筑面积 35060 平方米,包括教育栋、事务栋、实验栋。建筑采用钢筋混凝土主体和钢结构顶棚混合结构,建筑高度 17 米,共 4 层。建筑由两条东西走向的板式建筑组成,通过五条连廊联系在一起。其基本建筑信息见表 7.1[7]

表 7.1　北九州市立大学 Hibikino 校区主教学楼基本信息

建筑所在地	北九州市若松区 Hibikino
建成日期	2001 年 12 月
场地面积	170000m²
总建筑面积	35060m²
建筑结构	预应力混凝土(PC)结构和钢筋混凝土(RC)结构
建筑层数	地上四层
建筑高度	17m
容积率	1.5
绿地率	41%

●绿色技术

①通风系统[7][8]

主教学楼的南北两幢楼设置了由捕风口、地下通风调节道、拔风竖井、太阳能烟囱和防风板组成的通风系统(见图 7.3)。该系统夏季利用热压原理,提高通风效率,降低能耗;冬季利用风压原理,在通风的同时保证室内温度。综合利用太阳能烟囱(见图 7.4)和地下通风调节道,可以实现 1.8% 的节能率。

②光环境与遮阳系统[7][8]

主教学楼在光环境方面采用了多种绿色技术,对建筑内自然光进行合理的控制。北楼的光庭是其中的一大特色:光线经光庭白色墙壁和底部白色石子反射后,透过窗户渗透到建筑内,使室内充满柔和的光线。该设计有效地利用了自然光,提高了室内光品质,降低了照明能耗。在遮阳方面采用了两种方法:一种是在窗户上方 1/4 处安装反光遮阳板,阳光照射到遮阳板,通过遮阳板的反射进入室内,在隔热的同时保证室内的光环境;另一种是在立面上的统一金属框架内,集中布置各种实验室管道,如此在窗户处形成一个约 900mm 深的嵌入式窗帘。

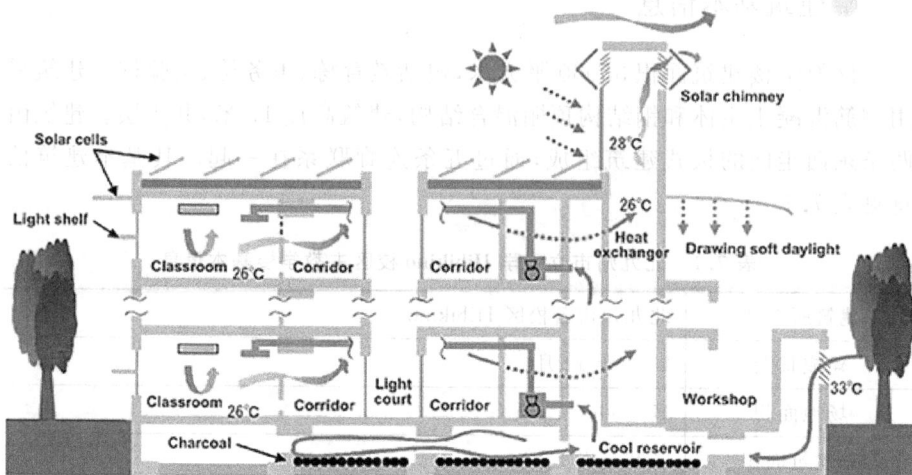

图 7.3　通风系统示意图①

图 7.4　太阳能烟囱②

---

①　图源：https://www.ibec.or.jp/jsbd/G/tech.htm。
②　图源：https://www.ibec.or.jp/jsbd/G/tech.htm。

③建筑绿化[7][8]

该建筑采用了屋顶绿化的方式,一定程度上为建筑减少了用于保温的能源消耗,而且增加了与自然的紧密度,保护了建筑物顶部,延长了屋顶建材使用寿命,还可减渗、降噪。

④中水和雨水的循环利用[7][8]

校区的排水和雨水通过一个"共同沟"聚集在环境能源中心。经过生物处理和过滤处理的水被用作建筑物的厕所清洗水、洒水、冷却塔补充水等。教育栋、实验栋和事务栋一层都设置了雨水滞留槽,共 640m²,中水槽475m²。蓄场内还有 11544m² 的自然水体池(见图 7.5),以及下凹式绿地、树池等可用于调蓄雨水的生态设施。

图 7.5 自然水体池①

⑤新能源的利用[7][8]

该建筑的能源利用系统包括太阳能和分布式热电联产系统(见图 7.6)。太阳能利用方面,北楼楼顶安装了 864 枚多晶硅太阳能电池,房檐处安装有156 枚单晶硅太阳能电池,实现了光伏建筑一体化,可以提高约 1.6% 的能源利用率。而分布式热电联产系统是分布在能源需求侧的能源综合利用系统,校园中采用燃料电池(200 千瓦)(见图 7.7)作为新能源系统,加上燃气内

---

① 图源:https://www.ibec.or.jp/jsbd/G/tech.htm。

燃机(160千瓦)组合发电，其产生的余热都用于供暖（或制冷）和供应生活热水，可以为整个校园提高约 5.5％的能源利用率，减少约 2.6％的二氧化碳排放量。

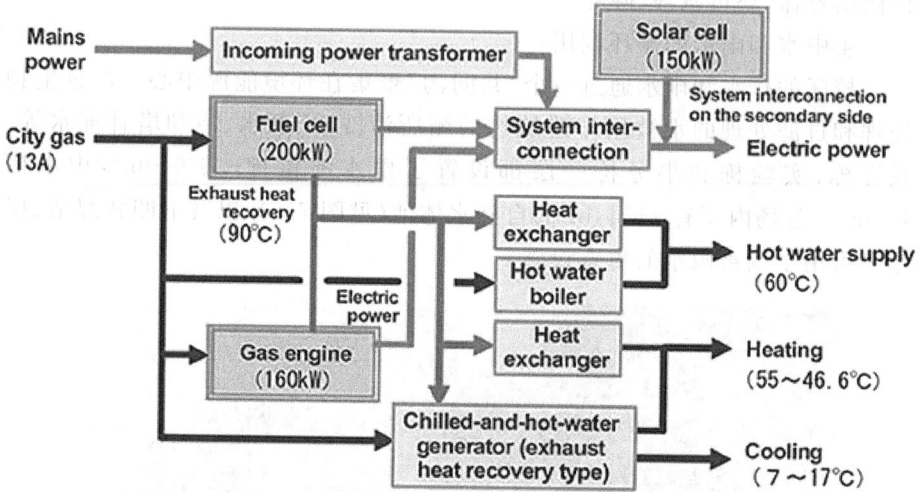

图 7.6　能源利用示意图①

图 7.7　燃料电池②

---

①　图源：https：//www.ibec.or.jp/jsbd/G/tech.htm。
②　图源：https：//www.ibec.or.jp/jsbd/G/tech.htm。

3. 主教学楼的绿色评估

●CASBEE for Building

根据 CASBEE 标准的六大评价维度,对 Hibikino 校区主教学楼所使用的绿色技术进行分类,表 7.2 中展现了 6 类评价内容所对应的主要绿色技术。

表 7.2　Hibikino 校区主教学楼绿色技术的 CASBEE 分类[7]

Q-1 室内环境	使用太阳能烟囱的通风/排气系统
	薄膜屋顶和水平屋檐有效阻挡日照
	通过光廊和光庭(中庭)采光
	通过使用地热的冷库预冷/预热新鲜空气
Q-2 服务质量	能源中心双热源、双电源+常规本地发电装置
	污水/废水的循环再利用
	使用外部管道以允许更新再使用
Q-3 室外场地环境	创建一个生物保护区
	创造开放空间的大型工作活动场地
LR-1 能源	通过太阳能烟囱促进自然通风
	安装光伏发电设施(150 千瓦)
	结合天然气发动机和燃料电池的热电联产系统
	监控每条线路和设备。采用 BEMS(建筑和能源管理系统)进行运行和监测
LR-2 资源与材料	雨水和污水的再利用
	使用节水设备节约资源
LR-3 场地外部环境	在周围环境的背景下,规划大型场地内建筑的布局和大小
	利用屋顶绿化和室外种植改善现场环境
	通过积极利用自然能源提高节能

经 CASBEE 评估,主教学楼的 BEE 值为 3.4,为 S 级(见图 7.8)[7]。该建筑在 CASBEE 六个维度的评价中各项指标差异较小。其中做得最好的是

LR-1能源和 Q-3 室外场地环境,可见该建筑注重控制建筑能耗和创造较舒适的建筑室外环境。分数最低的是 Q-1 室内环境,因此该建筑在创建高质量室内环境方面还需要进一步完善。从 Q 和 LR 两个大的方面来看,该建筑在减少环境负荷方面的成效要优于建筑环境的品质,可见该教学楼更注重建筑的环境友好,相比较而言应采用更多绿色技术来提升建筑自身内外环境的品质。

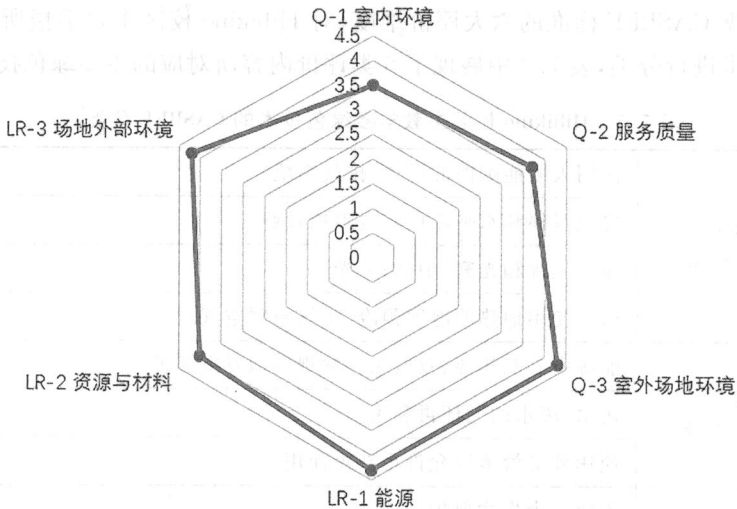

图 7.8 主教学楼的 CASBEE 评价指标得分

●绿色建筑评价标准 GB/T 50378—2014

经 GB/T 50378—2014 评估,主教学楼的控制项全部达标,自评总分为93.14,达到三星级标准(见图 7.9)[9]。在 GB/T 50378—2014 的 7 个维度中,该建筑得分率最高的是节水与水资源利用方面,说明该教学楼所使用的中水和雨水处理系统卓有成效,绿色技术应用的可持续效果显著。而得分率最低的是施工管理,主要原因在于该建筑在施工过程中未制定用水用能方案且未进行水耗能耗监测。除此之外该建筑在提高与创新领域获得了 9分(满分为 10 分),主要体现在:①用发电产生的余热制取生活热水;②使用高于热效率标准 9.4% 的燃气锅炉;③建筑屋顶安装太阳能烟囱,促进建筑自然通风;④建筑设计的体形系数、各朝向窗墙比、外窗传热系数指标、外窗综合遮阳系数和外遮阳、围护结构各部分的传热系数等热工性能指标均满足日本对建筑的热工性能要求;⑤设置地下共同沟,有效利用了道路下的空间，节约了建筑用地。

得分率（％）

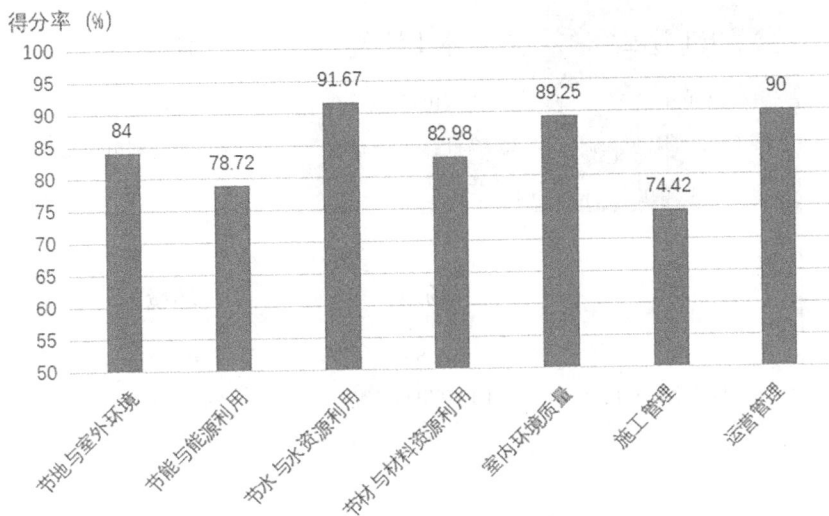

图 7.9　主教学楼的 GB/T 50378—2014 评价指标得分

●建筑对校园可持续性影响的综合评价

为全面评价该教学楼对校园的可持续性影响，我们将两标准中涉及建筑与周边环境区域的评价项进行提取与整理，重新分类成施工管理、本土性、能源、水、场地、环境、交通、生态和空气 9 个方面。其中施工管理单独来自 GB/T 50378—2014，本土性单独来自 CASBEE，其余七项内容两个标准中都有所涉及。这 9 个方面的标准得分率如图 7.10 所示（两标准都涉及的内容，得分率为两标准中对应项各占一半）。

从评价得分情况来看，该建筑在施工管理、交通、本土性 3 个领域对校园环境的可持续发展有重要影响，其得分率均为 100％。主教学楼施工过程中考虑到了建筑对周边环境的影响，主要采取了防尘、降噪等措施，并进行了相关监测记录，同时也减少了施工废弃物，做到绿色施工。教学楼周边的交通设施齐全、规划合理、资源丰富，为建筑及其校园区域使用者提供了较好的交通条件。另外，还在建筑室外的公共区域设置了休憩空间、交流空间和公共广场，加强了建筑与周边设施和环境的联系，将该教学楼的作用在校园中由点辐射到面。该教学楼所采用的建筑材料均产自当地，建筑中所使用的绿色技术大多为学研都市的研发成果，同时建筑设计中也体现了日本优雅的建筑美学。

施工管理 100% 施工期间的环境保护	**本土性** 100% 地方特色与户外设施	**能源** 79% 能源综合利用
水 96% 非传统水源利用	**场地** 76.85% 土地利用与景观	**环境** 91.25% 室外环境
交通 100% 交通设施和公共服务	**生态** 77.5% 周边生态与生物群落	**空气** 30% 空气质量

■来自GB/T 50378—2014　　■来自CASBEE　　□来自GB/T 50378—2014 和CASBEE

图7.10　主教学楼对于校园可持续性影响的评价得分

综合影响评价中得分率最低的为空气,其得分率仅为30％。该教学楼在减少空气污染方面与标准的要求存在一定差距,主要原因在于建筑内部空气缺少净化措施,向外排放的空气中有害物质较多,对一定区域内的空气质量都存在不利影响。今后,该教学楼应在现有技术基础上继续加强在能源、场地和生态三个领域内的可持续探索,同时应着重加强空气领域各项技术的使用,尽可能降低对校园环境的不利影响。

4.学研都市的可持续建设模式讨论

北九州学研都市在学术、校园教育、建筑、能源与监控系统、水资源、生态环境、交通、区域发展八个方面实施了一系列可持续措施,取得了突出的成果[10]。根据其绿色校园建设行动的成果,可归纳其建设模式如下：

●核 心

以绿色建筑为核心。其中北九州市立大学 Hibikino 校区主教学楼最为典型。学研都市的建筑环境对支持学术任务至关重要,园区内建筑的可持续性涉及以下三个方面[8]。①可靠耐用性:更牢固、耐用、抗震、安全的结构体系。②呼应气候并与自然协调:力争自然通风采光并合理解决遮阳遮雨问题。③节能减碳,提高能效:合理制定建筑冷热负荷,科学选择空调系统,提高建筑围护结构的保温性能[11]。主教学楼综合运用一系列绿色技术,提高了舒适性与建筑自身的可持续性,降低了建筑对周边自然环境的影响(建筑负荷),改善了校园内部的生态环境,为校园内的教育、研究和生产等工作提供了优质的设施基础。

●目 标

学研都市以全球可持续发展为目标。以资源节约为切入点,围绕其建设成就的八个方面进行可持续校园建设,将这个八个方面分别与全球可持续发展目标中的 13 项进行一对一或一对多的对应[8]。其具体措施如下:重视自然环境,引进太阳能发电系统、高效能能源系统和燃料电池、余热发电和供热系统,进行生活污水处理及雨水循环利用等,同时建设便于企业开展共同研究、便于当地居民利用的共同设施。

●保 障

学研都市以教育为可持续发展的主要保障,以学生为中心,以培养具有可持续发展观的人才为宗旨[8]。其教育模式以教师授课形式的理论教育为主,以学生自主实践为辅,两者结合以达到提高学生个人综合素质的目的。学研都市与相关企业建立良好合作关系,积极把握和调控现有的教育资源,让学生在实践中提高自身能力,真正实现自身的可持续发展。同时学研都市在其大学职能的基础上还不断扩大教育范围,吸引周边市民共同参与教育与可持续建设工作[6]。

●特 色

学研都市以产学研一体化发展为特色,充分利用与亚洲各国邻近的地理优势以及与亚洲各国在环境等领域开展技术合作取得的实际成果,把能代表本国水平的产业技术和大学的尖端研究开发功能结合起来,创造新产业,实现高度技术化[12]。其目标是把学术研究城建成日本最大的产业技术集成地和亚洲的核心学术研究基地。这为培养人才创造了良好的环境,并保证尖端的高新技术可以在第一时间应用于企业,投入生产并创造利润。

从建设绿色校园的路径来看,北九州学研都市为实现未来产业进步和城市发展,所打造的绿色校园模式有很强的创新性,打破了传统的"一校一园"模式,将教育、科研、产业和城市化有机地结合起来。在资金方面,通过一系列税收减免和补贴支持产学研工作,以园区建设拉动周边区域的经济发展和就业。在园区管理方面,向企业收取租金以补贴教育用房费用,通过教育科研为企业注入核心竞争力,这种框架设计极大地促进了城市资源的高效利用。而整个园区依托绿色建筑而运作,建筑内通过一系列绿色技术手段,降低了对周边环境的压力,同时又提升了建筑品质。可以说,学研都市框架的设计不仅有助于可持续发展,也有利于提升未来城市的绿色竞争力。这种在城市发展的战略层面上思考可持续校园建设的思路,非常值得借鉴。而北九州学研都市模式的劣势则是这样的模式具有一定的局限性,它需要将教育、科研、工业和商业集中在一个区域,这对其他校园来说具有较高的实施门槛。

5.小　结

对日本的绿色校园发展模式,本章从日本绿色建筑评价标准、日本校园建筑特征和绿色校园实现路径三个层面进行研究,并得出以下结论：

(1)日本没有针对绿色校园的独立评价标准,日本的绿色校园评价主要依托其绿色建筑评价标准 CASBEE 展开。其主要特征为重视建筑内环境、重视能源利用与重视环境问题。在评价方法上,考虑不同评价项之间的相互影响,在结合建筑周边环境、综合反应建筑性能方面较为有效。日本绿色校园研究建筑与环境的关系,相比中国侧重建筑节能,这种建设模式对区域环境和整个校园的影响更大,更能够推动绿色校园的发展。

(2)绿色校园建筑的代表 Hibikino 校区主教学楼依托一系列绿色技术实现了建筑可持续,其绿色技术主要应用在通风系统、光环境与遮阳系统、建筑绿化、中水和雨水的循环利用、新能源的利用等方面。通过技术手段,该建筑主要在施工过程的环保、交通设施与公共服务、地方特色三个层面对校园的可持续性产生影响,但在营造良好空气质量方面还需进一步加强。

(3)北九州学研都市的绿色校园发展模式特点有四。①以绿色建筑为核心。通过一系列绿色技术的应用,将建筑与环境融为一体,达到与环境共生。②以可持续发展为目标。回应了优质教育、可持续城市与社区的全球可持续发展目标。③以教育为保障。以学生为本,培养具有可持续发展观的人才。④以产学研一体化为特色。充分利用区位优势以及取得的实践成果,把先进产业技术和大学研究结合起来,创造新产业,实现区域联动发展。

北九州学研都市在自身的发展上,结合学术、校园教育、建筑、能源与监控系统、水资源、生态环境、交通、区域发展这八个方面的可持续建设,通过绿色建筑的突破,走出了日本实现绿色校园的一大特色路径。该路径对全球其他高校乃至区域的可持续建设都具有重要的参考价值与实际操作意义。同时,学研都市新颖且富有成效的可持续建设样本也极大丰富了全球的可持续校园案例库,为未来绿色校园发展模式中建筑—区域—环境绿色共生的研究提供了很好的素材。

参考文献

[1] 刘继和,张玉姣.日本学校能源环境教育的地位、理念、举措与特点[J].沈阳师范大学学报(自然科学版),2012,30(02):313-316.

[2] 刘继和.日本绿色学校的基本理念和推进策略[J].沈阳师范大学学报(自然科学版),2003(03):227-231.

[3] NOMURA K, ABE O. Higher education for sustainable development in Japan: policy and progress[J]. International Journal of Sustainability in Higher Education,2010,11(2):120-129.

[4] ALKHALAF H, YAN WANGLIN. Modeling of Building Energy Consumption for Accommodation Buildings (Lodging Sector) in Japan—Case Study[J]. Applied System Innovation,2018,1(4):39.

[5] CASBEE[EB/OL]. (2022)[2022-05-28]. https://www.ibec.or.jp/CASBEE/english/.

[6] 赵丽君,苏媛.以日本北九州学术研究都市为例谈我国绿色大学的建设与发展趋势[J].住区,2015(06):146-151.

[7] 日本可持续建筑数据库(JSBD)[EB/OL]. (2001)[2022-05-28]. https://www.ksrp.or.jp/index.html.

[8] 北九州学术研究都市[EB/OL]. (2022)[2022-04-11]. https://www.ksrp.or.jp/index.html.

[9] 绿色建筑评价标准 GB/T 50378—2014[S].北京:中华人民共和国住房和城乡建设部,2014.

[10] NUZIR F A, DEWANCKER B J. Understanding the Role of Education Facilities in Sustainable Urban Development: A Case Study of KSRP, Kitakyushu, Japan[J].

Procedia Environmental Sciences，2014，20：632-641.

[11] XU YANG，GAO WEIJUN，QIAN FANYUE，et al. Potential Analysis of the Attention-Based LSTM Model in Ultra-Short-Term Forecasting of Building HVAC Energy Consumption[J]. Frontiers in Energy Research，2021，9：730640.

[12] CHA S，YASUO M. STP Development for Rejuvenation of Declining Industrial City：Kitakyushu，Japan[J]. World Technopolis Review：WTR，2012，1（1）：56-64.

第八章　以节能监测为主要手段的中国绿色校园建设

本章主要对以"节能校园"为核心的中国绿色校园的代表性案例进行探讨。区别于以往的单一案例探讨,在研究过程中引入美国的绿色校园案例作为对照组,使研究结果更清晰地反映"节能建设"对校园可持续建设的影响。基于中美两国的绿色校园发展历程,本章选取了中国绿色校园建设的代表高校浙江大学进行研究。之所以选择浙江大学作为案例,是因为依据中国的绿色校园发展历程与特点,浙江大学是中国绿色校园建设的典型。它不仅代表了中国绿色校园建设的先进水平,其建设成果同时也较好体现了目前中国绿色校园建设过程中广泛应用的节能监管系统的实施效果。

本章分析浙江大学在以"节能"为主导的绿色校园建设中的主要成效与整体校园可持续性的程度。将"节能"与"可持续"结合起来探讨,采用分别代表能耗与可持续度的 G 值和 S 值,这为绿色校园的研究提供了一种新的思路。本章研究对绿色校园进行指标的量化分析,既考虑绿色校园中的能耗问题,也考虑了整个校园的可持续度问题,深入探讨了"节能"对"可持续性"的动力与未来发展影响,旨在优化目前中国的绿色校园发展模式,即在以"节能"为主导的绿色校园建设模式下提出未来的发展策略,明确发展方向与建设的侧重点。同时,也为其他发展中国家的绿色校园建设提供经验,在讲求节能的同时,关注可持续的全面发展,有助于其形成有自身特色的发展模式,进而促进全球绿色校园可持续事业的多样化发展。

本章研究依据 G 值和 S 值分两步进行,对浙江大学分别进行能耗与可持续度的分析(见图 8.1)。

图 8.1　步骤框架

第一步　G值(碳排放值)判定

目前中国的绿色校园发展主要集中在节能监测平台的建设,因此校园的节能成为目前案例(浙江大学)校园建设的重点,各项建设措施围绕节能减排展开。分析 G 值有助于深入了解浙江大学的绿色校园建设成果。G 值分两组进行对比:第一组横向分析 2016 年案例学校与对照组四所学校的 G值,旨在讨论不同绿色校园建设重点下的校园节能情况;第二组纵向分析浙江大学 2004 年到 2017 年的 G 值,由此可了解一系列节能措施下案例学校的建设成效与未来节能潜力。G 值判定中浙江大学的各类能耗数据来自浙江大学 2005 年至 2018 年的年报统计结果,而美国四所高校的能耗数据来自STARS 平台所公开的四所学校的绿色校园评估报告。

第二步　S值(可持续度评价值)判定

校园节能只是绿色校园的一个方面,并不能全面代表绿色校园的建设成果,因此选用 S 值全面分析浙江大学的可持续建设成果。横向对比案例学校与对照组四所学校的 S 值,以分析目前浙江大学可持续校园建设的程度与优劣,进而总结"节能"对校园"可持续性"的动力与发展影响。S 值判定中浙江大学的数据来自本研究团队的调研,依据 STARS 评价方法,采访学校各管理部门,收集相关数据并统计整理。而美国四所高校的 S 值数据来自 STARS 平台所公开的四所学校的绿色校园评估报告。

1. 中国绿色校园发展历程

中国绿色校园由节能型校园发展而来,始于 1994 年,是一个逐步完善的过程。依据概念内涵的不同,可将中国绿色校园发展分为以下三个阶段:

（1）中国绿色校园理念形成阶段

1994 年,《中国 21 世纪议程》①发布,明确提出在教育中要贯彻环境保护和可持续发展理念[1],为"绿色校园"概念的出现打下基础。其中对教育提出贯彻环境保护和可持续发展教育的要求。

1996 年,国家环保局、国家教育委员会、中共中央宣传部联合颁布了《全国环境宣传教育行动纲要(1996—2010 年)》,首次提出"绿色校园"的概念[2]。该行动纲要强调将环保意识和行动贯穿于学校的管理、教育、教学和建设的整体性活动中,引导教师、学生关注环境问题,增强全民族的环境意识。

（2）中国绿色校园初步发展阶段

1998 年,清华大学提出创建"绿色大学"的构想,之后,进一步制定了清华大学《建设"绿色大学"规划纲要》[1]。2001 年,清华大学被国家环保局正式授予"绿色大学"称号,这是中国首个绿色大学[3]。

1999 年清华大学召开"大学绿色教育国际学术研讨会",全球 20 多所大学和机构出席[4]。会议的主题为绿色大学教育的挑战、经验和建设,旨在提高大学对开展绿色教育重要性的认识,掌握"绿色大学"教育的整体思路和方法,并在中国推动"绿色大学"建设工作。

2000 年 5 月,在全国大学绿色教育研讨会上,各高校就绿色教育达成四点共识:

①绿色大学是一种办学理念的转变,其目标是培养具有"绿色思想"的大学生;

②绿色教育的教师应是环境自然科学与人文科学的复合人才;

③应当在高校开设环境类课程;

④教学内容应当包括观念、知识、规范三个层次,教学过程中体现行动、哲学及思维方式的变革[1]。

2006 年,《教育部关于建设节约型学校的通知》(教发〔2006〕3 号)[5]发布,指导节约型校园的建设,开始明确具体的实施方法。

2007 年中国建筑节能专项计划中,作为首个节约型校园示范建设工程,同济大学将绿色生态理念和科技融入校园建设和运行中[1]。

2008 年中国首部《高等学校节约型校园建设管理与技术导则(试行)》(建科〔2008〕89 号)[6]出台,并在全国实施。对节约型校园及相关概念给出了明确

_____

① 1992 年联合国环境与发展大会通过了《21 世纪议程》,中国政府作出了履行《21 世纪议程》等文件的庄严承诺。1994 年 3 月 25 日,《中国 21 世纪议程》经国务院第十六次常务会议审议通过。

的定义，为高校的节约型校园建设提供了技术和理论依据。同年，浙江大学开始全面推广建设"节约型校园建筑节能监管体系"项目，并于当年被住建部列入全国首批12所节约型校园建筑节能监管体系建设示范高校[7]。

2009年，浙江大学节约型校园数字化信息化监管体系初具规模，构建了覆盖四校区的水、电、蒸汽、冷量等能耗在线监测与分析平台[8]。

2010年，在国家相关部委指导下，"全国高校节能联盟"成立。次年，以"节约型校园"示范院校为核心成员的"中国绿色大学联盟"①[1]成立。联盟的宗旨是加强交流，整合资源，共享经验成果，共同为政府提供政策决策支持，为社会提供服务，深化绿色校园建设，引领和推进中国绿色大学的发展[9]。浙江大学节能监管平台实现校园建筑面积50%以上建筑物的实时用能监测[10]。

（3）中国绿色校园内涵的国际化衔接发展阶段

2012年6月，联合国可持续峰会在巴西里约热内卢召开，中国绿色大学联盟与大洋洲、美国、欧洲绿色校园联盟共同组办了"高等教育可持续发展分论坛"。会议期间制定并共同发布了"高等教育可持续发展"全球宣言，揭开了中国绿色校园步入国际化的新篇章[1]。浙江大学建成全国高校唯一的"校园建筑节能信息化示范工程"基本实现校园能耗智能化管理[11]。

2013年浙江大学在国际可持续发展校园联盟大会上，荣获全球可持续发展校园学生创新实践奖[1]，创建了学生社团与学校管理部门协同发展的模式，为绿色校园的组织参与与管理提出了新的可能性。同年，浙江大学获得国际可持续校园联盟颁发的唯一"学生领袖奖"和由国家节能中心评定的"全国节能先进典型TOP100"[12]。

2016年11月，由浙江大学发起，中国40余所高校共同成立了"中国绿色校园社团联盟"。该联盟在绿色领袖训练营、绿色媒体传播和国际交流等领域开展活动，促进校园社团合作交流的同时，完成与政府部门、相关社会企业的有效对接[1]。

2019年10月，中国国家标准《绿色校园评价标准》GB/T 51356—2019开始实行[13]，对校园内已有资源的节约、再生资源的利用或开发、环境保护等性能与措施进行综合评价。中国绿色校园的建设正从节约型校园向各项综合评定的绿色校园转型。

依据中美两国的绿色校园发展历程，从概念形成、实践过程和国际化发展三个角度对其发展的过程进行分析，其各自发展特点如表8.1所示：

---

① 中国绿色大学联盟有8所创始高校：同济大学、天津大学、浙江大学、香港理工大学、华南理工大学、重庆大学、山东建筑大学、江南大学。

表 8.1　中美绿色校园发展历程特点对比

阶段	美国	中国	特点
概念形成	高校自发行动→得到政府认可支持→政府计划	政府文件→高校认识到绿色校园的重要性→高校行动	1. 美国在高校行动方面让学生作为活动主体,中国则是高校机构为主体。 2. 美国高校前期注重环境问题,中国高校前期注重能源问题。
实践过程	首个绿色校园成立→开展研讨会交流经验→建立大学联盟→制定评价体系(STARS)指导建设	首个绿色校园成立→开展交流研讨会→各类文件发布→建立大学联盟→制定评价标准	1. 美国的绿色校园行动多为学校自主组织,自主发起;中国则是由政府发行的文件为推动力进行推广。 2. 双方均是先建设一个绿色校园,再辐射国内其他校园。 3. 双方都成立大学联盟来推动绿色校园建设。
国际化发展	推动 STARS 国际注册→AASHE 发布 SCL	与各国大学联盟建交→浙大获得创新实践奖	1. 美国通过 STARS 面向国际,建立交流平台,以"面"发展;而中国则是通过学校与其他国家交流来步入国际轨道,以"点"发展。 2. 美国已有一套完整评价体系来评估校园建设程度,而中国则是还在探索阶段。

2. 中国绿色校园建设现状

●分类与对象选择

根据目前整个中国绿色校园建设的发展历程,我们大致将中国高校分为两类。一类是中国绿色校园联盟的 8 所创始高校,其绿色校园建设时间长、投入大、成果显著,并获得国家首批示范校园的表彰,可以说它们是目前中国绿色校园建设的先锋,代表了中国的先进水平。而第二类则是参与中国绿色校园建设的一般普通高校,建设时间较短,具有一定的成果,它们代表了中国绿色校园建设的普遍水平。

当然我们的分类还不够细致,未能精确考虑到各高校的特征差异,未来可进行高校的特征聚类分析,以增加样本案例的数量。但就目前的分类下提取两个代表性案例高校进行研究,对了解整个中国高校的绿色校园建设情况与绿色校园建设方法的创新仍具有积极的意义。

因此,对于案例的选取主要考虑以下几点:

①校园基础设施、相应职能部门、学科建设发展完整全面，符合大学的特征要求，有利于研究数据的完整采集；

②研究对象明确，可为一个或多个校区，校园的物理边界明晰，有利于明确评估的范围；

③在绿色校园建设上，已经开始建设推动，并具有一定的建设期与成果，建设特征符合中国绿色校园建设大环境的发展历程；

④案例之间有建设程度的差异，并能分别代表各自类别的建设水平。

案例 1 概况

案例 1 是一所特色鲜明、在海内外有较大影响的综合型、研究型大学。它拥有 5 个校区。其学科涵盖哲学、经济学、法学、教育学、文学、历史学、艺术学、理学、工学、农学、医学、管理学等 12 个门类。截至 2017 年 12 月，有教师 3419 人，全日制在校学生 46666 人，在校留学生（含非学历留学生）4221 人[14]。

在绿色校园建设方面，案例 1 是中国绿色校园联盟发起者与成员之一，在绿色校园建设中取得较好的成绩，尤其在建筑能耗的控制与监管上，建立了校园能耗监管平台，实现了对校园能源、供水系统、集中蒸汽系统、中央空调系统、路灯、可再生能源系统等全方位立体化的实时监测与控制管理。案例 1 代表了中国绿色校园建设的先进水平。

案例 2 概况

案例 2 是一所中国独立院校，只拥有一个校区。该院校占地约 820 亩，其中可用水域面积约 220 亩，总建筑面积 22 万平方米。拥有 36 个本科专业，涉及工、理、文、法、管理、经济、艺术七大学科门类。截至 2017 年 12 月，全日制在校本科生近 7500 人，有 10 个二级学院和 1 个教学部[15]。

作为校舍新搬迁的独立院校，校园基础设施近年内重新建设，很大程度上避免了老校舍基础设施条件有限、绿色改造成本大的弊端。整个校园建设过程中倡导绿色教学，积极开展环境教育。其绿色校园建设发展水平处于中国高校的普遍水平行列中。案例 2 代表了中国绿色校园建设的一般水平。

●建设评估

用 STARS[16]（美国）与中国的《绿色校园评价标准》CSUS/GBC 04—2013[17]两标准分别对两个案例进行评估，并将评估结果分为两组进行讨论。

（1）两标准对案例 1 的评估

采用 CSUS/GBC 04—2013 与 STARS 分别对案例 1 进行评估，以此分析不同标准下的得分情况，可进一步分析出两个标准的评价侧重点。评价结果见表 8.2：

表 8.2 案例 1 的两标准评价结果

大类		子项	得分	总得分	要求得分	等级
CSUS/GBC 04—2013	一般项	规划与可持续发展场地	6(9)	39(58)	3	一星级
		节能与能源利用	7(10)		4	
		节水与水资源利用	2(6)		2	
		节材与材料资源利用	5(8)		3	
		室内环境与污染控制	9(11)		4	
		运行管理	5(6)		2	
		教育推广	5(8)		2	
	优选项	5(16)		5(16)	—	

大类		子项	得分	大类得分	总分	等级
STARS	学术	课程	30.17(40)	43.88(58)	114.95 (203)	银奖
		研究	13.71(18)			
	参与	校园参与	14.85(20)	33.61(42)		
		公共参与	18.76(22)			
	操作	空气 & 气候	0(11)	17.29(71)		
		建筑	0(8)			
		食品	5(7)			
		能源	0(10)			
		场地	2(4)			
		采购	1.5(6)			
		交通	4.17(7)			
		废弃物	2.2(10)			
		水	2.42(8)			
	规划 & 管理	计划 & 管理	8(8)	20.17(32)		
		多样性 & 承受力	6(10)			
		投资 & 资金	3.67(7)			
		健康	2.5(7)			

注:括号内为满分。

评估结果为 STARS 银奖和 CSUS/GBC 04—2013 一星级。首先，案例 1 代表了中国绿色校园建设的先进水平，从最后的结果来看 STARS 的评估更符合预期。CSUS/GBC 04—2013 的评估结果说明其要求整体偏高，评估内容与占比设置不适宜现阶段的中国绿色校园建设情况。依据 CSUS/GBC 04—2013 的评价，目前高校都处于较低等级，不能有效反映各高校的建设差距与细节。

其次，就标准本身评估范围而言，STARS 比 CSUS/GBC 04—2013 更注重校园的软件建设，如绿色的规划管理、社会活动参与、课程教学的可持续等，在整个评价系统中占据比硬件建设更大的比重。而这也恰恰是目前中国高校在绿色校园建设过程中所注重的。

在单个评价指标的设置上，CSUS/GBC 04—2013 的评价内容未结合社会因子及经济因子综合考量。如 CSUS/GBC 04—2013 把绿地率指标及人均公共绿地面积作为评价因子；而 STARS 中对校园绿地率没有明确的指标要求，但强调二氧化碳排放量及温室气体排放清单统计，关注校园减碳行动的社会效益。其次，CSUS/GBC 04—2013 中评价指标是独立单一的，不像 STARS 的评价指标更具复合性，如校园物资的采购，STARS 将生命周期成本分析(LCCA)①纳入采购政策中统一考量。

分析 STARS 的评估结果，得分的缺口主要在"操作"部分(见图 8.2)；而 CSUS/GBC 04—2013 的失分项主要是节水与水资源利用(见图 8.3)。

无论在 STARS 还是 CSUS/GBC 04—2013 中，失分项都集中在建筑、空气、水、材料等方面，尤其在 CSUS/GBC 04—2013 中这些方面都无优选项的得分，说明目前绿色校园的建设在基础硬件设施方面尚处于起步阶段，还有很大的发展空间。

(2)STARS 对两案例的评估

采用 STARS 分别对案例 1 与案例 2 进行评估，以此分析同一标准下两个案例的建设情况，从而进一步了解中国绿色校园建设的现状。评估结果如表 8.3 所示。

---

① 生命周期成本分析 Life Cycle Cost Analysis(LCCA)，评估项目经济的一种方法，主要计算目标项目从立项开始到实施、运行、维护以及后期处理的整个生命周期内的总成本，可据此对项目进行决策。

分值

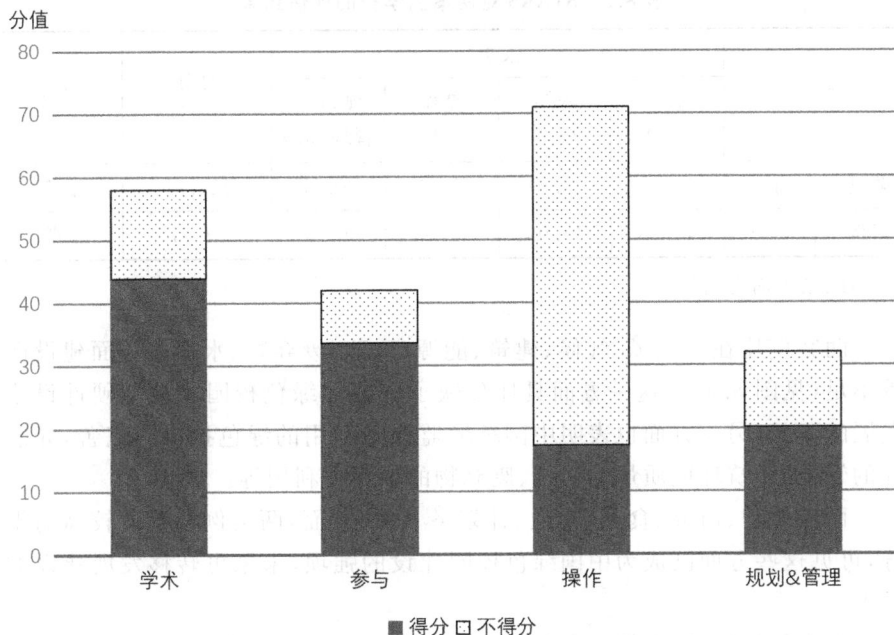

■ 得分 □ 不得分

图 8.2 案例 1 的 STARS 四大类评估分值

项目数量

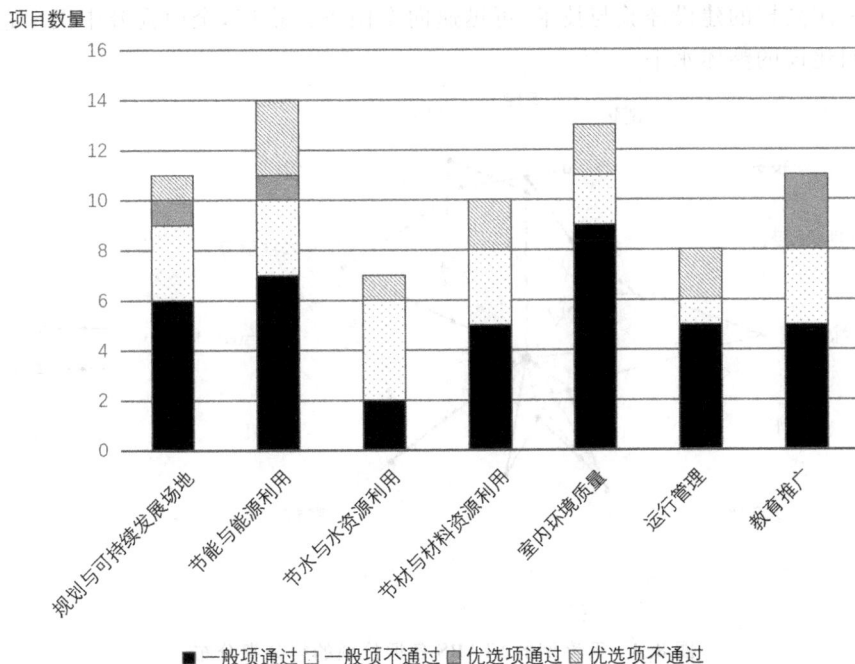

■ 一般项通过 □ 一般项不通过 ▨ 优选项通过 ▨ 优选项不通过

图 8.3 案例 1 的 CSUS/GBC 04—2013 各大类评估分值

表 8.3　STARS 对两案例学校的评估结果

校园		学术 （58）	参与 （42）	操作 （71）	规划 & 管理（32）	总分 （203）	等级
		大类					
案例 1	得分	43.88	33.61	17.29	20.17	114.95	银奖
案例 2	得分	43.68	18.09	11.50	15.5	88.77	铜奖

注：括号内为满分。

　　两案例均在空气 & 气候、建筑、能源、采购、废弃物、水这些方面建设严重不足（见图 8.4）。这一方面具体反映了中国在绿色校园建设上硬件设施发展的不足，另一方面也表明中国环境监控与利用的绿色技术不完善，如能耗的管控、建筑环境质量的监控、废弃物的循环再利用等。

　　而在课程、研究、食品、交通、计划 & 管理方面，两案例都取得较高的得分，可见这些方面已成为中国绿色校园建设的强项，未来可转移发展建设的重点。

　　两案例相比较，案例 1 在参与、场地、健康、投资 & 资金方面明显优于案例 2。这些方面可作为中国绿色校园建设第二阶段重点建设的内容，借鉴国内一流高校的建设经验与技术，可迅速向全国进行推广，全面提升中国绿色校园建设的整体水平。

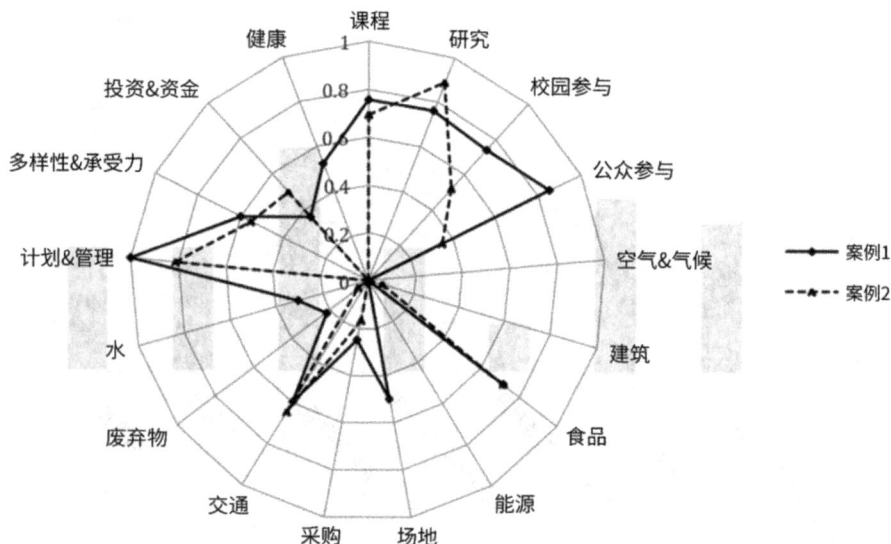

图 8.4　两案例的 STARS 各评价项的得分率分布

与此同时，在对两案例的调研过程中发现，教员与学生对绿色校园建设不太了解。这主要表现在两个方面：一是对绿色校园所涉及的内涵范畴不了解；二是对学校开展的绿色校园建设活动不了解。原因在于目前中国的绿色校园建设多停留在政策层面，是学校某几个部门来完成，缺乏教员、学生、社会的共同参与。可见中国目前的绿色校园标准缺少一定的公众参与机制，未来应将标准应用涉及校园的每一个使用者，鼓励公众参与，建立反馈机制，调动各方积极性。

●评估结论

本章采用了两个中国代表性实例进行标准的对比评估研究。研究基于评估的系统数据，能较全面客观地评价中国绿色校园建设的整体水平与不足。这为未来的绿色校园建设提供了新的方法，在全球绿色校园研究发展的现阶段，为落实建设提供了新的研究思路。与此同时，就中国绿色校园建设而言，本章提出了未来的改善策略与针对目前评价标准的优化建议，这都将积极有效地推动中国绿色校园建设的良性发展。

根据评估结果可知，目前中国绿色校园建设仍处于初步建设阶段，整体建设水平薄弱。国内一部分一流高校引领整个绿色校园的建设，其建设程度初步达到世界中等水平。校园建设偏重软件建设，在基础设施、环境友好利用等硬件建设上严重不足，可作为未来大力发展与努力的方向。基于目前的建设现状与发展积累，中国绿色校园建设下一阶段可在高校的参与度、员工关怀与投资这三个方面进行全面的推广建设。同时，一流高校可结合自身的科研优势，在环境监控、绿色建筑营建、可再生能源利用、废弃物再循环与水资源再利用上积极探索。

中国的绿色校园评价标准（CSUS/GBC 04—2013），主要问题在于建筑环境因子比重过高，未结合社会因子及经济因子综合考量，评价侧重设计与建设阶段，评估局限在特定时期。未来的绿色校园的建设应以评价标准为导向，既对校园进行合理有效的节能改造与能源审计，减少学校能耗，又从校园规划、生活服务、绿色生态教育出发，坚持可持续发展和生态建设的原则，将绿色校园的理念加以推行。

然而，目前研究主要集中在将 STARS 与相关标准进行比较上，针对STARS 标准的研究还略显不足，未来可进一步拓展标准的研究与讨论范围，取长补短，并结合国情总结出系统的改善建议。另外，后续可细化每一条国标的评价指标，结合相关专业的研究，考量每条评价指标的合理性，量化评价参数。如此，可直接优化新版国标的编制。

3. 关于浙江大学与四所美国大学

本章一共选择五所大学作为研究案例，分别为中国的浙江大学、美国的科罗拉多州立大学、斯坦福大学、加州大学尔湾分校和新罕布什尔大学。

●研究案例

浙江大学是一所特色鲜明、在海内外有较大影响的综合型、研究型大学。学校与时俱进的教育思想，引领其教育教学模式改革始终走在全国高校前列。丰富的校园文化、先进的教学设施和广泛的国际交流为学生成长创造了优越条件。它拥有 5 个校区。其学科涵盖哲学、经济学、法学、教育学、文学、历史学、艺术学、理学、工学、农学、医学、管理学等 12 个门类。学校设有 7 个学部、37 个学院(系)，拥有一级学科国家重点学科 14 个、二级学科国家重点学科 21 个[18]。

作为"中国高校节能联盟"的第一副理事长单位[10]、"中国绿色大学联盟"的核心成员之一，浙江大学是中国绿色校园建设的典型代表。它从多个方面对绿色校园的建设采取了一系列措施，并取得了一定的成效，尤其在校园节能方面取得了突出的成果(见表 8.4)。

表 8.4　浙江大学绿色校园建设主要成效[19]

项目	具体措施	成果
能源利用管理	构建校园建筑节能监管平台(能耗统计、能耗实施监测、能效评估、监测预警)。	减少不合理漏电现象；制定不同类型建筑分享能耗指标。
节电	改造水电基础设施，公共场所安装远红外智能控制开关。	公共场所节电率在 20% 左右。
可再生能源利用	采用太阳能、能源塔热泵等高效用能设备。	清洁可再生能源使用量约 6 万千瓦时(占总能耗 0.05%)。
水资源利用管理	供水管网改造，合理配备表计，卫生间高耗水设备改造。	实现用水量节约 54.4%。

续 表

项目	具体措施	成果
供热节能	供热管网布局优化与节能改造。	食堂节能率达到 28.9%，学生公寓热水节能率达到 73%。
废弃物	总废弃物处理量约 9000 吨。	总废弃物处理量增至约 10000 吨。
交通运输	提供免费或降价通勤，提供免费校园班车。通过学校附近公寓房价优惠鼓励员工就近居住。	师生绿色出行比例高，符合 A-H 燃料和动力类型的车辆占 0.6%。
可持续性的培训	举办节能管理知识培训之类的培训活动。	节能知识的普及。

●参照对比案例

虽然本章是针对浙江大学的案例研究，但为了分析其在节能与可持续度方面的成效，需要设置不同发展模式下的对照组，以求客观而全面地探讨"节能"与"可持续度"的相互影响。因此，选取科罗拉多州立大学、斯坦福大学、加州大学尔湾分校和新罕布什尔大学这四所美国高校作为对比案例。这四校是由 STARS 评估的目前仅有的铂金级美国高校，是美国绿色校园建设的典型，代表了美国绿色校园建设的最高水平。

科罗拉多州立大学（Colorado State University）于 1870 年建校，占地5000 英亩，截至 2021 年在校生共 31256 人，拥有先进的教学与研究设施以及雄厚的师资力量，是美国著名的公立大学之一[20]。其 STARS 评分为2.1[21]。

斯坦福大学基本情况见第六章，其 STARS 评分为 2.2[21]。

加州大学尔湾分校（University of California，Irvine）成立于 1965 年，截至 2021 年在校生共 37243 人，学生综合满意程度为 93%，是加州大学系统综合实力最强的分校之一，也是世界较领先的研究型公立大学之一[22]。其STARS 评分为 2.2[21]。

新罕布什尔大学（University of New Hampshire）创办于 1866 年，主校区占地面积共 2600 英亩，在校生约 13000 人，开设的专业几乎涵盖所有领域，是北美排名前五十的公立大学之一[23]。其 STARS 评分为 2.2[21]。

4. 评价因子

●单位调整面积温室气体排放量（G 值）

在绿色校园的建设过程中，无论是建筑设施运行的耗能耗水，还是可持续教育与管理方式的倡导，最终都会对环境产生不同程度的影响[24]。各种行为模式的实质是其与环境的交互过程[25]，从环境影响程度来判断绿色校园的建设程度虽然不是完全等价，但它基本能反映绿色校园环境友好的整体情况。

由于中国的绿色校园建设从节能型校园发展而来，一直以来的建设重点在于校园能耗的节约与监测[26]，而温室气体的排放不仅包含校园的直接用能，也包含间接用能与新能源的采用，因此单位调整面积温室气体排放量（G 值）这一指标将作为因子之一进行具体分析。G 值直接反映了校园节能的建设成效。

此处采用的温室气体排放量的统计主要包含两种范围的排放。

范围 1，指该机构的直接温室气体排放。其排放源包括（i）在固定位置（如锅炉、燃烧器、加热器、熔炉、焚化炉）燃烧燃料以产生电、蒸汽、热量或用电设备；（ii）机构所有的交通工具和其他运输设备的燃烧燃料[27]。

范围 2，指该机构范围内进行的生产活动中间接产生的温室气体排放。其排放源包括购电、购热、购冷、购气[27]。

单位面积调整用能强度是一个调整该计算对象实际建筑面积的数字，以解释不同类型建筑空间之间能源使用强度（EUI）的显著差异[28]。

本章中设定 G 值即为单位调整面积的温室气体排放量：GHG Emission/EUI-adjusted。

其中的温室气体排放量为调整后的净范围 1 和 2 的总温室气体排放量（GHG Emission）。学校在温室气体排放的过程中会产生碳抵消和通过REC、GO① 购买导致的减排，因此在计算校园温室气体排放量时需要进行一定的加减[29]。

---

① REC 为北美可再生能源证书，GO 为欧盟来源担保证书。两者皆为绿证，也称绿色标签、可再生能源信用证、可再生电力证书、可交易可再生能源证书，是国际电力交易市场中证明和交易可再生能源环境属性的凭证。

调整后的净范围 1 和 2 GHG Emission＝｛[A＋(B－C)]－(D＋E＋F＋G－H)｝

A＝总范围 1 温室气体排放量(MtCO₂ e)[①]

B＝总范围 2 温室气体排放量(MtCO₂ e)

C＝REC、GO 采购的排放减少量(MtCO₂ e)

D＝机构催化产生的碳抵消(MtCO₂ e)

E＝碳封存[②](MtCO₂ e)

F＝现场堆肥的碳储存量(MtCO₂ e)

G＝购买的经第三方验证的碳抵消(MtCO₂ e)

H＝已经出售或转让减排的碳抵消(MtCO₂ e)

研究中采用的面积为 EUI-adjusted。对于校园建筑来说，能源的使用并非都是一样的，而是会因为不同的使用功能而相差巨大，如实验室、医疗空间会比一般的办公室、教室更耗能。因此，在计算校园用能建筑面积时应加以区分，考虑其耗能权重。

单位面积 EUI-adjusted＝｛A＋[2×(B＋C)]＋D｝

A＝建筑面积(m²)

B＝实验室面积(m²)

C＝医疗空间面积(m²)

D＝其他能源密集型空间面积(m²)

"其他能源密集型空间"是与实验室和医疗空间分开的，它可能包括数据中心、食品生产空间、便利店和其他设施，或已确定其平均能源使用强度(EUI)至少为办公行政空间两倍的空间[16]。

●可持续度(S 值)

另一个因子为可持续度(S 值)。S 值是 STARS(The Sustainability Tracking, Assessment & Rating System)校园综合可持续发展程度的评价值。

STARS 是源自北美的绿色校园评价系统，它由北美 AASHE 研发，并不断更新完善。STARS 是一个针对校园可持续程度的开放的评价框架，供高校衡量其可持续发展的建设情况[16]。全球高校可在 STARS 平台上共享各自的绿色校园建设数据，交流全球的绿色校园建设经验。分析中国与美

---

① 二氧化碳当量(MtCO₂ e)，指一种用作比较不同温室气体排放的量度单位。

② 碳封存指以捕获碳并安全存储的方式来取代直接向大气中排放 CO₂ 的技术。

国的绿色校园发展特征差异,相较于中国注重校园的节能建设,美国的绿色校园各方面发展更为均衡,更符合可持续的内涵实质。因此,选用STARS来对案例进行评估。S值较为全面与客观地反映了校园的可持续建设程度。

根据STARS的整体评估框架,S值的计算分为学术、活动参与、运营操作与制度计划管理四个大类,17类子项,每个子项对应若干评价指标,一共70个指标,每个指标有相应分值,此外还有4分创新分[29]。各高校根据自身情况,对其各项建设的完成度进行评价打分,最终得分即为S值。

5. G值评价分析

依据浙江大学年报中各类能耗的统计结果,经过计算,2016年浙江大学的G值为0.019163($MtCO_2/m^2$),大幅度低于四所美国高校。四校中G值最小的是新罕布什尔大学,为0.030679($MtCO_2/m^2$)(见表8.5)。说明中国的浙江大学在减少校园能耗方面做得较好,推行的节能监测平台建设效果显著。

表8.5 2016年中美五所高校G值统计表

大学类别	名称	温室气体排放量（$MtCO_2$）	单位面积调整用能强度（m^2）	G值（$MtCO_2/m^2$）
案例大学	浙江大学	76649.990	3999812	0.019163
对照组大学	科罗拉多州立大学	168702.90	1390652.97	0.121312
	斯坦福大学	99643.75	1891514.72	0.052679
	新罕布什尔大学	22179.20	722925.28	0.030679
	加州大学尔湾分校	71463	1508772.40	0.047364

中国在进行绿色校园建设时主要围绕深化节约型校园建设而开展。自2008年起,浙江大学开始全面推广建设"节约型校园建筑节能监管体系"项目,并逐渐构建节约型校园数字化信息化监管体系,构建了覆盖四校区的水、电、蒸汽、冷量等能耗在线监测与分析平台[8]。可见节能监管平台其监管合理用电所发挥的节能效果,使得学校的温室气体排放量得到控制。

虽然四所美国高校也都对建筑的能耗进行了干预,但采取的措施主要为对不符合要求的旧建筑进行部分翻新和按照绿色建筑委员会(GBC)建立的设计和施工评级系统建造新的建筑[30]。但四所美国高校仍存在大量未按照评级系统新建和翻新的校园建筑，因此四所美国高校的温室气体排放量相对于浙江大学仍都较高。

从 2003 年开始，浙江大学启用新校区。因此，对浙江大学 2004 年至 2017 年的 G 值进行统计。发现 2004 年到 2011 年，随着学校建筑面积不断增加，总耗能也大幅度上升，G 值呈现逐年上升趋势。主要原因在于校园的扩张，导致建筑（用能面积）增加的同时，用能也增加，其中包含大量非清洁能源的使用、粗放型的用能模式与用能习惯和建设施工的能源消耗。对数据进行回归分析，其发展趋势可近似看作线性关系（见图 8.5）。按照该模型显示，G 值将以年均 0.0027 $MtCO_2/m^2$ 左右的速率增长。大量增加的温室气体排放逐年加大对环境的影响。

GHG Emissions Per EUI-adjusted Floor Area ($MtCO_2/m^2$)

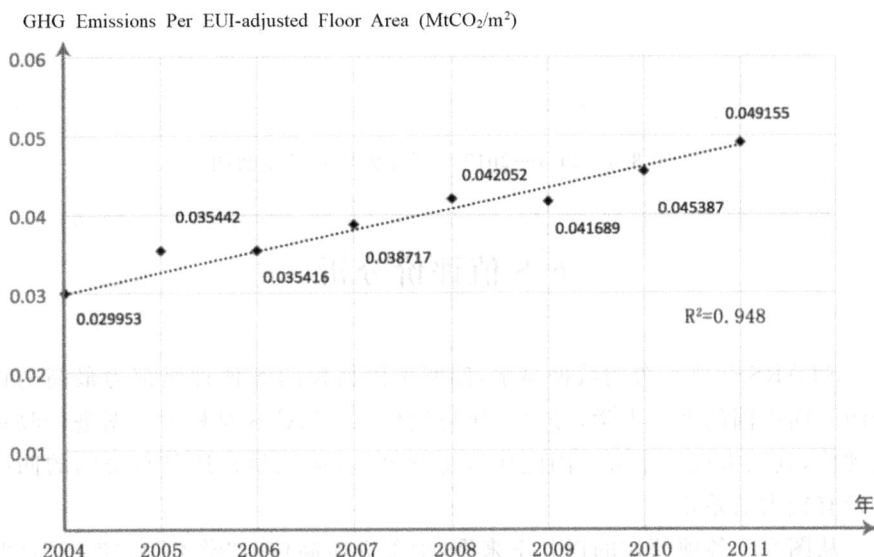

图 8.5　2004—2011 年浙江大学 G 值走势图

在新校园继续建设的同时，2011 年浙江大学基本建设完成节能监管平台，成为中国高校唯一的"校园建筑节能信息化示范工程"，基本实现校园能耗智能化管理，累计完成 140 多万平方米建筑物用能和所有建筑物用水实时监测，以及部分用能系统智能控制[11]。从 2011 年开始，G 值开始逐年下降（如图 8.6）。从图上数据来看，2011 年到 2014 年节能监测平台的建设对节能减排起到了巨大的作用。2014 年后 G 值基本趋于稳定，控制在 0.02 $MtCO_2/m^2$ 左右。2017 年相比 2016 年 G 值有所上升，2016 年很有可能成为目前的最低值。

GHG Emissions Per EUI-adjusted Floor Area (MtCO$_2$/m^2)

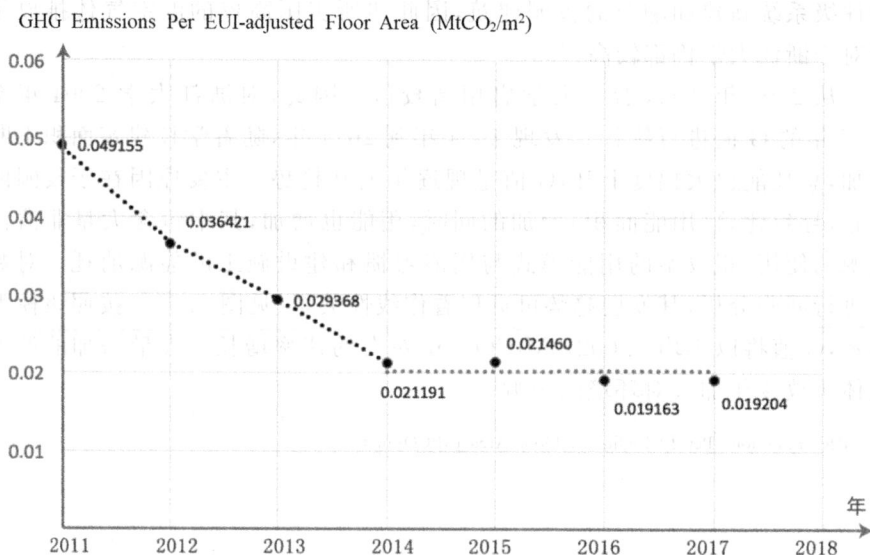

图 8.6　2011—2017 年浙江大学 G 值走势图

6. S 值评价分析

　　STARS 开放平台的数据显示，四所美国高校的 S 值评级都为最高的铂金级。而中国的浙江大学，经过本研究组依照 STARS 对相关数据进行收集与评价，其结果仅为银级。因此在可持续度上，案例学校还是与美国的四所学校有较大的差距。

　　从图 8.7 各项评估的得分率来看，中美五所高校在"学术"和"参与"这两个大项上的得分率都相对较高，而在"操作"和"规划 & 管理"这两大项中各个小项的得分率较低。说明目前五所高校的绿色校园建设优势均在可持续课程和研究上，同时积极开展了各类依托校园、深入当地社区与社会的可持续活动，但是在校园各类设施的建设与相关可持续技术的研发与应用上仍有很大的提升空间[31]。因此，通过推动校园各类设施建设和相关技术研发来促进绿色校园的整体建设，为未来发展的重点。

　　5 所大学 S 值的 17 个子项得分率如图 8.8 所示。可见浙江大学在大部分子项上的得分率都明显低于四所美国高校。案例高校的绿色校园整体可持续程度相较于美国高校仍有一定差距，且各方面发展不均衡。

　　四个大类中"操作"由空气 & 气候、建筑、能源、食品、场地、采购、交通、

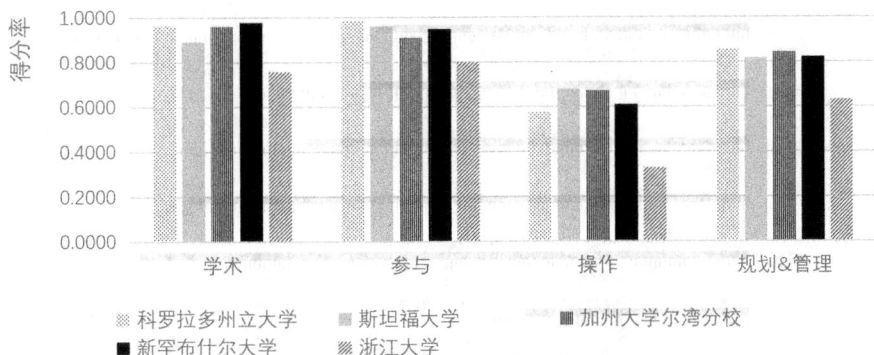

图 8.7　中美五所高校 S 值四大类得分率统计图

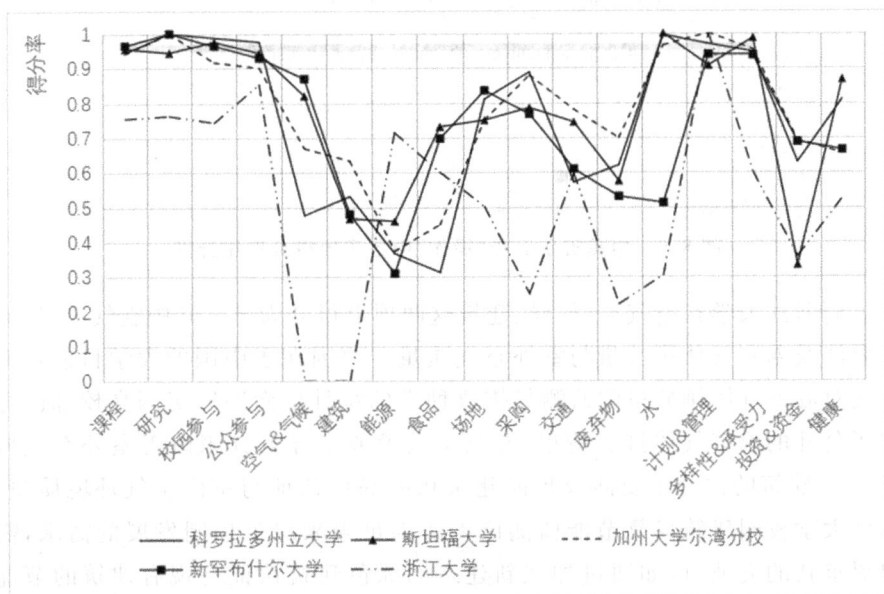

图 8.8　中美五所高校 S 值 17 项得分率统计图

废弃物、水 9 个子项构成。其中浙江大学只在食品上的得分率高于四所美国高校(见图 8.9)。在食品这一子项上,由于中国有相关国家标准的强制性规定,实施操作比较简单,浙江大学的得分率较高。而四所美国高校在第三方认证食品上的支出都偏低,直接导致他们该项得分率偏低。在绿色校园建设的过程中,要针对食品性质制定相关强制性标准,通过政策来保证食品的合理采购[32]。

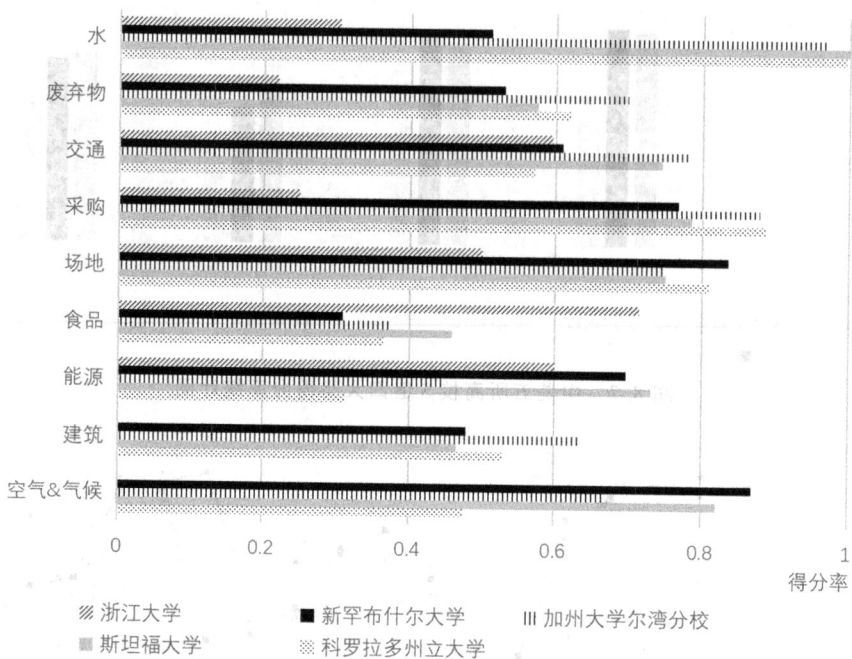

图 8.9　中美五所高校"操作"中各子项得分率统计图

　　而浙江大学在空气 & 气候、建筑这两项上得分为零。其中空气 & 气候主要涉及温室气体排放量与室外空气质量。原因在于中国的大学目前普遍缺乏对温室气体排放量的监测与排放种类的统计。而四所美国高校都已建立了公开的温室气体排放清单，并制定政策或指导方针来改善室外空气质量[33]。建筑的评分主要涉及校园建筑物的绿色认证与室内空气环境质量。浙江大学校园建筑仅靠节能监测已无法满足未来绿色校园发展的需求，需要寻求新的突破口，如通过加强新建筑的绿色建筑认证与现有建筑的节能改造。而四所美国高校都已按照 GBC（绿色建筑委员会）的设计和施工评级系统的要求进行建筑翻新和新建，并根据已公布的 IAQ（室内空气质量）管理政策①，对所有未经 GBC 认证的建筑空间进行维护[16]。

　　目前案例高校的可持续发展仍停留在节能层面，手段主要为规范用能、减少不必要的浪费，并非主动通过技术的革新来真正降低能耗。而美国高校的绿色校园建设则以校园建筑为突破口，不断完善与扩展其建设服务的

---

　　①　室内空气质量 Indoor Air Quality（IAQ），即一定时间和一定区域内，空气中所含有的各项检测物达到一个恒定不变的检测值，是用来指示环境健康和宜居性的重要指标。

范畴,强调各方面均衡发展。

7. 小　结

为了研究绿色校园建设中"节能"对校园可持续发展的影响,并为日后的绿色校园建设提供针对性的科学依据,本章基于中美两国绿色校园的发展特征,选取分别代表能耗与可持续度的 G 值和 S 值,对中国绿色校园的典型代表案例,进行了指标的量化分析。同时,设置对照组美国高校,研究得出以下几点结论:

(1)2016 年中国浙江大学的 G 值为 0.019163($MtCO_2/m^2$),大幅度低于其他四所美国高校。其中 G 值最大的是美国的科罗拉多州立大学,为 0.121312($MtCO_2/m^2$)。说明中国高校推行的节能监测平台建设节能效果显著。

(2)在 2004 年到 2011 年期间,浙江大学的 G 值呈现逐年上升趋势。2011 起,由于积极开展节能监管系统的平台建设,其 G 值开始显著下降。中国的节能监管系统的政策推广与落实对校园节能起到积极促进作用。而从2014 年到 2017 年,数据基本稳定维持在 $0.02MtCO_2/m^2$。随着学校发展建设带来的用能需求增大,后续数据有反弹上升的趋势。虽然该政策目前仍具有较大的节能效果,但未来发展不容乐观,发展潜力不足。

(3)虽然同为各自国家绿色校园建设的典型代表,浙江大学的 S 值明显低于美国的四所高校且仅为银级。同时,在可持续度的四大类得分上,浙江大学的 S 值均低于四所美国高校。可见中国案例高校目前的校园整体可持续程度与对照组美国高校存在较大的差距。

(4)根据案例大学的 S 值,中美绿色校园建设的各范畴发展不均衡。浙江大学的 S 值 17 个子项中两个为零分,说明其在校园建筑、室内外空气质量方面与美国大学差距较大,是未来发展的重点。而就中美两国乃至全球的绿色校园而言,废弃物管理及利用、雨水再利用、新能源使用等方面是未来建设的核心。

基于本章的研究结论,针对浙江大学,乃至全中国的大学及政府提出几点绿色校园的未来建设设想:

(1)校园节能建设对校园可持续度的提升有重大的推动作用,但绿色校园建设若单单依靠节能监管系统的推行,未来发展前景不佳。以浙江大学为代表的一批中国大学,未来需要在依托当前建设成果的基础上,制定新的政策,拓展监管系统的技术应用方向,落实具体节能技术的革新与应用。

(2)随着全球绿色校园可持续内涵与建设要求的不断发展,绿色校园的建设应建立整体的可持续发展观念。尤其在政策的制定上,政府及相关部门应予以细化和各方面统筹考虑。前期发展可基于国情与学校自身特征,着重发展各大学优势项目,以形成针对各大学自身绿色校园建设的突破口;随着优势项目的形成与不断完善,及时将优势进行转化,带动自身弱势与难点项目的发展。

(3)节能是整个绿色校园中重要的一环,但校园的可持续不应停留在节能层面。校园的可持续应物理设施建设与可持续管理规划建设并重,这为未来绿色校园建设政策的制定明确了方向。对于未来绿色校园的建设来说,校园建筑、水资源的利用、废弃物处理和校园可持续投资已成为未来可持续发展的重点建设对象。

参考文献

[1] 陆敏艳,陈淑琴.中国高校绿色校园建设历程及发展特征[J].世界环境,2017(04):36-43.

[2] 詹嘉宇,王浩,石莹莹,等.浅析我国高校绿色校园建设之途径[J].四川环境,2021,40(04):270-274.

[3] 樊颖颖,梁立军.中国"绿色大学"研究进展及其分析[J].南京林业大学学报(人文社会科学版),2012,12(02):56-60.

[4] 张文雪,梁立军,胡洪营.清华大学绿色教育体系构建与实践[J].环境教育,2009(05):39-41.

[5] 贾海荣.加强学校固定资产管理促进节约型学校建设[J].中国现代教育装备,2010(14):87-90.

[6] 李开儒.浅谈高校节约型校园建设中的规划设计策略[J].建筑经济,2012(01):74-76.

[7] 浙江大学.浙江大学年鉴[EB/OL].(2009)[2022-06-10].https://www.zju.edu.cn/_upload/article/files/2e/47/d280165e4f57ad5121e94f788f78/2e3f6854-2a4f-481d-b642-3aea65ae1875.pdf.

[8] 浙江大学.浙江大学年鉴[EB/OL].(2010)[2022-06-10].https://www.zju.edu.cn/_upload/article/files/e8/09/9683c7e34982be168fd89b489b1d/88199790-b5ce-4cae-8833-e91b854a7160.pdf

[9] 谭洪卫.中国绿色大学联盟:促进绿色校园建设[J].建设科技,2013(12):12-15.

[10] 浙江大学.浙江大学年鉴[EB/OL].(2011)[2022-06-10].https://www.zju.edu.cn/_upload/article/files/d4/33/d24007384ab296cd3c60c052d74f/34db6da7-c9a9-4f08-811f-17651acb0911.pdf.

[11] 浙江大学. 浙江大学年鉴[EB/OL]. (2013)[2022-06-10]. https://www. zju. edu. cn/_ upload/article/files/9c/c8/fa619f694b93b9eb8e83dd06150f/a3c7e148-a589-48bd-b0c6-1934ee2efb24. pdf.

[12] 浙江大学. 浙江大学年鉴[EB/OL]. (2014)[2022-06-10]. https://www. zju. edu. cn/_ upload/article/files/82/9b/618a125445b6a395bb7edd7cdc69/52895017-38e7-4273-a908-3dd21b1014d5. pdf.

[13] 绿色校园评价标准 GB/T 51356—2019[S]. 北京:中华人民共和国住房和城乡建设部,2019.

[14] 浙江大学[EB/OL]. (2018)[2022-06-11]. https://www. zju. edu. cn/.

[15] 浙江工业大学之江学院[EB/OL]. (2018)[2022-06-11]. https://www. zzjc. edu. cn/.

[16] AASHE. The sustainability tracking, assessment and rating system[EB/OL]. (2019)[2022-06-13]. https://stars. aashe. org/.

[17] 绿色校园评价标准 CSUS/GBC 04—2013[S]. 北京:中华人民共和国住房和城乡建设部,2013.

[18] 浙江大学. 学校概况[EB/OL]. (2014)[2022-06-13]. https://www. zju. edu. cn/512/list. htm.

[19] 朱笔峰. 中美绿色校园标准比较及案例评估与优化研究[D]. 杭州:浙江大学,2016.

[20] Colorado State University[EB/OL]. (2021)[2022-06-13]. https://www. colostate. edu/.

[21] STARS. STARS Participants & Reports[EB/OL]. (2021)[2022-06-13]. https://reports. aashe. org/institutions/participants-and-reports/? sort=-date_expiration.

[22] University of California, Irvine[EB/OL]. (2021)[2022-06-13]. https://uci. edu/.

[23] University of New Hampshire[EB/OL]. (2021)[2022-06-13]. https://www. unh. edu/.

[24] 黄锴强,徐水太. 我国绿色校园发展方向研究[J]. 建设科技,2019(15):66-69,75.

[25] 郝琦,金畅,魏扣. 虚拟团队成员知识分享行为影响机制:个人与环境交互视角[J]. 科技进步与对策,2019,36(07):138-144.

[26] 王丽丽. 后勤数字化在节约型校园建设中的作用——浅议天津科技大学能耗监测管理平台建设[J]. 中国轻工教育,2010(06):58-60.

[27] 世界可持续发展工商理事会,世界资源研究所. 温室气体核算体系:企业核算与报告标准(修订版)[M]. 北京:经济科学出版社,2019.

[28] Energy STAR[EB/OL]. (2018)[2022-06-17]. https://www. energystar. gov/.

[29] AASHE, STARS. History[EB/OL]. (2014)[2022-06-17]. https://stars. aashe. org/about-stars/history/.

[30] 高云庭. 美国绿色建筑评价系统研究[J]. 西部皮革,2019,41(13):106.

[31] 周娅娜,王旭峰. 绿色校园实践模型探析:以耶鲁大学为例[J]. 住区,2019(05):153-159.

[32] 郝紫光.高校食品安全管理体系现状与对策研究[D].天津：天津大学,2016.

[33] 韩延伦.美国高校建设"绿色大学"的经验及启示[J].大学(学术版),2011(03)：
66-72.

启示 & 构想

第九章 美国 STARS 在中国应用的适宜性

目前中国的绿色校园评价标准尚有许多值得探讨的地方。同时标准的制定也需要学习其他国家,尤其是北美较为成熟的评价系统。STARS 的引入一方面无疑将对中国的绿色校园标准及绿色校园建设产生重要的积极影响;而另一方面,STARS 是源自北美的绿色校园评价系统,因国情不同,可能会产生不适宜的情况。因此,STARS 的引入不能直接整个照搬,而应进行相关适宜性研究,明确各评价范畴哪些可直接采用,哪些需要删除与调整。本章主要对评价系统应用的适宜性进行探讨。区别于分析各国家标准或其他评价系统优劣的研究,即探讨系统本身的内容与评价模式,本章关注评价系统应用方面的问题,即探讨评价系统与评价对象之间的关系与适宜程度。这个问题非常重要,直接关系到系统应用的效果,但同时又往往容易被忽视。

本章主要围绕 STARS 绿色校园评价系统展开,研究 STARS 在中国绿色校园建设的适宜性。以中国某代表性校园为评价实例,通过建设的可持续度评价与基于需求端的校园使用者满意度测评,建立适宜性二维坐标评价系,确定 STARS 的 17 个评价范畴在中国绿色校园应用的适宜性。本章旨在为绿色校园评价标准的更新与完善提供一定的研究思路,提出标准适宜性研究的重要性,即通过代表性案例的测评,在充分考虑国情与应用的适宜性问题的基础上,再针对性提出未来绿色校园发展的建议。

可持续绿色发展已经成为这个时代的要求,而高校是生产发展的核心力量,建设绿色校园是推进生态文明建设和倡导绿色发展理念的重要举措。如何较好地秉承可持续理念,开展符合各国国情的绿色校园规划与建设活动,已成为目前全球共同关心的问题。

目前国外绿色校园的规划建设已较为成熟。20 世纪 90 年代,全球 20 所著名大学校长在法国塔罗利举行的"大学在环境管理与可持续发展的角色"国际研讨会上提出了《塔罗利宣言》[1][2],开启了全球绿色校园建设之路。

其后，美国率先提出"绿色大学计划"[3]。其中哈佛大学发出了"哈佛大学绿色校园倡议"，提出在校园建设落实可持续发展战略的同时，鼓励在全校范围内开展环境满意度调查和管理制度的学习[4]。这使得绿色校园的建设不仅仅局限于校园硬件设施建设，更关注教育教学的可持续化与对校园师生的人文关怀。2014年，基于全球对绿色校园可持续理念的共识与长期以来的建设经验积累，由北美可持续发展大学联盟（AASHE）编制了北美的可持续校园评价系统（STARS），该系统目前已在全球多个国家的大学被广泛使用[5]，帮助各学校建立并完善自身的绿色校园建设。

而自1993年颁布《中国21世纪议程》开始，中国的绿色校园建设明确对教育实施可持续战略提出了要求[1]，标志着可持续的建设理念深入校园。1996年多部委联合颁布的《全国环境宣传教育行动纲要（1996—2010年）》，提出到2000年在全国逐步开展创建"绿色学校"活动[30]，至此中国的绿色校园建设拉开序幕。1998年，清华大学首次提出《建设"绿色大学"规划纲要》[8]。这是中国首部指导绿色校园建设的规范性文件。随后于2008年、2009年先后出台的《高等学校节约型校园建设管理与技术导则（试行）》、《高等学校校园设施节能运行管理办法》与《高等学校校园建筑节能监管系统运行管理技术导则》[1]，作为绿色校园建设的具体实施指导性文件，更注重校园的节能减排措施。直到2013年，由中国城市科学研究会绿色建筑与节能专业委员会与同济大学等单位在《绿色建筑评价标准》GB/T 50378—2006[9]的基础上制定的《绿色校园评价标准》CSUS/GBC 04—2013[10]出台，对校园的可持续理念进行了一定的扩充，突破了注重节能的局限，并以此作为绿色校园评价国家标准的先行版。2019年10月，正式出台了中国的绿色校园评价国家标准[42]。中国的绿色校园从节能型校园发展而来，其技术标准多围绕"节能"展开，导致整个绿色校园内涵比较狭隘；建设自上而下的政策性强，公共参与度低；建设标准与技术规范发展迟缓。

1. 适宜性的评价方法

本章在研究方法上采用模糊综合评价法，应用于案例学校的绿色校园满意度测评。该方法体现了可持续发展以人为本的核心理念，契合研究主旨，因此选用。同时，在采用模糊综合评价法测评的基础上，研究方法有创新与延伸：将满意度测评结果与STARS评价结果进行比较，建立了适宜性二维评价坐标系。将原本一维的满意度测评值变成二维的满意度—可持续度测评值,使得结果更加科学与直观。该方法也可进一步变形应用于其他类似的研究,具有一定的推广应用价值。

●模糊综合评价

模糊综合评价法是基于模糊数学的一种综合评判方法。以模糊数学的隶属度理论把定性评价转化为定量评价,即用模糊数学对受到多种因素制约的事物或对象做出一个总体的评价[12]。本章就是利用模糊综合评价法的这个优点,来定量用户的满意度,对受诸多因素影响的绿色校园建设情况进行总体满意度的评价。

首先,建立能影响研究对象的评价因素集 U 和评判集 V,将汇总的评判信息依据隶属程度进行数量化的表达,从而得到相对于评判集 V 的模糊向量与模糊关系矩阵 R。然后计算模糊综合评价集 B,B=W×R(W 为权重向量)。最后去模糊值,算出评价对象的综合评价分数 E,E=B×H(H 为测量标度)[13]。

满意度评价采用问卷形式收集数据。问卷设计从重要性与满意度两方面进行测评。重要性方面,受访者需要先对指标层 4 个指标进行重要性排序,然后再分别对各指标内的各因子进行排序。满意度方面,受访者则依次对 17 个评价因子进行建设满意度评价,满意度采用李克特 5 级量表法①,1~5 分别代表非常不满意、不满意、一般、满意和非常满意。可通过计算各因子权重与满意度得分,了解评价系统内各因子满意度与总体满意度情况。

对基于使用者需求的高校可持续校园建设的评价体系,本章共设置三级:目标层、指标层和因子层。目标层为使用者总体满意度。二级指标层为学术、参与、操作、规划 & 管理。三级因子层为每个指标层所对应的若干评价因子(见表 9.1)。

---

① 李克特量表(Likert scale)是评分加总式量表中最常用的一种,由一组陈述组成,每一陈述有"非常同意"、"同意"、"不一定"、"不同意"、"非常不同意"五种回答,分别记为 5、4、3、2、1。每个被调查者的态度总分就是他对各道题的回答所得分数的加总,这一总分可说明他的态度强弱或他在这一量表上的不同状态。

表 9.1 可持续校园建设满意度评价表

指标	因子	因子编号
学术（A）	课程	A1
	研究	A2
参与（E）	校园参与	E1
	公共参与	E2
操作（O）	空气 & 气候	O1
	建筑	O2
	能源	O3
	食品	O4
	场地	O5
	采购	O6
	交通	O7
	废弃物	O8
	水	O9
规划 & 管理（P）	计划 & 管理	P1
	多样性 & 承受力	P2
	投资 & 资金	P3
	健康	P4

●适宜性二维评价坐标系的建立

将 STARS 的可持续性评价结果与使用者的满意度测评结果进行比较，根据得分高低，建立一个适宜性二维评价坐标系（见图 9.1）。

评价坐标系两个坐标维度分别为使用者满意度与校园建设可持续度。每个坐标维度根据其总体评价值（总体可持续度评价值、总体满意度评价值）分成高区与低区。坐标系内根据两个维度得分高低分为四个得分区域：

1 号区域，满意度与可持续度都低，说明该项评价目前建设薄弱，需求高，下一步急需发展提升；

2 号区域，满意度低，可持续度高，说明该项对中国的国情评价分值与权重设置不合理，需要进行调整；

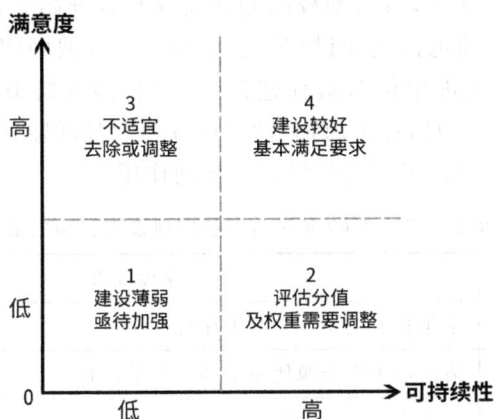

图 9.1 适宜性二维评价坐标系

3 号区域,满意度高,可持续度低,说明该项评价内容不适宜中国目前的绿色校园建设,可直接去除或改变评价内容;

4 号区域,满意度与可持续度都高,说明该项目前建设较好,基本能满足校园使用者的需求。

2. 评价案例

本章主要目的是通过案例学校的研究来探讨 STARS 的适宜性,而不是通过多案例研究中国绿色校园的共性,因此选取一所中国绿色大学联盟的创始高校来作为具体案例进行研究。首先该高校为综合型、研究型大学,符合中国目前高校多学科综合、多校园组成的特征。其次在绿色校园建设方面,作为首批国家节能型校园的示范单位,其建设时间长,建设成果丰富,契合中国绿色校园发展的历程,较好地代表了目前中国绿色校园建设的成果。综上,该案例大学能代表一批最好的中国绿色校园。而要找出中国绿色校园的共性,进而探讨中国绿色校园标准的优化,仅仅靠一所中国大学的案例是不够的,需要进行多案例的比较总结。这也正是此类研究未来的发展方向之一,本章所提出的适宜性研究方法与结论为未来的研究提供了新的思路。

案例学校拥有 5 个校区。其学科涵盖哲学、经济学、法学、教育学、文学、历史学、艺术学、理学、工学、农学、医学、管理学等 12 个门类。学校设有 7 个学部,37 个学院(系),拥有一级学科国家重点学科 14 个,二级学科国家重点学科 21 个[14]。2009 年，节约型校园能耗监管平台开始全面启用，在全校范围内积极开展了各项可持续建设（见表 9.2）。先后被中国高教后勤协会评为"全国高校节能先进单位"，被住建部列为"校园建筑节能信息化示范单位"。2011 年 3 月 10 日，在上海加入"中国绿色大学联盟"[15]，在中国高校的可持续建设事业上起到了积极的模范与推动作用。

表 9.2　该校 2009 年可持续校园建设现状和成果表

类别	建设成果
能源利用	全年总能耗 16522 万千瓦时。
可再生能源利用	清洁可再生能源使用量约 6 万千瓦时。
水资源利用管理	总用水量 366 万吨。
采购管理	LCCA① 决策。
废弃物	总废弃物处理量约 10000 吨。
实验室废弃物和能源使用	学校有临时放置化学试剂等有害物品的存储间，不定期联系校外相应机构运走。
温室气体排放	Ⅰ类温室气体排放量 4885 吨，Ⅱ类温室气体排放量 110743 吨。
运输计划	符合 A-H 燃料和动力类型的车辆②占 0.6%。 支持的非机动车交通运输方式有 4 个，提供免费或降价通勤，提供免费校园班车。 通过学校附近公寓房价优惠鼓励员工就近居住。
食品采购	校园内设有便利店、自动贩卖机。 餐饮食品均符合第三方检验标准。 所有食品均符合国家食品安全标准。
食物、垃圾管理	食堂设有全素食餐点，有区分标识，可供所有成员选择。
土地管理	总建筑面积 204.57 万平方米。植被面积 1735483 平方米。
雨水管理	有雨水管理政策，与城市雨水处理管理政策一致。
可持续性的培训	针对教职工，学校水电中心会举办节能管理知识培训之类的培训活动。

---

①　生命周期成本分析 Life Cycle Cost Analysis(LCCA)，用于评估项目经济的一种方法，主要通过计算目标项目从立项到实施、运行、维护以及后期处理的整个生命周期内的总成本，由此对项目进行决策。

②　此处指氢燃料电池混合动力车。

续　表

类别	建设成果
学生和员工的 教育和宣传	采用可持续学习成果计划的毕业生占比为 74.94%,参与可持续相关研究的员工数占 26.2%,112 个学系中,有可持续相关研究的学系约占 46.43%。 一共有 280 名学生参与兼职辅导员计划,9598 名学生参与导师学生助理计划,占学校全日制在校生的 21.17%。
部门可持续发展资金	全年财政总收入 109 亿元,比上年增长 30.9%,相关控股集团实现年收入 19.11 亿元。 国家大学科技园新增入园企业 106 家,出版社全年销售收入2.2亿元。

3. 可持续评估结果

评估基于 STARS 评价系统,对 225 个调研数据点进行整理分析,对学校 18 个部门进行实地走访与电话约谈,并结合问卷调查与数据年报采集等方式进行。其可持续度评估结果得分为 114.95,对应银奖等级(见表 9.3)。

表 9.3　STARS 可持续评估结果

大类	评价项	得分	大类得分	总得分	等级
学术	课程	30.17(40)	43.88(58)		
	研究	13.71(18)			
参与	校园参与	14.85(20)	33.61(42)		
	公共参与	18.76(22)			
操作	空气 & 气候	0(11)	17.29(71)		
	建筑	0(8)			
	能源	0(10)			
	食品	5(7)			
	场地	2(4)			
	采购	1.5(6)			
	交通	4.17(7)			
	废弃物	2.2(10)			
	水	2.42(8)			

续 表

大类	评价项	得分	大类得分	总得分	等级
规划 & 管理	计划 & 管理	8(8)	20.17(32)	114.95(203)	银奖
	多样性 & 承受力	6(10)			
	投资 & 资金	3.67(7)			
	健康	2.5(7)			

注:括号中为该项满分。

　　评价结果表明,该校校园整体可持续度建设水平一般,总得分率为 0.566,处于全球中等偏下水平(见图 9.2)。其中,在课程、研究、校园参与、公共参与、食品、计划 & 管理方面建设可持续度水平较高。这与中国绿色校园建设从软件着手有关,依托教学科研的优势,强调从政策与服务上推行校园的可持续建设。在场地、交通、多样性 & 承受力、投资 & 资金方面与整体建设水平持平。这些方面已经具备一定的建设成果积累,可在未来加大投入,大力发展。而在空气 & 气候、建筑、能源、采购、废弃物、水、健康方面,可持续度非常低,有些甚至是 0 分。这一方面说明可持续建设成果在这些方面显著不足,另一方面也有可能是评价的标准在得分点的内容与权重的设置上不适宜中国的建设现状。

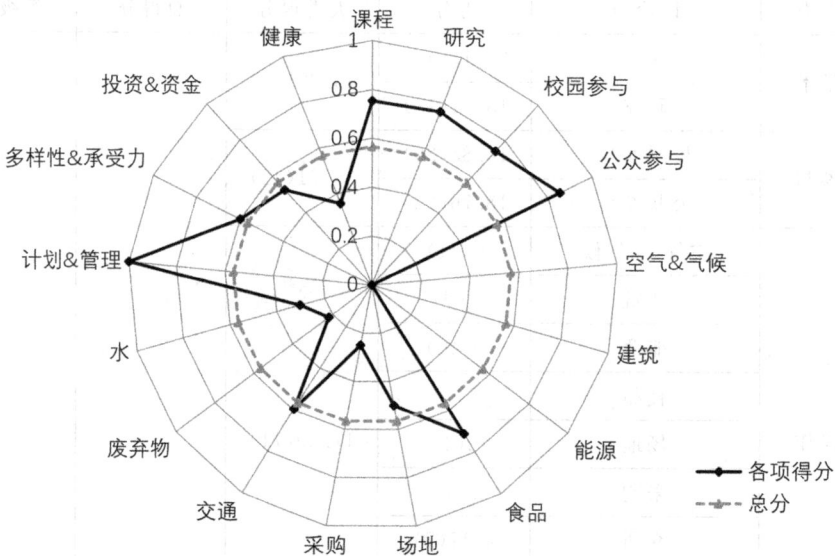

图 9.2　可持续度各评价项目得分率

4.　满意度测评结果

考虑到校园使用者的特殊性,每一类群体都有各自参与可持续校园建设的方面与关注侧重点,因此受访对象设定为学生、教师、员工(非教职,下同)三类,并按目前学校这三类人群数量的比例确定最终受访人群数。同时,受访对象的选择考虑不同专业学科背景、不同年级、不同岗位、不同校区。共发放问卷 500 份,其中学生、教师、员工按 13.6∶1∶1.8 的比例。完成问卷数:学生 412 份,教师 30 份,员工 55 份(其中 3 份无效)。将得到数据进行 SPSS[①] 问卷信度检验,本次调查信度系数 α 为 0.756($\alpha > 0.7$),说明问卷可信度较好。

●满意度评价指标的权重

本研究采取让使用者自主为评价因子重要程度打分的方式,力求真实、客观反应需求端的可持续校园建设情况。在指标层,将 4 个指标按照重要性依次排序;而在因子层,A 类选择一个认为最重要的指标,E 类选择 1 个,O 类选择 4 个,P 类选择 2 个。根据得分数与总分的比值,得到各指标与因子的权重 W(见表 9.4)。

表 9.4　各项指标因子权重

指标	权重(W)	因子	权重(W)
学术(A)	0.192	课程(A1)	0.475
		研究(A1)	0.535
参与(E)	0.227	校园参与(E1)	0.352
		公共参与(E2)	0.648
操作(O)	0.454	空气 & 气候(O1)	0.068
		建筑(O2)	0.123
		能源(O3)	0.24
		食品(O4)	0.022

---

①　SPSS 是世界上最早的统计分析软件,由美国斯坦福大学的三位研究生 Norman H. Nie、C. Hadlai (Tex) Hull 和 Dale H. Bent 于 1968 年研究开发成功。

续　表

指标	权重（W）	因子	权重（W）
		场地（O5）	0.081
		采购（O6）	0.052
		交通（O7）	0.105
		废弃物（O8）	0.185
		水（O9）	0.124
规划 & 管理（P）	0.127	计划 & 管理（P1）	0.184
		多样性 & 承受力（P2）	0.282
		投资 & 资金（P3）	0.122
		健康（P4）	0.412

●满意度模糊评价计算

建立评价集 V 和评价指标集 U。

$V=(V_1,V_2,V_3,V_4,V_5)=$（很不满意,不满意,一般,满意,很满意）

$U=(U_i)(i=A,E,O,P)$

因子层指标为 $U_j(j=Ax,Ex,Ox,Px)$（x 为数字）。

根据使用者满意度问卷测评汇总（见图 9.3），得出指标 U_j 隶属于评价集 V 的人数占总人数的比值，即 $R_i(i=A,E,O,P)$。由此，利用模糊综合评价模型计算得出 4 类指标的满意度评价矩阵：

$$R_A=\begin{Bmatrix} 0.058 & 0.183 & 0.243 & 0.384 & 0.132 \\ 0.012 & 0.145 & 0.323 & 0.386 & 0.134 \end{Bmatrix}$$

$$R_E=\begin{Bmatrix} 0.022 & 0.058 & 0.152 & 0.453 & 0.315 \\ 0.183 & 0.285 & 0.323 & 0.149 & 0.060 \end{Bmatrix}$$

$$R_O=\begin{Bmatrix} 0.271 & 0.524 & 0.139 & 0.066 & 0.000 \\ 0.104 & 0.263 & 0.381 & 0.196 & 0.056 \\ 0.000 & 0.051 & 0.152 & 0.381 & 0.416 \\ 0.056 & 0.247 & 0.557 & 0.140 & 0.000 \\ 0.076 & 0.156 & 0.451 & 0.223 & 0.094 \\ 0.103 & 0.156 & 0.360 & 0.337 & 0.044 \\ 0.053 & 0.120 & 0.291 & 0.384 & 0.152 \\ 0.153 & 0.103 & 0.357 & 0.235 & 0.152 \\ 0.077 & 0.086 & 0.206 & 0.413 & 0.218 \end{Bmatrix}$$

$$R_P = \begin{cases} 0.162 & 0.115 & 0.366 & 0.316 & 0.041 \\ 0.004 & 0.125 & 0.325 & 0.363 & 0.183 \\ 0.085 & 0.203 & 0.324 & 0.225 & 0.163 \\ 0.157 & 0.186 & 0.276 & 0.235 & 0.146 \end{cases}$$

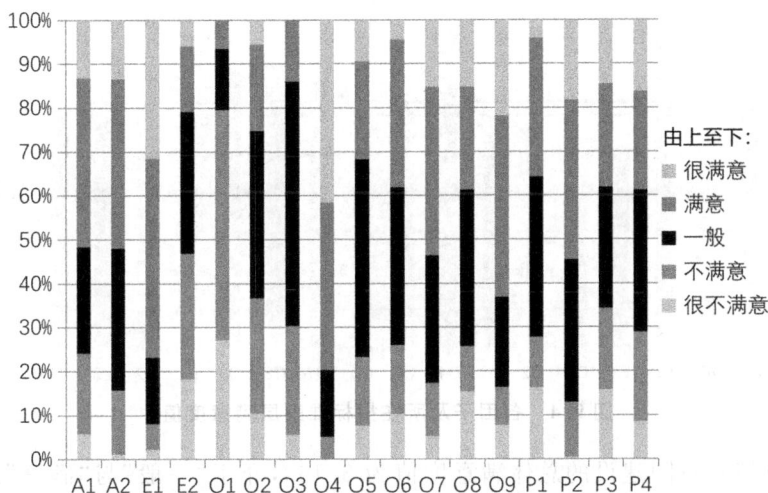

图 9.3　可持续校园建设各因子满意度问卷测评结果

根据各因子的权重值 W,计算第二层指标的模糊综合评价集:

$B_A = W_A \times R_A = (0.040 \quad 0.165 \quad 0.288 \quad 0.389 \quad 0.134)$

$B_E = W_E \times R_E = (0.126 \quad 0.205 \quad 0.263 \quad 0.256 \quad 0.150)$

$B_O = W_O \times R_O = (0.100 \quad 0.191 \quad 0.371 \quad 0.241 \quad 0.097)$

$B_P = W_P \times R_P = (0.085 \quad 0.163 \quad 0.326 \quad 0.282 \quad 0.144)$

对各指标评价集进行去模糊计算,4 大类评价指标的满意度评价值如下:

$E_A = b_{A1} + 2b_{A2} + 3b_{A3} + 4b_{A4} + 5b_{A5} = 3.455$

$E_E = b_{E1} + 2b_{E2} + 3b_{E3} + 4b_{E4} + 5b_{E5} = 3.098$

$E_O = b_{O1} + 2b_{O2} + 3b_{O3} + 4b_{O4} + 5b_{O5} = 3.045$

$E_P = b_{P1} + 2b_{P2} + 3b_{P3} + 4b_{P4} + 5b_{P5} = 3.237$

通过模糊综合评价法,得到可持续校园建设满意度的综合评价集:

$A = W_i \times B_i = (0.091 \quad 0.186 \quad 0.325 \quad 0.278 \quad 0.122)$

对最终评价集进行去模糊计算,得到可持续校园建设满意度的综合评价:

$E = A_1 + 2 \times A_2 + 3 \times A_3 + 4 \times A_4 + 5 \times A_5 = 3.160$

基于 STARS 的使用者对可持续校园建设的总体满意度值，将 4 大类指标准则层满意度值与经李克特量表 5 级赋值后的各因子满意度值相比，测评结果见图 9.4。

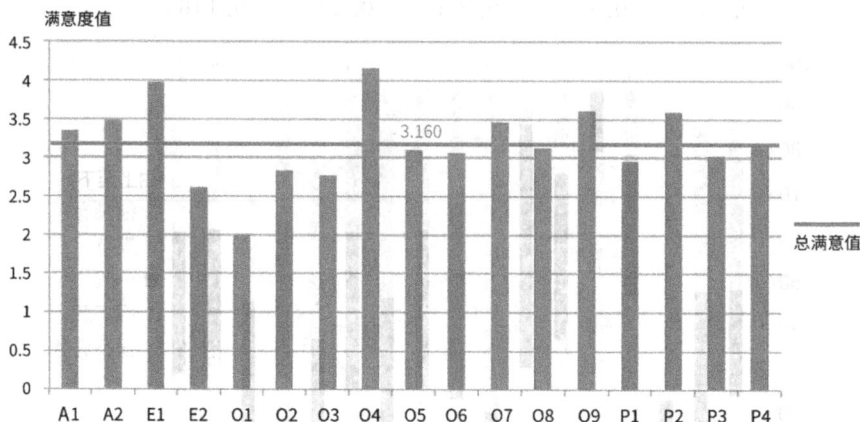

图 9.4　各因子及所在指标准则层满意度值

可持续校园建设的总体满意度值为 3.160，介于"一般"与"满意"之间，说明学生、教师与员工认为可持续校园建设满意度整体一般。其中满意度最高的为食品(O4)，说明学校已经具备良好的可持续餐饮服务体系，能最大限度满足多元化的餐饮需求，这也是中国绿色校园建设的一大特点。而空气 & 气候(O1)这一因子满意度最低，可见该部分从使用者的需求度来说是较高的，原因在于整个大环境的空气污染问题——如 $PM_{2.5}$——与现有空气监测优化技术不成熟之间的矛盾。

其中，课程、研究、校园参与、食品、交通、水、多样性 & 承受力这些方面满意度值高，从使用者角度来看其可持续建设成果满足了需求。场地、废弃物、健康三个方面满意度与总体满意度持平。而公共参与、空气 & 气候、建筑、能源、计划 & 管理满意度值明显偏低，这些方面与使用者的日常校园生活关系密切，涉及基础校园设施建设与政策计划的导向。

5. STARS 的评价内容适宜性

根据可持续度评价值与满意度测评值，17 个评价因子在适宜性二维坐标系中分布于四个区域(见图 9.5)。大部分因子集中在 1 号与 4 号区域，可见其可持续建设程度与校园使用者的满意度呈一致的关系，即可持续评价得分越高,该方面建设情况越好,用户的满意度越高。

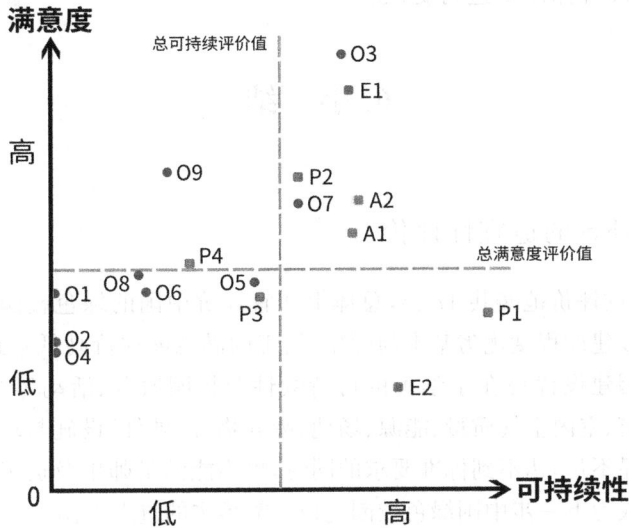

图 9.5　各因子适宜性二维评价坐标系分布

目前,落在 1 号区域的主要为操作(O)大类的因子,而操作(O)大类主要涉及绿色校园的基础硬件设施建设与对环境友好技术的应用。说明这些方面为目前中国绿色校园建设的短板,远不能达到国际普遍要求的水平。同时从使用者角度来看,使用者对其具有较强的需求度,目前的建设情况远不能满足使用者的需求。

落在 2 号区域的因子是公共参与(E2)和计划 & 管理(P1),他们都具有较高的可持续评价值,尤其是计划 & 管理,但满意度测评得分较低。因此,STARS 对这两项的评价分值及权重设定是不适宜的,尤其对计划 & 管理的评价,其满意度值和可持续度评价值相差悬殊。这两项的评价应被重新审视:首先结合中国的国情,从使用者的角度调整其评价的侧重点;其次设置具体得分点,衡量其分值权重,从而更真实地反应中国的建设情况。

落在 3 号区域的为因子水(O9)与健康(P4),他们都具有较高的满意度,在需求端已经得到认可,但从可持续评价来说其得分较低。出现这样的情况,也许是因为中国有相关的法律法规来强制保障员工的基本工作条件与职业健康,有相关的政策来要求学校对水资源进行管理,因此目前普遍建设情况较好,满足使用者的需求。而 STARS 的评价以北美地区为出发点,由于国情的差异,该内容本身不符合中国的相关政策体系,因此不应纳入中国的绿色校园建设评价体系中;也有可能是使用者的需求度目标与 STARS 的评价目标产生了分歧，STARS 的目标设定不适宜中国的情况，因此该评价内容及其建设目标需要进行更改。

6. 小 结

●STARS 的适宜性评价

STARS 的评价范畴共 17 类，总体上适宜评价中国的绿色校园建设。各评价范畴可持续建设程度优劣基本与师生、员工的满意度评价高低一致。目前，中国的绿色校园建设优势在于学术的可持续性及校园服务、活动等"软件"建设。而在校园建筑、室内空气质量、能源、场地、废弃物等"硬件"设施与环境友好技术的应用上明显不足，达不到标准要求的同时，也不能满足师生及员工的日常生活需求。这将成为下一步中国绿色校园建设急需推进的重点工作。

STARS 中不适宜的主要有四个范畴，分别为公共参与、计划 & 管理、水、健康。前两者需要调整具体的评价得分点和分值比重，后两者应将具体评价内容及侧重点进行更改或去除。

公共参与范畴主要测评师生通过公众参与的方式，帮助、促进当地社区可持续性的发展，并与之建立伙伴或服务的关系。评价的得分点主要在社区合作、校际合作、继续教育、社区服务、社区利益分配、公共政策参与和机构认证[16]。就满意度而言使用者更关心活动的体验感与参与度，因此可在现有得分点的基础上增加社区合作、继续教育、社区服务和公共政策参与这几项的分值比重。

计划 & 管理主要测评的是可持续性的资源投入情况以及协调投入与制度化的管理情况，具体评价点为可持续协调、可持续计划和管理三项[16]，具体表现形式为政策、计划和相关机构。从使用者角度，师生与员工大多不了解，也未曾参与。这就要求评价得分点进行调整，更注重使用者的参与度，表现形式改为活动与公共讨论。

水范畴的具体评价点为水利用、雨水管理和废水管理[16]。其中水利用主要关注饮用水消耗量与建筑 & 植被面积，这与中国目前对于水的关注点截然不同。中国饮用水普遍来自市政管网，用户自行烧水，这就让该指标变得毫无意义。雨水管理主要关注 LID(Low Impact Development)①政策标准,由于中国没有实行 LID 政策,而是将雨水与废水一起按照国家标准排入市政管网,同时对于雨水鼓励实施中水利用,因此 STARS 的水范畴评价点需要完全进行更改。

健康范畴评价点为员工报酬、员工满意度评估、平安计划、工作场所的健康与安全四项[16]。STARS 的评价点大多和中国劳动法的要求一样,因此学校在遵守法律的同时就已经基本满足了相关要求。这容易使得学校在自认已经满足要求的情况下而忽视相关完成情况的统计。由于缺少统计,从而导致在 STARS 的评价中得分低。因此,该范畴的评价中可以将其与法律重叠的部分去掉,仅保留使用者评价的部分,同时提高对相关反馈数据的统计与收集的重视。

● 对中国绿色校园评价标准的影响

与建筑不同,校园是一个涉及一定地理范围和空间尺度、复杂的建筑和设施、多样化的教学、科研和生活功能需求、各类教学人员和学生参与的社区[17]。绿色建筑的评价体系、评价范畴和评价方法不能完全应用到绿色校园评价中。因此,需要在借鉴全球其他国家绿色校园标准的基础上建立一个多元化、定性和量化的评价体系。与此同时,中国绿色校园建设标准也需要根据自身情况查漏补缺,紧密结合中国的特色,从而构建丰富的绿色校园体系,建立起适合自身的专属可持续计划。

目前中国的绿色校园评价国家标准还有可讨论研究的空间。笔者认为可以 STARS 为蓝本,采用国际上普遍采用的总分计算方式[18],将本章对 STARS 的适宜性研究结果作为参考来确定国标的评价范畴,同时对个别指标的评价得分点与分值权重进行调整,使其更符合中国的国情与当下的需求。

此外,绿色校园评价标准不仅是技术标准,也是发展准则,更是对可持续生活的倡导。标准的编制应融入以人为本的核心理念,具有长远的可持续发展观。从使用者需求角度出发,监测校园能耗的同时,应关注建筑的室内环境质量与对环境的友好程度[19]。加强对师生用能行为模式的引导,倡导可持续的生活学习工作方式。以提高校园的硬件设施可持续发展为载

---

① LID(Low Impact Development)是一种城市雨水管理策略,强调利用源头分散的小型控制设施,维持和保护场地自然水文功能,有效缓解不透水面积增加造成的洪峰流量增加、径流系数增大、面源污染负荷加重等情况。

体，从节能节材、低碳环保、资源高效分配、产业绿色规划、经济共享生活等多个方面进行多方位思考，做到真正的整体提升。

参考文献

[1] ALSHUWAIKHAT H M，ABUBAKAR I. An integrated approach to achieving campus sustainability：assessment of the current campus environmental management practices[J]. Journal of Cleaner Production，2007，16(16)：1777-1785.

[2] ULSF. The talloires declaration[EB/OL]. (2013)[2022-06-20]. http：//www. ulsf. org/pdf/TD. pdf.

[3] 王阳，奚潇. 美国绿色校园建设之经验启示[J]. 科教导刊(中旬刊)，2013(16)：11-12，14.

[4] HARVARD. Harvard green campus initiative[EB/OL]. (2000)[2022-06-20]. www. greencampus. harvard. edu.

[5] US Green School Center website[EB/OL]. (2016)[2022-06-20]. http：//www. centerforgreenschools. org/.

[6] 陆敏艳，陈淑琴. 中国高校绿色校园建设历程及发展特征[J]. 世界环境，2017(04)：36-43.

[7] 国家环境保护局，中共中央宣传部，国家教育委员会. 全国环境宣传教育行动纲要(1996年—2010年)[Z]. 北京：中华人民共和国生态环境部，1996-12-10.

[8] 王大中. 清华大学建设"绿色大学"研讨会主题报告节录——创建"绿色大学"示范工程，为我国环境保护事业和实施可持续发展战略做出更大的贡献[J]. 环境教育，1998(03)：5-7.

[9] 绿色建筑评价标准 GB/T 50378—2006[S]. 北京：中华人民共和国住房和城乡建设部，2006.

[10] 绿色校园评价标准 CSUS/GBC 04—2013[S]. 北京：中华人民共和国住房和城乡建设部，2013.

[11] 绿色校园评价标准 GB/T 51356—2019[S]. 北京：中华人民共和国住房和城乡建设部，2019.

[12] 顾芳芳，陶卓民. 基于模糊综合评价法的夫子庙秦淮风光带游客满意度研究[J]. 旅游纵览(下半月)，2013(02)：58-60.

[13] 王开宝，常路彪. 模糊数学在建筑工程招标中的应用——评《建筑工程招投标与合同管理》[J]. 工业建筑，2020，50(08)：196.

[14] 浙江大学[EB/OL]. (2018)[2022-06-21]. www. zju. edu. cn.

[15] 谭洪卫. 中国绿色大学联盟：促进绿色校园建设[J]. 建设科技，2013(12)：12-15.

[16] AASHE. The sustainability tracking，assessment and rating system[EB/OL]. (2014)[2022-06-21]. https：//stars. aashe. org.

[17] TAN HONGWEI，CHEN SHUQIN，SHI QIAN，et al. Development of green

campus in China[J]. Journal of Cleaner Production，2014(64)：646-653.

[18] ZHU BIFENG，ZHOU Y，GE J. Research on the suitability improvement of the standard of green campus in China based on STARS[J]. Lowland Technology International，2016,17(4)：251-258.

[19] 朱晟炜,谭洪卫,陈淑琴,等.我国高校绿色校园文化建设现状调查及分析[J].建筑节能,2014,42(04):95-99.

第十章　中国高校的低碳政策分析
与碳达峰预测

　　作为国家先进科学技术创造力孵化基地并担负教学育人重责的高校，其对"碳达峰"目标实现的贡献值得进一步探讨。尤其是教育宣传等大众熟知的常规、间接降碳手段之外，由高校发展与科技所带动的直接降碳效力值得深入研究。因此，本章以此为切入点，对高校碳排放来源、驱动因素以及当前政策进行系统研究，以全国五个热工气候分区的高校为研究样本，旨在构建适宜高校碳排放的预测模型，试图对中国高校的校园碳排放进行更加准确的评估和动态预测。具体对样本高校 2015—2060 年碳排放总量与强度的发展趋势进行模拟，预测不同情景下中国高校碳达峰出现时间和政策效力，最终确定中国高校的降碳潜力，并提出政策优化建议。

　　本章将分情景量化预测高校的直接碳排放。通过高校预测模型的构建，基于 LEAP 平台，对不同地区气候特征下高校的能耗和碳排放进行分析，精准挖掘中国高校的碳排放驱动因素，增强高校校园低碳预测方法的系统性与科学性。预测以政策为导向，通过对建筑本体化节能、可再生能源最大化、国家目标规划与教育科技力量四种情景的分析，动态预测中国高校从基准年到 2060 年的碳排放发展轨迹，科学预测高校降碳目标达成情况，量化中国高校降碳潜力，为政策制定提供科学有效的依据。

　　近年来，能源和环境问题引起人类社会的广泛关注。国际社会已就将大气中温室气体浓度稳定在一定水平达成政治共识，世界各国都在加快制定与实施低碳发展战略和政策，以期形成一种以低能耗、低污染、低排放为主要特征的低碳可持续发展模式[1]。联合国在 2015 年可持续发展峰会上，针对全球社会、经济和环境三个维度的发展问题，提出《变革我们的世界：2030 年可持续发展议程》[2]，旨在减碳的同时促进全球经济社会的可持续发展，最终实现全球可持续发展目标（SDGs）。而中国作为人口大国兼发展中国家，还处于工业化和城市化快速推进的阶段，资源禀赋以煤炭为主，虽然短期内不能实现碳排放总量的控制,但仍顺应国际社会节能减排的行动计划,将低碳发展作为中国经济社会发展的重大战略目标,从可持续发展的角度,稳步推进低碳发展[3]。2020年9月,国家主席习近平在第七十五届联合国大会上宣布,中国"二氧化碳排放力争于2030年前达到峰值,努力争取2060年前实现碳中和"[4],明确了中国的"双碳"目标。

高校碳排放总量的统计与其他社会机构一样,主要考虑排放与吸收两个方面[5]。根据ISO14064,机构的碳排放分为三种类型:直接排放,指在校园范围内直接向室外排放温室气体的设施或者碳源;间接排放,指在校园范围内消耗的外部输入的电力、热力或者蒸汽所间接产生的温室气体;其他间接排放,指在直接排放与间接排放之外所产生的温室气体[6]。调查发现,校园碳排放来源主要为校园建筑、校园交通及校园活动[7]。校园节能技术、可再生能源利用、碳汇、低碳教育等,都可以有效减少、吸收校园内的碳排放量。从高校碳排放来源看,高校校园的碳排放自有其特点,对校园运营阶段的碳排放研究主要集中在建筑物的能源消耗,如电力和供暖、校园交通的排放,以及师、生、员工生活的碳排放[8]。在碳排放影响因素方面,区域内经济和人口的增长对于碳排放的积极驱动效果在学术界已达成共识[9]:经济和人口增长意味着经济活动相对频繁,产出形成规模效应,而产出规模的扩张直接促成单位空间内碳排放总量的增加[10][11][12]。因此,高校所在地区经济、高校人口规模为高校碳排放的直接驱动因素。而与社会经济活动不同,高校的活动主要围绕教学与科研开展,因此,教学与科研活动强度与频率为高校碳排放重要驱动因素之一。除此之外,能源结构和强度对碳排放也有重要影响。研究表明,中国的一次能源结构以煤炭为主,煤燃烧的CO_2排放量居于首位[13][14],因此需要不断优化能源结构,增加清洁和可再生能源的构成比例。禹湘等(2020)通过对中国63个低碳试点城市的CO_2排放特征研究发现,在低碳成熟型和成长型城市中,能源结构与CO_2排放总量呈现正相关关系[15]。而能源强度主要反映区域能源利用的技术水平。研究表明,绿色技术的进步和广泛应用能够促进能源效率提高,进而降低能源强度,从而有效控制CO_2排放[16][17]。从高校层面看,绿色技术的应用与节能、低碳的政策,都会对高校碳排放产生直接影响。综上,经济因素、活动因素、能源因素以及政策因素,是影响高校碳排放的主导因素。

当前对高校低碳建设理论与技术的研究已积累出一定成果,但对中国高校的低碳研究仍缺乏系统性与前瞻性,鲜见涉及低碳校园相关政策实施效果的测定研究。在当前"碳达峰"背景下,缺乏高校低碳目标数据的量化研究,以及当前政策实施落地后对校园低碳建设成效的评价与预测。这直接导致政策与目标制定缺少量化数据支撑，最终无法形成有效的目标导向性政策。

1. 低碳政策与全球行动

低碳校园研究起步于 20 世纪中的生态建筑研究，发达国家的高等院校先后开展了关于绿色校园与低碳校园的研究和具体实践活动（表 10.1）。1972 年，瑞典人类环境会议首先引入"绿色大学"的概念[18]，随后迎来了近20 年的绿色校园研究与实践发展高潮期。1990 年签署的《塔乐礼宣言》和1997 年发表的《哈利法克斯宣言》，直接推动了绿色校园发展进程，强调了高校在促进社会可持续发展方面的正向作用。20 世纪 90 年代，多所高校相继启动了绿色校园的创建工作，如耶鲁大学、哈佛大学、加利福尼亚大学于1994 年开始开展绿色大学的创建计划[19]。关于绿色校园评价体系的研究也相继开展，21 世纪初期，美国与英国先后发布了相应的绿色校园评价标准[20][21]。随着世界环境问题日益凸显，美国于 2007 年提出"碳中和"校园理念，并于 2010 年成立绿色学校中心，对绿色校园进行低碳管理，并定期向社会公布其建设和运营情况[22]。2019 年国际高等教育可持续倡议会，来自全世界多个国家与地区的高等院校，承诺 2030 年至 2050 年间实现高校校园"碳中和"目标。

表 10.1　各高校/机构在校园碳排放领域的政策研究与具体实践

时间	宣言与计划	高校/机构	具体行动与政策
1972 年	斯德哥尔摩宣言	联合国环境规划署	将可持续发展问题纳入高等教育系统[23]。
1990 年	塔乐礼宣言	22 位欧美大学校长与主要领导人	讨论全球环境问题、管理与永续发展，并就大学应扮演的角色进行探讨[24]。
1991 年	哈利法克斯宣言	联合国大学、加拿大大学与学院协会	为了可持续发展的大学行动大会[25]。
1994 年	绿色大学行动计划	耶鲁大学、哈佛大学、加利福尼亚大学	耶鲁大学召开"大学校园地球高峰会"，提出"绿色大学蓝图"；哈佛大学提出"绿色大学倡议"；加利福尼亚大学提出"校园环境规划"[26]。

时间	宣言与计划	高校/机构	具体行动与政策
1996 年		大学和学院环境协会	提升会员院校的环保管理水平,并促进其环保表现的改善[27]。
2005 年	国际可持续校园倡议	高等教育可持续发展促进协会	北美第一个针对校园可持续发展社区的高等教育协会[28]。
2006 年	LEED For Schools 发布	美国绿色建筑委员会	针对美国中小学校,在教室声学、整体规划和场地环境等方面制定的绿色评价标准。
2007 年	共同应对气候变化问题大学校长联盟	美国的大学及学院	通过关注气候变化挑战,领导高等教育的可持续发展努力,宣布将大学校园建成"碳中和"园区[29]。
2008 年	BREEAM Education 子评价体系发布	英国建筑研究院	针对英国中小学校舍、场地建筑与环境制定的绿色评价标准,具体包含管理、能源、交通等 10 个分项 5 个分度级。
2010 年	绿色学校中心	美国绿色建筑委员会	美国成立绿色学校中心,定期公布大学的绿色校园建设和运营情况。
2019 年	国际高等教育可持续倡议会	全球多所高校领导人	全球 7000 余所高校发布"气候紧急"倡议,并承诺 2030—2050 年间实现校园"碳中和"。

　　中国于 1996 年发布《全国环境宣传教育行动纲要(1996—2010 年)》,首次提出了"绿色校园"概念[30]。清华大学于 1988 年率先在国内启动了绿色大学示范工程,是中国最早的绿色校园实践。伴随着对环境与绿色发展理念的关注,中国于 2008 年颁布第一部绿色校园建设行为规范[31],并于 2011 年成立绿色大学联盟,建立起中国绿色校园建设经验的交流平台。2013 年,由国务院办公厅发布的《绿色建筑行动方案》中明确表示:自 2014 年起,由政府投资的国家机关、学校、医院等建筑,将全面实行绿色建筑标准。同年,中国城市科学研究会绿色建筑与节能专业委员会、同济大学、中国建筑科学研究院共同主编的第一部《绿色校园评价标准》CSUS/GBC 04—2013 正式发布,中国绿色校园有了较为客观与全面的评价依据[32]。2019 年,住建部发

布新版《绿色校园评价标准》GB/T 51356—2019，在原版本基础上增加"教育与推广"这一项评价指标，突出强调了教育是高校的重要职能。2020年9月，中国"双碳"目标的提出进一步推动了绿色校园理念与建设的发展。2021年4月，在同济大学召开的"高等学校校园3060双碳目标与路径"论坛上，国内44所高校签署了《中国高等学校校园碳中和行动宣言》，提出绿色校园建设需要主动融入"双碳"目标，并努力在2050年将校园建设成"碳中和"校园[33]。

在国家政策层面，国家发改委、教育部、住建部等多部委和地方各级政府均出台相关政策，以保障高校顺利完成减排目标（见表10.2）。其中，国务院于2021年发布的《关于完整准确全面贯彻新发展理念做好碳达峰碳中和工作的意见》及《2030年前碳达峰行动方案》，为中国高校确定了行动目标，切实推进高校绿色低碳发展。住建部于2022年先后发布《"十四五"现代能源体系规划》、《"十四五"建筑节能与绿色建筑发展规划》与《城乡建设领域碳达峰实施方案》。一方面旨在加快构建高校现代能源体系，提出2025年可再生能源替代率提升至8%的规划目标。另一方面对推进高校建筑用能电气化和低碳化做出具体部署：明确2025年建筑能耗中电力消费比例达55%，2030年达65%；在当前公共建筑本体节能率65%的基础上保持20%的能效水平提升，2025年节能率达72%，2030年节能率进一步提高至78%。同年生效的《建筑节能与可再生能源利用通用规范》，在2016年标准的基础上，提出新建居住和公共建筑碳排放强度进一步降低的具体要求和指标。2022年7月，教育部发布《高等学校碳中和科技创新行动计划》，指出高校肩负着为双碳目标提供科技支撑和人才支撑的重大任务，要通过高校的教育职能和科技创新优势来实现碳中和领域基础理论研究与关键技术的突破，从而稳步推进校园碳中和行动计划。

表10.2　中国高校节能减排的相关文件与政策

类别	发布文件	发布单位	发布/生效时间	关键政策
国家层面节能减排目标政策	《关于完整准确全面贯彻新发展理念做好碳达峰碳中和工作的意见》	国务院	2021.9	大力发展节能低碳建筑。加快优化建筑用能结构。深化可再生能源建筑应用，加快推动建筑用能电气化和低碳化。
	《2030年前碳达峰行动方案》	国务院	2021.10	重点实施城乡建设等碳达峰行动。加快推进城乡建设绿色低碳发展，城市更新和乡村振兴都要落实绿色低碳要求。

类别	发布文件	发布单位	发布/生效时间	关键政策
国家层面节能减排目标政策	《"十四五"节能减排综合工作方案》	国务院	2021.12	加快建立健全绿色低碳循环发展经济体系,推经济社会发展全面绿色转型。
	《"十四五"现代能源体系规划》	国家发展和改革委员会	2022.1	加快推进建筑用能电气化和低碳化,推进太阳能、地热能、空气能、生物质能等可再生能源应用。
	《"十四五"建筑节能与绿色建筑发展规划》	住房和城乡建设部	2022.3	建筑碳排放是城乡建设领域碳排放的重点。2025 年基本形成绿色、低碳、循环的建设发展方式。
	《建筑节能与可再生能源利用通用规范》	住房和城乡建设部	2022.4	公共建筑平均节能率应为 72%。新建居住和公共建筑碳排放强度应分别在 2016 年执行的节能设计标准的基础上平均降低 40%,碳排放强度平均降低 $7kgCO_2/(m^2 \cdot a)$ 以上。
	《城乡建设领域碳达峰实施方案》	住房和城乡建设部	2022.6	2030 年前城乡建设领域碳排放达到峰值。城乡建设绿色低碳发展政策体系和体制机制基本建立。
各省区市层面节能减排目标政策	《湖南省"十四五"建筑节能与绿色建筑发展规划》	湖南省住房和城乡建设厅	2022.6	2025 年湖南省城镇新建建筑全面建成绿色建筑全省选择 20 个城市新建区域按照绿色生态城区标准规划、建设和运行。
	《江西省"十四五"节能减排综合工作方案》	江西省人民政府	2022.6	全面提高建筑节能标准,实施绿色建筑标识认定制度,加快发展超低能耗、近零能耗建筑。到 2025 年城镇新建建筑全面执行绿色建筑标准。
	《甘肃省"十四五"节能减排综合工作方案》	甘肃省人民政府	2022.6	严格执行国家建筑节能标准,强化节能降碳要求,提升新建建筑绿色低碳准入标准。积极推进可再生能源在建筑领域的应用。2025 年城镇新建建筑全面执行绿色建筑标准。

续 表

类别	发布文件	发布单位	发布/生效时间	关键政策
各省区市层面节能减排目标政策	《宁夏回族自治区碳达峰实施方案》	宁夏回族自治区党委、人民政府	2022.9	推行新建建筑全面绿色化推动既有建筑节能改造。优化建筑用能结构。
	《关于推动城乡建设绿色发展的实施方案》	四川省委办公厅、省政府办公厅	2022.5	优化建筑用能结构,提高可再生能源建筑应用占比,提升建筑终端电气化水平。持续提高建筑节能标准,大力推广超低能耗、近零能耗建筑,发展零碳建筑。按规定开展绿色建筑、节约型机关、绿色学校、绿色医院创建行动。
	《北京市碳达峰实施方案》	北京市人民政府	2022.10	大力推动建筑领域绿色低碳转型。"十四五"期间,建筑领域碳排放持续下降。
	《天津市"十四五"节能减排工作实施方案》	天津市人民政府	2022.5	推动公共建筑能效提升改造,推广光伏发电与建筑一体化应用。到2025年城镇新建建筑中绿色建筑面积占比达到100%。
	《上海市碳达峰实施方案》	上海市人民政府	2022.7	推进建筑等基础设施节能升级改造,推广先进低碳、零碳建筑技术示范应用。加快提升建筑能效水平。形成覆盖建筑全生命周期的超低能耗建筑技术和监管体系加快优化建筑用能结构,持续推动可再生能源在建筑领域的应用。
	《江苏省"十四五"应对气候变化规划》	江苏省应对气候变化及节能减排工作领导小组应对气候变化办公室	2022.4	加强高品质绿色建筑项目建设,大力发展超低能耗、近零能耗、零能耗建筑。深入开展机关办公建筑和大型公共建筑能源统计、审计和公示工作。深化可再生能源建筑应用,推动新能源在城乡建筑中的综合利用。

类别	发布文件	发布单位	发布/生效时间	关键政策
各省区市层面节能减排目标政策	《山东省推进建筑业高质量发展三年行动方案》	山东省住房和城乡建设厅	2022.7	提出全面落实绿色建筑推广政策，严格执行建筑节能标准规范，推动超低能耗建筑规模化发展，鼓励建设近零能耗建筑及低碳、零碳建筑。
	《广东省建筑节能与绿色建筑发展"十四五"规划》	广东省住房和城乡建设厅	2022.4	在学校等有稳定热水需求的公共建筑中积极推广太阳能光热技术。提高建筑用能中清洁电力消费比例。鼓励学校等公共机构建筑围绕减碳提效，实施电气化改造。
	《2022年全省建筑节能和科技工作要点》	陕西省住房和城乡建设厅	2022.5	建立完善城乡建设领域碳排放计算、统计、监测标准和体系。深入开展绿色建筑创建行动。加强绿色建筑建设管理。提升新建建筑能效水平。推进既有建筑节能改造。
	《自治区"十四五"节能减排综合工作实施方案》	内蒙古自治区人民政府	2022.6	严格执行新建建筑节能强制性标准，开展超低能耗建筑、近零能耗建筑、零碳建筑等示范项目。
	《云南省"十四五"节能减排综合工作实施方案》	云南省人民政府	2022.6	倡导城镇建设绿色低碳规划设计理念。稳步实施既有建筑和市政基础设施节能改造，严格执行建筑节能强制标准，加快发展超低能耗建筑。到2025年全省城镇新建建筑全面执行绿色建筑标准。
	《安徽省"十四五"节能减排实施方案》	安徽省人民政府	2022.6	全面提高新建建筑节能标准，实施绿色建筑统一标识制度，加快推进超低能耗、近零能耗、低碳建筑规模化发展。
	《福建省"十四五"节能减排综合工作实施方案》	福建省人民政府	2022.6	全面提高建筑节能标准，提升公共建筑用能监测和低碳运营管理水平，加快发展超低能耗建筑，加大零碳建筑的开发和应用，积极推进既有建筑节能改造、建筑光伏一体化建设。

续　表

类别	发布文件	发布单位	发布/生效时间	关键政策
各省区市层面节能减排目标政策	《广东省建筑节能与绿色建筑发展"十四五"规划》	广东省住房和城乡建设厅	2022.4	在学校等有稳定热水需求的公共建筑中积极推广太阳能光热技术。提高建筑用能中清洁电力消费比例。鼓励学校等公共机构建筑围绕减碳提效，实施电气化改造。
	《山西省建筑节能、绿色建筑与科技标准"十四五"规划》	山西省住房和城乡建设厅	2022.6	持续推动绿色建筑高质量发展。城镇新建建筑全部执行绿色建筑标准。推动可再生能源在建筑中的一体化应用。
中国教育行业节能减排目标政策	《绿色低碳发展国民教育体系建设实施方案》	教育部	2022.10	有序逐步降低传统化石能源应用比例，提高绿色清洁能源的应用比例。加快推进超低能耗、近零能耗、低碳建筑规模化发展。加快推动学校建筑用能电气化和低碳化，深入推进可再生能源在学校建设领域的规模化应用。
	《高等学校碳中和科技创新行动计划》	教育部	2022.7	推进碳中和未来技术学院和示范性能源学院建设，建设国家级碳中和相关一流本科专业实现碳中和领域基础理论研究和关键共性技术新突破。

2.中国高校的碳排放特征

大学校园作为一个人口密集的特殊社会机构，能源与资源消耗量远高于社会平均水平。有研究表明，世界各国和地区高校的能耗在社会总能耗占比都居于高位。如在美国，高校建筑单位面积能耗远高于其他类型建筑，特别是科研类高校[34]。从能源消耗总量来看，美国高校建筑总能耗仅次于所有办公类建筑的能耗总和。在日本，东京大学能耗及碳排放量，位居东京所有大型企业和高校排行首位[35]。根据中国《全国年度统计公报》的数据，中国高校碳排放总量2018年突破30亿吨[36]。中国高校能源消耗总量占全社会能耗总量的近10%，大学生人均能耗更是普通居民人均能耗的4倍左右[37]。根据住建部发布的统计报告，高校年人均碳排放量是全国人均的将近五倍[38]。高校数量多，人口密集，建筑设施量大面广，低碳管理水平低下，能源消耗量大，因此对其低碳发展进行深入的研究，以稳步实现"双碳"目标，是有必要性与紧迫性的[39]。另外，从高校本身独有的教育功能来看，它肩负着教育、科研和社会服务的重要使命，是社会的有机组成部分。高校通过教育引导学生建立低碳生活理念、养成低碳生活习惯，不仅能直接影响学生，还能通过他们将低碳生活的理念推广到企业、家庭、社区，乃至全社会[40]。因此，校园的低碳研究有利于直接推广低碳环保和可持续发展的观念，实现降低碳排放的目标。

根据《2021 年全国教育事业发展统计公报》，中国共有高等学校 3012 所[41]，各类形式的高等教育在校人数总规模达 4430 万人[42]，且逐年增加。根据 2015—2019 年的《全国年度统计公报》，中国高校碳排放总量呈现逐年增长趋势（见图 10.1）。中国高校碳排放总量从 2015 年的 27.19 亿吨增长到 2016 年的 28.78 亿吨。2016—2017 相较 2015—2016 年增长放缓，增长到 2017 年的 29.29 亿吨。2017—2018 年增长进一步加快，并在 2018 年突破 30 亿吨，而 2019 年相较于 2018 年略有增加，为 30.93 亿吨。

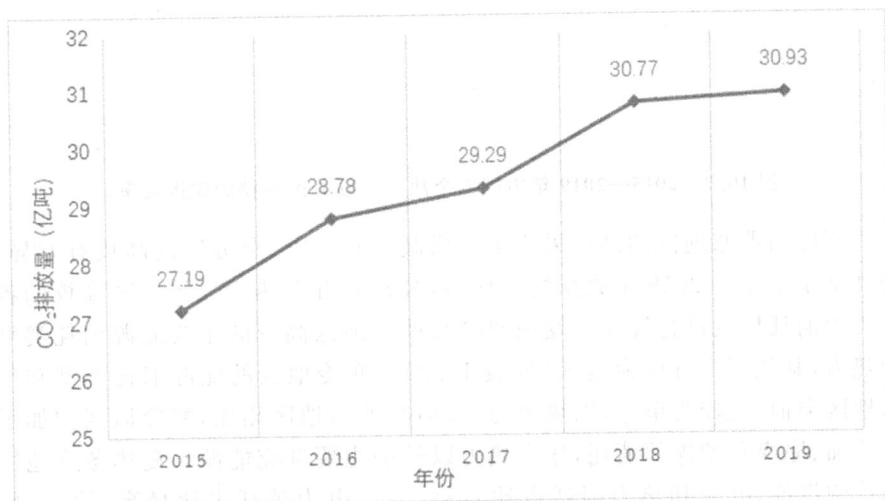

图 10.1　2015—2019 年中国高校碳排放总量

分别对 2015—2019 年五个热工气候分区①的高校碳排放量进行统计，

---

①　此处据《民用建筑热工设计规范 GB 50176—2016》，将我国划分为五个建筑热工气候分区：严寒地区、寒冷地区、夏热冬冷地区、夏热冬暖地区和温和地区。根据语境，下文或简称热工气候（分）区、热工分区、气候分区。

各分区高校的碳排放量呈现不同的发展趋势（图 10.2）。其中，夏热冬冷地区高校的整体碳排放量最高，且呈现逐年上升趋势，上升较快，是目前五个分区中减排工作的重点。温和地区高校的整体碳排放量最低且整体发展平稳。寒冷地区的高校 2016 年的碳排放量为 8.76 亿吨，仅次于夏热冬冷地区，2018 年为最低值，其后小幅上升。严寒地区碳排放量先小幅下降后上升，2018 年为最大值，其后快速下降。夏热冬暖地区高校碳排放量整体不大，但从 2015 年开始逐年上升，2019 年碳排放量接近严寒地区，发展趋势值得重点关注。

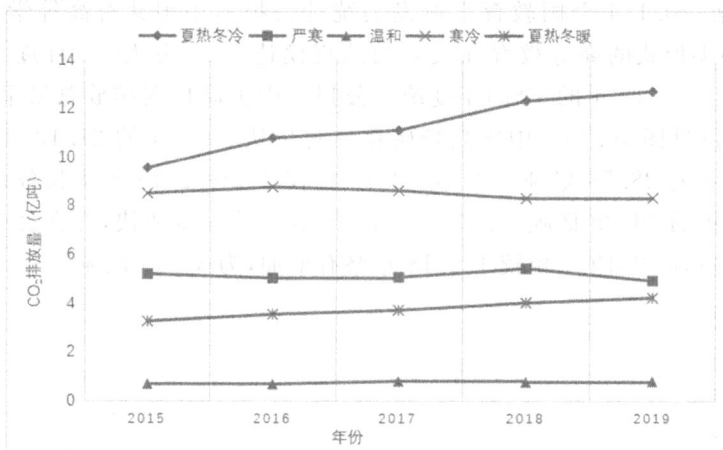

图 10.2　2015—2019 年中国五个热工气候分区高校的碳排放量

　　寒冷与严寒地区的高校采用集中供暖，与其他三个分区的高校有差异，因此基于 2015—2019 年数据的平均值，分别对五个热工气候分区高校的各类能源消耗构成进行统计。发现寒冷与严寒地区高校的主要能源消耗类型为热力，其他三个分区为电气（见表 10.3）。寒冷地区的能源消耗类型和严寒地区类似，也较为单一，以热力为主，但与严寒地区相比，寒冷地区增加了对汽油、原煤和型煤的消耗，作为热力以外的主要补充能源。夏热冬冷地区高校的汽油、电力和热力消耗占比较高，其中电力消耗占比最高，原煤、柴油、液化石油气和天然气消耗占比较低。温和地区的能源消耗类型以电力、热力、原煤和汽油为主，其中电力和热力消耗占比最高。夏热冬暖地区的能源消耗类型以汽油、液化石油气和电力为主，原煤和天然气能源消耗占比较低。与其他四个分区热力能源消耗占比较高不同的是，该地区的热力消耗为 0。

　　从 2015—2019 年中国高校能源消耗情况来看，高校对不同能源的消耗量存在显著差异。2015—2019 年中国高校的能源使用类型以电力与热力为主，其中，电力在中国高校能源的消耗中占比最大。2019 年能源消耗的电气化程度已达 77.02%。[1]

表 10.3　2015—2019 年中国五个热工气候分区高校的能源消耗构成（单位:%）

能源	地区				
	夏热冬冷	严寒	温和	寒冷	夏热冬暖
其他能源	0.771	0.032	0	0.004	0
电	30.369	0.525	33.923	1.923	47.421
热	29.887	98.266	35.265	94.090	0
天然气	2.455	0.044	0.838	0.169	1.023
其他石油产品	0.263	0.0001	0	0.005	0
炼厂气	0	0	0	0	0
液化石油气	5.713	0.094	2.715	0.201	18.020
燃料油	0.018	0	0	0	0
柴油	1.995	0.062	1.098	0.079	0.467
煤油	0.025	0.000002	0.001	0	0.020
汽油	22.392	0.384	8.985	1.874	30.192
原油	0	0	0	0	0
其他焦化产品	0	0	0	0	0
其他气体	0	0.004	0.001	0.008	0.539
焦炉煤气	0.016	0.001	0.510	0.007	0
焦煤	0	0	0.011	0	0
型煤	1.122	0.003	0.215	0.434	0.660
洗精煤	0.248	0.112	0.286	0.141	0
洁净煤	0	0	0	0	0
原煤	4.727	0.471	16.152	1.067	1.658

---

[1]　数据来自中国碳核算数据库（CEADs）https://www.ceads.net.cn/data/nation/。

3. 预测的方法

●预测工具（LEAP）

在全球各行业能耗与碳排放的动态监测与模拟技术方面，目前采用较多的是 LEAP 模型。国内也有若干应用该模型的典型案例：Ding Hao[43] 等（2013）以胜利油田为研究对象，根据 LEAP 模型设定参考情景和理想情景两种情景，预测并对比两种情景下碳减排潜力；马卓[44]（2012）对吉林省交通运输职能部门的需求和碳排放情况进行预测，通过对两种情景下数据的比较分析，得出吉林省交通运输行业碳排放的主要驱动因素和降碳路径；Bai Caiquan[45] 等（2020）探讨了 2005 年至 2015 年中国各省区市交通碳排放的空间关联网络结构特征及其驱动因素，据此提出了相应减排建议。

基于 LEAP 模型进一步开发的 DREAM 模型，它由美国劳伦斯伯克利国家实验室开发，是针对中国能源和经济结构构建的二氧化碳核算框架，用于评估从基准年到 2050 年中国的发展对能源和二氧化碳排放的总体影响，并对能源使用活动的宏观经济和物理驱动因素进行描述[46][47]。但 DREAM 模型主要针对建筑、工业、交通等行业的能源需求和碳排放进行分析、预测，对高校层面的能源需求与碳排放的具体应用缺乏针对性。

本章采用 LEAP 模型进行碳排放预测分析。该软件平台由瑞典斯德哥尔摩研究所和美国波士顿大学联合开发，常用于能源消费预测及污染物减排模拟等研究，是一种自下而上的集成结构模型，广泛应用于能源环境政策分析领域[48]。LEAP 十分灵活，根据已测得数据、要分析的目标等来构建数据结构，它能够详细考虑多种因素来评估校园能源和碳排放发展的路径[49]。而本章 LEAP 模型的构建关键在于厘清校园碳排放源及其终端用能形式，并确定影响高校碳排放的驱动因素。

●碳排放源

根据相关文献及校园实地调研，校园运营使用阶段的主要碳排放源可分为三大类：建筑、交通及校园活动[50]。其中，校园活动主要涉及教学、科研与生活后勤服务。校园活动所消耗的能源与产生的二氧化碳，最终会通过建筑能耗与交通排碳表现出来[51]。因此，本章对高校的碳排放源主要从建筑与交通两个方面进行研究。

整个校园在运营阶段的碳排放,可归纳为采暖、照明、实验、炊事等终端用能设备[52]。因此,高校的碳排放源可划分为以下 5 个层次(见图 10.3):

第一层次,总类别,即高校。

第二层次,子类别,按高校活动的主要物质载体进行划分,即校园建筑、交通。

第三层次,将子类别按类型详细划分。校园建筑:教学及辅助用房、行政办公用房、实验室、宿舍、食堂。校园交通:校园固定通勤车辆、外来临时车辆。

第四层次,各类型按终端用能部门划分,如采暖、照明、实验、热水、炊事和通勤等,对应指标为各部门的活动水平。用能设备,按照终端用能部门的设备类型划分,如空调、灯具、电脑、办公设备、研究设备、电热水器、燃气灶等,对应指标为设备活动水平及能源强度。

第五层次,用能设备消耗的能源类型,如电力、天然气等。对应指标为能源使用类型、能源比例、能源效率、能源碳排放强度等。

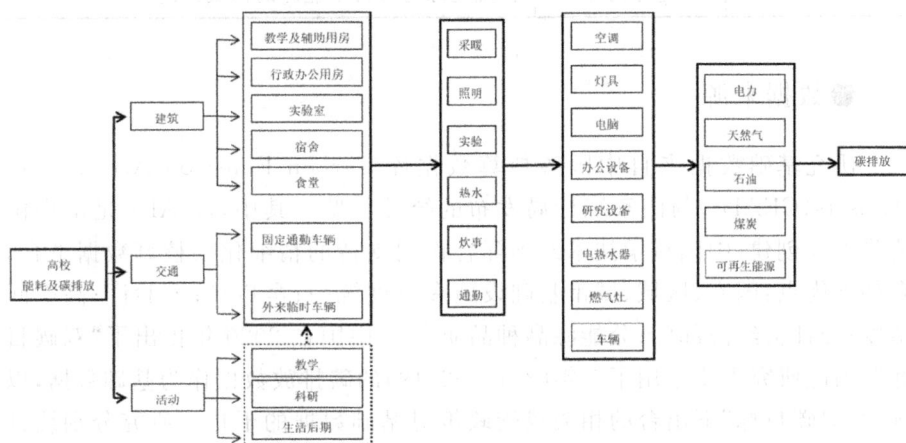

图 10.3　高校碳排放源分级结构图

●驱动因素

建立高校碳排放预测模型之前要对影响校园碳排放的相关因素进行分析,选取其中对高校的碳排放影响较大的因素——驱动因素——作为模型主要的情景设置参数。

前期梳理相关文献,分析得出影响校园碳排放量的主要因素:人口、占地面积、发展水平、科研水平、能源形式、能源构成、节能政策等。以上因素可分为三大类：①经济驱动因素，从地区经济、人口规模与占地面积三方面体现高校的整体发展水平；②活动驱动因素，教育支出与科研强度体现高校的活跃程度；③能源驱动因素，能耗强度与能源构成直接表达高校的碳排放水平（见表10.4）。

表 10.4　高校碳排放驱动因素

大类	驱动因素	说明
经济驱动因素	所在地区的 GDP	地区发展水平对高校碳排强度的影响
	师生数	高校人口规模
	固定资产	高校占地与整体建设规模
活动驱动因素	生均教育经费	教学活动强度
	师均科研经费	科研活动强度
能源驱动因素	能耗强度	直接用能强度
	能源构成	传统能源与可再生能源的构成比例

● 数据来源

研究基础数据来自中国碳核算数据库 Carbon Emission Accounts & Datasets(CEADs)与国家统计局发布的统计年鉴。其中，CEADs 是由中国清华大学创建、中国科学技术部国际合作司支持的精细化碳核算数据平台，有如下优点：国家、区域、城市基础设施多尺度统一；全口径；可验证；高空间精度；分社会经济部门；分能源品种品质[53]。中国在 2020 年提出了"双碳目标"，因此研究主要采用了 5 年(2015—2019)的碳排放数据作为基础数据，以排除"双碳目标"下出台的相关减碳政策对基础数据的干扰。研究分别统计了五个热工气候分区的碳排放相关数据，以充分考虑不同分区高校碳排放的特征与政策差异。

● 预测情景

基于 LEAP 平台构建的碳排放模型，可对未来中国高校的碳排放进行情景化预测。目前高校的能源使用中电力的消费比例已远高于国家政策的目标要求，因此情景的预测中不考虑电力的进一步优化，主要考虑建筑本体节能与可再生能源替代。本研究设置以下三种情景（见表 10.5）：

　　①基准情景:依据"双碳目标"提出前5年(2015—2019)的高校能耗与碳排放情况,将其平均增长率应用于未来的预测。该情景反映了未受相关减碳政策影响的中国高校碳排放发展趋势。

　　②节能情景:该情景主要反映了建筑本体节能政策与可再生能源替代政策调控下的中国高校碳排放发展趋势。主要调整参数为公共建筑本体节能率与高校使用能源中可再生能源的构成比例,以此探讨通过调控相关技术手段的政策来降低碳排放的效用。

　　③目标情景:该情景主要反映国家层面对节能减碳目标进行规划下高校的碳排放发展趋势与实现"碳达峰"目标前提下政策的规划力度。首先,探讨了现有政策目标的效用与不足。其次,基于高校科研创新的特征,进一步探讨了在自身科技力量不断提高的情况下,未来高校二氧化碳减排的潜力。

表 10.5　高校碳排放预测情景

情景		特征	
		技术	政策
基准情景		建筑本体节能:公共建筑节能率65%	继续执行目前的校园节能减排政策
节能情景	建筑本体节能	建筑本体节能:2030公共建筑节能率78%	通过优化建筑设计及设备实现建筑本体节能,2030年后节能率不进一步提高
	可再生能源最大化	2025可再生能源替代率8%并持续增长到碳达峰	2030年采用强力节能措施与可再生能源政策,最大限度提高可再生能源利用率,2030年后不进一步增长
目标情景	国家目标规划	建筑本体节能:2030公共建筑节能率78%。2025可再生能源替代率8%	按"十四五"建筑发展规划与国家城乡建设领域碳达峰实施方案设定的目标值
	国家目标实现	目标值基础上进一步提高建筑节能率与可再生能源替代率	以2030为碳排达到峰值节点测算
	教育科技力量	科研投入、建筑节能率与可再生能源替代率均保持高增长	借助高校科技创新力量强力提升建筑节能率与可再生能源替代率

4.建筑本体节能与可再生能源替代对碳排放的影响

●建筑本体节能情景

与基准情景相比，该情景增加了建筑本体节能的指标要求，即 2025 年建筑能效水平提升 20％；2030 年建筑本体节能率达到 78％。该情景与基准情景一样，总体碳排放量持续增加，2060 年前都未出现拐点，即未实现碳达峰；但与基准情景相比，总体碳排放量明显降低，到 2060 年碳排放总量由基准情景的 71 亿吨下降为 57 亿吨（见图 10.4）。说明采用建筑本体节能的相关措施，能有效降低中国高校总体碳排放量。虽然其效果显著，但预测曲线呈现增长发展的趋势，在 2060 年之前无法出现下降的拐点，即没有实现碳达峰。

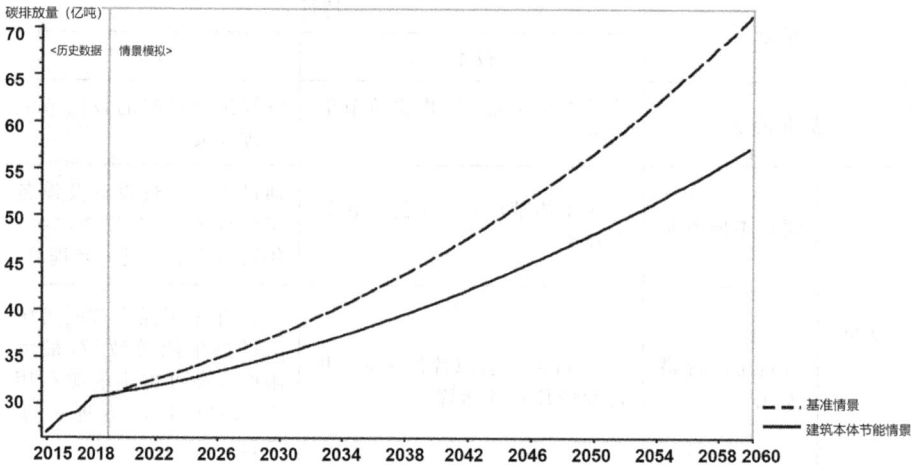

图 10.4　建筑本体节能政策下的总体碳排放量预测

在预测碳排放总量的同时，我们也对五个热工气候分区的单位教育固定资产碳排放量（简称单位碳排量）进行预测分析，以比较不同气候分区碳排放强度的差异。采用单位教育固定资产这一指标来排除由于建设规模的不同对碳排放量的影响，以体现各分区的碳排放强度。预测结果显示五个分区的单位碳排放均呈上升趋势，增加建筑本体节能的影响因素后，五个分区的单位碳排量均较之前有不同程度降低，但均未在 2060 年之前出现碳达峰拐点（见图 10.5）。五个分区呈现出不同的发展特征。夏热冬冷地区的碳排强度始终最高，该地区是未来减排工作的重点。这与夏热冬冷地区独特的气候特性下,需要消耗更多的能源有直接关系。寒冷地区碳排放强度较低且增长缓慢,2042年后成为五个分区中最低的。其碳排放强度发展特征与严寒地区一致,这与两个地区高校采用集中供暖、用能形式相对单一有直接关系[54]。温和地区虽然总体碳排放强度不高,开始处于五个分区的最低水平,但其增长速度快,且呈现加速增长趋势。可见,温和地区未来降碳的潜力巨大,而使用建筑本体节能的手段效果有限。

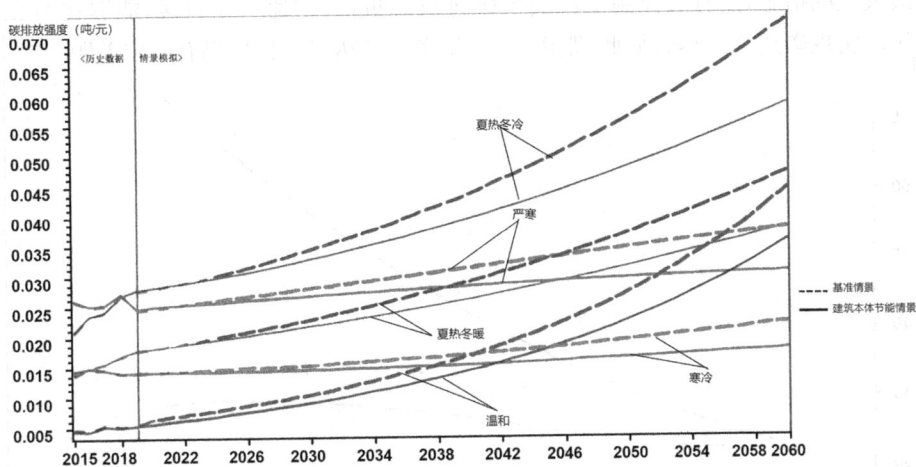

图 10.5　建筑本体节能政策下的各分区碳排放强度预测

建筑本体节能情景下中国高校无论是总体碳排放量还是各个热工分区的碳排放强度均有明显降低,因此,建筑本体节能是重要的高校减排手段之一。但仅仅依靠建筑本体节能的政策要求——保持建筑节能率78%——是远远不够的,这与在2030年实现碳达峰的目标还有较大的距离,无法实现高校的双碳目标。因此,需要进一步提升建筑本体节能的指标强度,尤其针对夏热冬冷地区、夏热冬暖地区与温和地区,或同时增加其他形式的降碳手段与指标要求,以促进减排效果。

●可再生能源最大化情景

与建筑本体节能情景相比,该情景考虑了可再生能源最大化政策的要求,即到2025年可再生能源替代率达8%。最大限度利用可再生能源已成为能源政策的主流,也是减少碳排放的重要手段之一。因此,该情景延续了到2025年可再生能源替代率达8%的增速,并一直发展到2030年,即2030年可再生能源替代率将达到14.6%,此后一直保持该替代率至2060年。该情景与建筑本体节能相比,总碳排放量明显降低,增速明显减缓。其中,

2020—2030 年的碳排放总量基本保持一致,2030 年碳排放总量由建筑本体节能情景的 35 亿吨下降为 31 亿吨。2030 年后碳排放总量缓慢提高,但仍明显低于同时期的建筑本体节能情景下的碳排量。预测曲线于 2056 年出现达峰拐点,碳达峰时碳排放量约为 34.5 亿吨,为同时期建筑本体节能碳排放总量的 66%。2056—2060 年,碳排放总量有所降低,到 2060 年碳排放总量由建筑本体节能情景的 57.5 亿吨下降为 34 亿吨(见图 10.6)。说明采用可再生能源最大化的措施,能有效控制中国高校碳排放总量,且增速明显减缓,能够在 2060 年前实现碳达峰。尽管如此,距离 2030 年实现碳达峰的目标仍有一定差距。

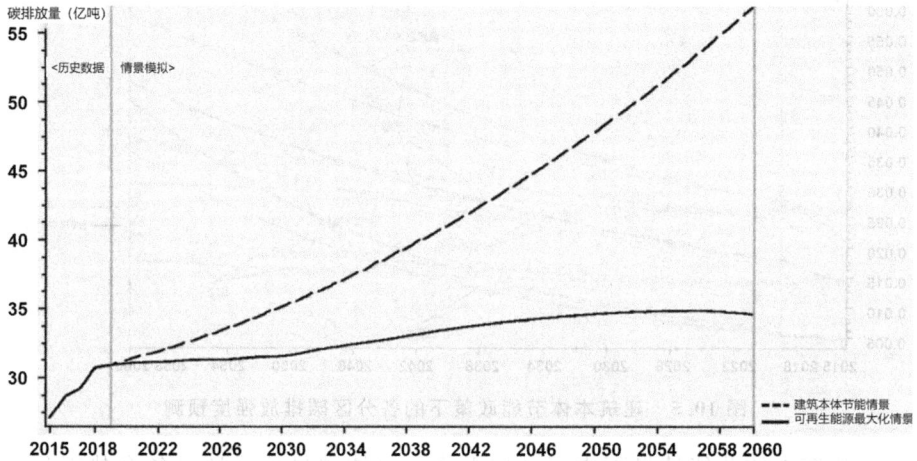

图 10.6　可再生能源替代与建筑本体节能政策下的总体碳排放量预测

　　对五个热工分区碳排放强度进行预测,各分区呈现不同的发展特征,主要分为两种情况(见图 10.7)。其中,温和地区、夏热冬暖地区和夏热冬冷地区高校单位碳排放量总体呈上升趋势。考虑了可再生能源最大化的因素影响后,这三个区域的碳排放强度较建筑本体节能情景均有不同程度降低,且在 2040 到 2055 年之间都出现峰值。寒冷和严寒地区高校碳排放强度呈现逐年持续下降趋势。这是由于这两个区域的高校在冬季集中供暖,所消耗能源的构成中以传统能源为主[55],而可再生能源最大化能直接改善这一情况。在五个分区中,夏热冬冷地区碳排放强度始终最高,且增长速度最快,该地区是未来减排工作的重点。夏热冬冷地区独特的气候特点,决定了其较高的能源消耗和较大的碳排放量,因此,该区域未来也具有较大的降碳潜力。在可再生能源最大化条件下,温和地区碳排放强度最低且增长缓慢,一直为五个分区中最低,其碳排放强度特征与夏热冬冷、夏热冬暖地区一致,但峰值较其他两个区域出现更早。

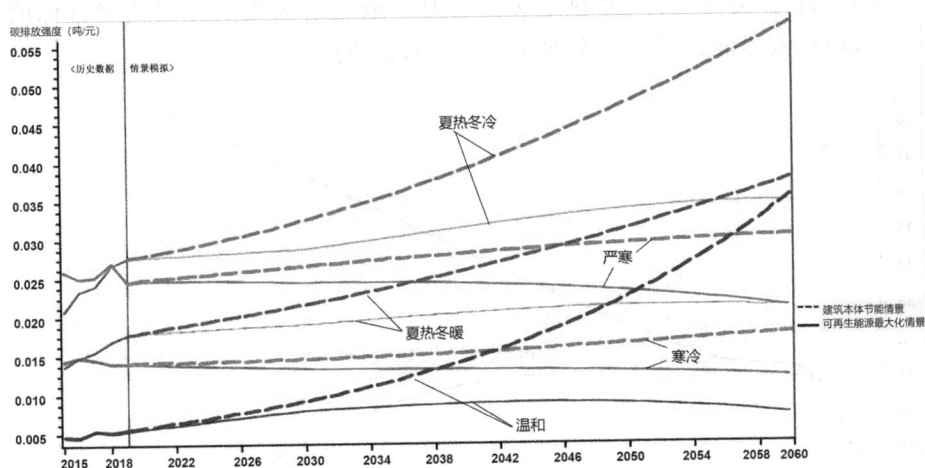

图 10.7 可再生能源替代因素下各分区碳排放强度的预测

在可再生能源最大化情景下,中国高校的总体碳排放量以及五个热工分区的碳排放强度在建筑本体节能基础上均有明显降低,因此,可再生能源最大化也是高校重要的减排手段之一。在建筑本体节能的基础上实现可再生能源代替率的最大化,虽然出现达峰拐点,但仍不能实现中国高校在 2030 年碳达峰的目标。因此,需要在目前本体节能与可再生能源替代的基础上,对不同气候分区进行有针对性的目标设置,尤其是夏热冬冷地区与夏热冬暖地区,或同时增加其他形式的降碳手段来共同促进减排。

5. 教育科技力量对碳排放的影响

●国家目标情景

上节已根据国家相关低碳政策所提出的目标要求来设定国家目标规划情景,具体设定:2025 年可再生能源替代率达 8%;2025 年建筑节能率达到 72%,2030 年建筑节能率达到 78%。预测显示:2020—2025 年碳排放总量增加缓慢,但 2025 年后碳排放总量快速增加,其间并未出现碳达峰(见图 10.8)。可见依据现有政策,即使达到相关规划目标的指标,中国高校仍不能达成碳达峰目标。在五个热工分区中,夏热冬冷、夏热冬暖以及温和地区高校碳排放强度呈上升趋势;而寒冷和严寒地区高校碳排放强度呈持续下降趋势(见图 10.9)。说明目前的政策规划指标对寒冷和严寒地区高校的降碳效果明显。夏热冬冷、夏热冬暖以及温和地区是未来实现碳达峰目标的重点，应积极开展针对这三个地区的相关减排措施。

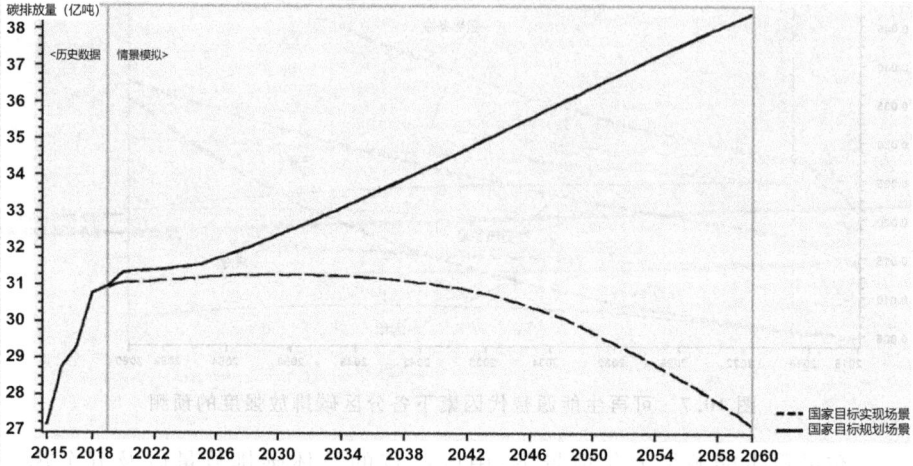

图 10.8　国家目标规划与实现情景下碳排放总量的预测

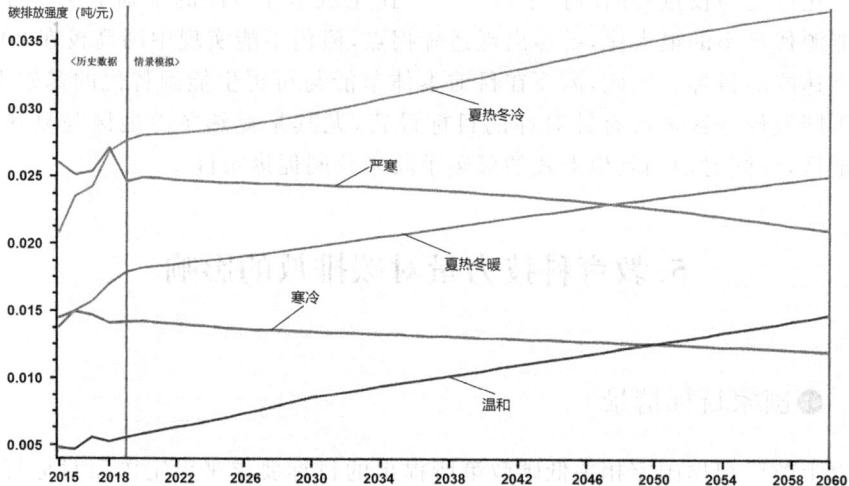

图 10.9　国家目标规划情景下各分区碳排放强度的预测

　　中国高校目前能耗占比中电力消费已远高于公共建筑的政策目标要求，因此量化指标主要考虑建筑本体节能的进一步加强与可再生能源的利用率进一步提高。以 2030 年前实现碳达峰为目标，设定国家目标实现情景。预测结果显示 2034 年前碳排放总量基本维持不变，2034 年碳排放总量明显开始下降。实现 2030 碳达峰目标的具体政策要求：建筑本体节能水平

2020—2025 年间提升 20％,2025—2030 年间提升 30％,2030 年节能率达到 80％;新能源替代率 2025 年达 8％,2030 年达 16％。而目前中国建筑与能源行业发展的水平——太阳能、地热能、风能等一大批新能源利用技术的成熟应用以及公共建筑保温材料与暖通设备的不断革新——为 2030 年公共建筑节能率达到 80％、可再生能源利用率达到 16％提供了极大的可能性[56]。

●教育科技力量情景

建筑节能率的提升与可再生能源的进一步开发与利用,其源动力是科技力量的不断提升,这恰恰也体现了高校作为教育与科研机构对降低碳排放的能力与贡献。虽然教育部并未就"双碳"目标提出量化的指标要求,但其规划中明确的教育与科研经费投入的增加保障了高校的发展,也直接关系到高校的碳排放[57]。科技的进一步提升必然伴随着科研投入的进一步增加,因此在该情景下,我们在考虑建筑本体节能与可再生能源替代两个因素的同时,也考虑了高校科研投入这一因素,一方面能更精确预测高校未来的碳达峰趋势,另一方面也对高校科技力量提升所带来的直接降碳潜力进行探讨。

借助高校科技创新力量,加大科研投入,进一步提升建筑节能率与可再生能源替代率。假设高校科技持续创新,使建筑本体节能率 2020—2025 年提升 20％,2025 年后每五年均提升 30％;可再生能源替代率 2025 年达 8％,2030 年达 16％,并按该替代速率发展到 2060 年,2060 年可再生能源替代率为 64％。师均科研经费按照五个热工分区各自现有增长率的最大值估算,到 2030 年师均科研经费的全国平均数值为 26.524 万元/人。该情景预测结果显示,高校碳排放总量先增加后减少,2046 年出现碳达峰(见图 10.10)。达峰时碳排放总量为 34.1 亿吨,是国家目标规划情景下同期的 87.8％。可见高校的发展会直接导致碳排放量的增加,但随着科技力量的不断积累与影响,会使碳排放量持续下降,最终形成高校减排与发展良好的互补效应。2020—2060 年,高校通过科技力量实现直接降碳约 603.4 亿吨(与基准情景相比),相当于 2020 年中国全社会碳排放量的 6 倍[58]。然而,此情景与 2030 碳达峰的目标还是有一定差距,师均科研经费所代表的科研投入与碳排放的关系值得进一步探讨。单位科研经费的碳排放成为科技力量情景下实现 2030 碳达峰目标的重要因素。

从五个热工分区来看,温和地区高校碳排放强度呈上升趋势,且 2060 年前未出现碳达峰。夏热冬冷和夏热冬暖地区高校碳排放强度也呈上升趋势,但分别于 2048 年 2056 年出现碳达峰,比既定的 2030 年目标要晚。寒冷与严寒地区高校碳排放强度始终呈下降趋势(见图 10.11)。即便如此,温和

碳排放量（亿吨）

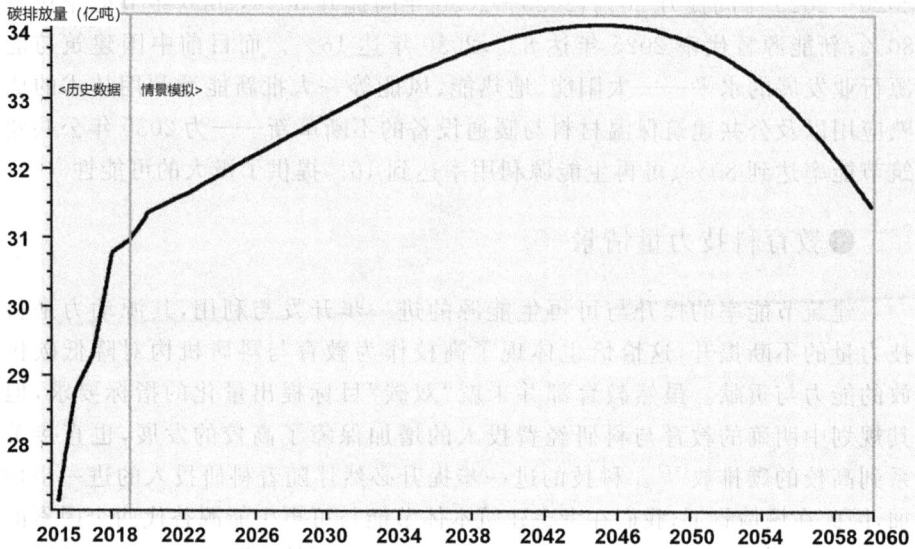

图 10.10　教育科技力量情景下碳排放总量的预测

地区也并非未来减排的重点。该区的高校通过建筑节能技术所带来的降碳效果有限。一是在该区技术应用难度小，相关技术研发已比较成熟[59]，因此通过科技创新带来的降碳潜力不大。二是该地区的碳排放强度整体较小。而夏热冬冷和夏热冬暖地区有望成为科技力量下减排效果较好的区域，且为具有较大降碳潜力实现 2030 碳达峰目标的区域。不同分区呈现出不同的发展趋势，可针对其特征，分别制定量化的目标值，进而形成系统的降碳方案。

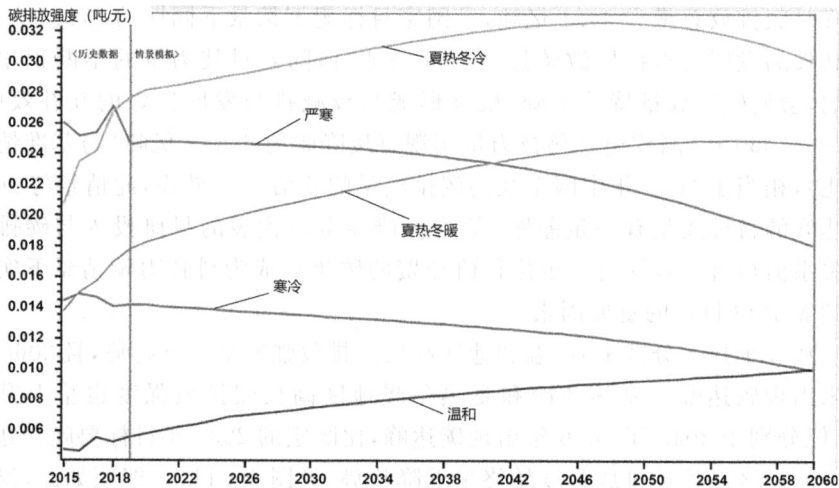

图 10.11　教育科技力量情景下各分区碳排放强度的预测

6. 小 结

本章研究结果表明,中国高校依照当前的发展趋势,即使按照低碳规划的政策指标,实施建筑本体节能措施与可再生能源替代策略,也无法在2030年之前实现碳达峰的目标。因此,就中国高校层面的减排来说,为助力实现全社会的"双碳"目标,可考虑以下三种实施路径:

(1)同时提高建筑本体节能率和可再生能源替代率的指标强度。

建筑本体节能率和可再生能源替代率,是中国高校降碳的重要因素,但仅依照当前低碳指标,不能完成2030年的碳达峰目标,需要将指标强度在原来指标基础上进一步提高。以2030年前实现碳达峰为目标,通过不断提高公共建筑保温材料性能、创新被动式建筑节能技术、革新建筑节能设备与暖通设备,以及提高太阳能、地热能、风能等新型能源的应用等措施,将建筑本体节能率从目前的20%提升到30%,2030年公共建筑节能率达到80%;新能源替代率2025年实现8%,2030年达16%。

(2)分地区调整低碳实施策略,严格落实夏热冬冷、夏热冬暖以及温和地区的低碳目标。

五个热工分区碳排放强度呈现较大差异,夏热冬冷、夏热冬暖地区以及温和地区均呈现较高的碳排放增速,而寒冷和严寒地区碳排强度呈现逐年持续下降趋势。因此,对夏热冬冷、夏热冬暖以及温和地区这三个未来碳达峰目标的重点地区,一方面通过绿色建筑技术创新、老旧建筑改建,以及用能设备的更新与维护,进一步提升三个地区高校公共建筑节能率;另一方面,调整三个地区的能源结构关系,提高新型能源和清洁能源的占比,降低传统能源和一次能源占比,进一步提高可再生能源替代率。与此同时,强化三个地区低碳政策的执行效率,并严格落实低碳目标的量化指标。

(3)强化高校科技创新力量和教育职能,充分挖掘降碳潜力。

发挥高校的科研创新职能,通过持续不断提高高校科研投入,加强低碳校园技术的创新研发与应用推广。根据预测可知,夏热冬冷和夏热冬暖地区在科技力量下减排效果好,并具有较大降碳潜力。因此,应依托高校科研力量进一步提升夏热冬冷和夏热冬暖地区的直接降碳能力。同时,通过高校教育职能,将低碳发展理念融入校园教学和生活,发挥高校的间接降碳潜力。由此,将政策层面由技术策略"自上而下"产生的降碳,与教育层面由高校师生行动"自下而上"产生的降碳相结合,形成综合低碳发展模式。

参考文献

［1］KHANNA Z N，KARALI N，FRIDLEY D，et al. 中国超越能效的发展轨迹——到 2050 年最大限度实现电气化和使用可再生资源对 CO_2 减排的影响［J］. 科学与管理，2018,38(03):41-51.

［2］联合国经济和社会事务部. 变革我们的世界:2030 年可持续发展议程［R］. 2015-9-25.

［3］冯叙,刘国平,张云,等. 从 GDP 到 HDI:低碳发展研究剖析与展望［J］. 城市规划学刊,2013,(02):32-38.

［4］习近平在第七十五届联合国大会一般性辩论上发表重要讲话［R］. 新华社,2020-09-22.

［5］JUNG J，HA G，BAE K. Analysis of the factors affecting carbon emissions and absorption on a university campus—focusing on Pusan National University in Korea ［J］. Carbon Management,2016,7(1-2):55-65.

［6］GAO TAO，LIU QING，WANG JIANPING. A comparative study of carbon footprint and assessment standards ［J］. International Journal of Low-Carbon Technologies,2014,9(3):237-243.

［7］PARK S，UM J. Differentiating carbon sinks versus sources on a university campus using synergistic UAV NIR and visible signatures［J］. Environmental Monitoring and Assessment,2018,190(11):652-663.

［8］SIPPEL M，MEYER D，SCHOLLIERS N. What about greenhouse gas emissions from students? An analysis of lifestyle and carbon footprints at the University of Applied Science in Konstanz，Germany［J］. Carbon Management，2018，9（2）:201-211.

［9］MUJTABA A，JENA P K，JOSHI D P P. Growth and determinants of CO_2 emissions:evidence from selected Asian emerging economies［J］. Environmental Science and Pollution Research,2021,28(29):39357-39369.

［10］LIN BOQIANG，LI ZHENG. Spatial analysis of mainland cities' carbon emissions of and around Guangdong-Hong Kong-Macao Greater Bay area［J］. Sustainable Cities and Society,2020,61:102299.

［11］PU YANRU，WANG YUYI，WANG PENG. Driving effects of urbanization on city-level carbon dioxide emissions:from multiple perspectives of urbanization［J］. International Journal of Urban Sciences,2020,26(1):108-128.

［12］ALBRECHT J，FRAN? OIS D，SCHOORS K. A Shapley decomposition of carbon emissions without residuals［J］. Energy Policy,2002,30(9):727-736.

［13］林伯强,姚昕,刘希颖. 节能和碳排放约束下的中国能源结构战略调整［J］. 中国社会科学,2010(01):58-71,222.

［14］洪业应.产业结构和能源结构的变动对碳排放的影响分析：基于环境库兹涅茨曲线检验［J］.环境科学与技术,2015,38(08):266-272.

［15］禹湘,陈楠,李曼琪.中国低碳试点城市的碳排放特征与碳减排路径研究［J］.中国人口·资源与环境,2020,30(07):1-9.

［16］AKRAM R,CHEN FUZHONG,KHALID F,et al. Heterogeneous effects of energy efficiency and renewable energy on carbon emissions：Evidence from developing countries［J］. Journal of Cleaner Production,2020,247:119122.

［17］ZHANG YUEJUN,SUN YAFANG,HUANG JUNLING. Energy efficiency, carbon emission performance,and technology gaps：Evidence from CDM project investment［J］. Energy Policy,2018,115:119-130.

［18］张嫱,臧鑫宇,陈天.墨尔本大学六星级绿色校园建设经验及其对我国的启示［J］.中国勘察设计,2018(09):90-93.

［19］陆静飞.社会主义生态文明视域下的绿色校园建设策略［J］.智库时代,2019(48):244-245.

［20］ZHU BIFENG,DEWANCKER B. A case study on the suitability of STARS for green campus in China［J］. Evaluation and Program Planning,2021,84:101893.

［21］LEE W L,BURNETT J. Benchmarking energy use assessment of HK-BEAM, BREEAM and LEED［J］. . Building & Environment,2008,43(11):1882-1891.

［22］干靓.美国绿色学校评估体系及实践研究［J］.建设科技,2013(12):35-38.

［23］AMARAL L P,MARTINS N,GOUVEIA J B. Quest for a sustainable university： a review［J］. International Journal of Sustainability in Higher Education,2015,16 (2):155-172.

［24］ZUTSHI A,Dr CREED A. Declaring Talloires：Profile of sustainability communications in Australian signatory universities ［J］. Journal of Cleaner Production,2018,187:687-698.

［25］EMEAKAROHA A,ANG C S,YAN Y,ET AL. A persuasive feedback support system for energy conservation and carbon emission reduction in campus residential buildings［J］. Energy and Buildings,2014,82(1):719-732.

［26］张琰彬."双碳"目标导向下的既有校园绿色更新策略研究［D］.郑州:华北水利水电大学,2022.

［27］OZDEMIR Y,KAYA S K,TURHAN E. A scale to measure sustainable campus services in higher education："Sustainable Service Quality"［J］. Journal of Cleaner Production,2020,245:118839.

［28］WASHINGTON-OTTOMBRE C,WASHINGTON G L,NEWMAN J. Campus sustainability in the US：Environmental management and social change since 1970 ［J］. Journal of Cleaner Production,2018,196:564-575.

［29］ZEN I S,SUBRAMANIAM D,SULAIMAN H,et al. Institutionalize waste minimization governance towards campus sustainability：A case study of Green

Office initiatives in Universiti Teknologi Malaysia[J]. Journal of Cleaner Production,2016,135:1407-1422.

[30] 张娜,刘淑萍.基于绿色发展理念的高校校园建设探索——天津师范大学为例[J].建材与装饰,2020(16):139-140.

[31] 韦佳伶,孙冰洁.《绿色校园评价标准》的地域适用及优化策略研究——以标准在华中地区的适用性分析为例[C].2018中国城市规划年会,2018-11-24.

[32] 吴志强,汪滋淞,干靓.《绿色校园评价标准》编制研究[J].建设科技,2012(06):52-55.

[33] 侯恩哲.《建筑节能》杂志社助力行业"3060""双碳"目标学术交流[J].建筑节能(中英文),2021,49(04):146.

[34] SCHEUER C,KEOLEIAN G A,REPPE P. Life cycle energy and environmental performance of a new university building: modeling challenges and design implications[J]. Energy and Buildings,2003,35(10):1049-1064.

[35] OSHIRO K,MASUI T,KAINUMA M. Transformation of Japan's energy system to attain net-zero emission by 2050[J]. Carbon Management,2018,9(5):493-501.

[36] 中国分部门核算碳排放清单1997—2019[R],中国碳核算数据库 & 国家统计局,2022.

[37] 全国高校首个综合能源服务项目,高校用能的标杆[EB/OL].(2020-12-30)[2025-02-14]. https://www.in-en.com/article/html/energy-2299819.shtml.

[38] 郁晓婷.高校能耗监测系统设计和数据传输的优化方案与应用[J].绿色建筑,2020,12(03):53-56.

[39] GB/T 51356—2019《绿色校园评价标准》最新解读[EB/OL].(2019-09-03)[2025-02-14]. https://www.sohu.com/a/338340729_505515.

[40] BEKAROO G,BOKHOREE C,RAMSAMY P, et al. Investigating personal carbon emissions of employees of higher education institutions: Insights from Mauritius[J]. Journal of Cleaner Production,2019,209:581-594.

[41] 中华人民共和国教育部.2021年全国教育事业发展统计公报[R/OL].(2022-9-14)[2025-02-14]. http://www.moe.gov.cn/jyb_sjzl/sjzl_fztjgb/202209/t20220914_660850.html

[42] 中国高等教育在学总规模达4430万人,居世界第一[EB/OL].(2022-4-22)[2025-02-14]. https://www.jiemian.com/article/7370171.html.

[43] DING HAO, ZHANG QI, ZHANG YIZHEN, et al. Prediction of Potential for Carbon Emission Reduction based on LEAP Model[J]. International Journal of Advancements in Computing Technology,2013,5(2):715-722.

[44] 马卓.吉林省碳排放峰值预测与控制策略研究[D].长春:吉林大学,2012.

[45] BAI CAIQUAN, ZHOU LEI, XIA MINLE, et al. Analysis of the spatial association network structure of China's transportation carbon emissions and its driving factors[J]. Journal of Environmental Management,2020,253:109765.

［46］潘毅群，梁育民，朱明亚.碳中和目标背景下的建筑碳排放计算模型研究综述［J］.暖通空调，2021，51(07)：37-48.

［47］KHANNA Z N，KARALI N，FRIDLEY D，et al.中国超越能效的发展轨迹——到2050年最大限度实现电气化和使用可再生资源对CO_2减排的影响［J］.科学与管理，2018，38(03)：41-51.

［48］EMODI N V，EMODI C C，MURTHY G P，et al. Energy policy for low carbon development in Nigeria：A LEAP model application［J］. Renewable and Sustainable Energy Reviews，2017，68：247-261.

［49］AZAM M，OTHMAN J，BEGUM R A，et al. Energy consumption and emission projection for the road transport sector in Malaysia：an application of the LEAP model［J］. Environment，Development and Sustainability，2016，18(4)：1027-1047.

［50］LEE S，CHONG W O. Causal relationships of energy consumption，price，and CO_2 emissions in the U.S. building sector［J］. Resources，Conservation and Recycling，2016，107：220-226.

［51］LANKO A，SANCHEZ de la FLOR F J，NAREZHNAYA T. A review on buildings energy consumption in Russia：educational buildings［J］. E3S Web of Conferences，2020，164：2001.

［52］RIDHOSARI B，RAHMAN A. Carbon footprint assessment at Universitas Pertamina from the scope of electricity，transportation，and waste generation：Toward a green campus and promotion of environmental sustainability［J］. Journal of Cleaner Production，2020，246：119172.

［53］中国碳核算数据库［EB/OL］.(2016)［2025-03-14］https：//www.ceads.net.cn/.

［54］邹苒，张晨悦，房涛，等.基于碳平衡核算的寒冷地区高校校园低碳建设策略研究［J］.中国人口·资源与环境，2017，27(4)：144-150.

［55］YOU V，KAKINAKA M. Modern and traditional renewable energy sources and CO_2 emissions in emerging countries［J］. Environmental Science and Pollution Research，2022，29(12)：17695-17708.

［56］龙惟定.碳中和城市建筑能源系统(1)：能源篇［J］.暖通空调，2022，52(03)：2-17.

［57］OZAWA-MEIDA L，BROCKWAY P，LETTEN K，et al. Measuring carbon performance in a UK University through a consumption-based carbon footprint：De Montfort University case study［J］. Journal of Cleaner Production，2013，56：185-198.

［58］英国石油公司(BP).BP世界能源统计年鉴(2021年版)［R/OL］.(2021-7-8)［2025-03-13］. https：//www.bp.com.cn/zh_cn/china/home/news/reports/statistical-review-2021.html.

［59］WU LINFEI，SUN LIWEN，QI PEIXIAO，et al. Energy endowment，industrial structure upgrading，and CO_2 emissions in China：Revisiting resource curse in the context of carbon emissions［J］. Resources Policy，2021，74：102329.

第十一章　中国绿色大学的可持续
建设策略与适配路径

　　中国的绿色大学建设对实现国家的"双碳"目标与全社会的可持续发展具有积极的作用。本章对中国"双碳"目标下的绿色大学建设开展研究。试图通过分析全球典型案例来对绿色大学建设的主要影响因素进行挖掘，以进一步探索中国绿色大学建设的适配路径。本章在理论层面上基于大学"产、学、研"的基本职能建立绿色大学的建设评价系统，搭建了绿色大学评价系统的理论框架。实践层面上针对中国绿色大学的建设现状，提出了其未来建设的适配路径。

　　本章研究的重点区别于目前的绿色校园评价系统，从大学的三大职能方面来构建绿色大学的理论框架，建立可持续的评价系统。通过扎根理论与组态理论的结合使用，实现对绿色大学建设路径这一定性问题的定量研究，既实现了定性问题向定量问题转化的科学性，又保证了采用定量方法获得结果的精确性。

　　绿色大学的提出与人类赖以生存的自然环境日益恶化密切相关，其内涵不仅仅是校园环境的绿色，更重要的是让教育与研发为可持续发展提供新理念、新技术与创新人才[1]。绿色大学通过提供相关可持续的教育课程，鼓励学生在实践中推广可持续的理念；在科学研究中，攻关阻碍可持续发展实现的难题，为绿色科技进步提供理论与技术支持；在社会服务中，与政府、非政府组织、企业和其他社区建立合作关系，共同推进落实可持续的实施方案。绿色大学应实现在教育教学、社会服务与科技创新三大职能中的可持续性[2]。

　　在全球低碳发展的浪潮下，2020年9月，中国明确提出2030年碳达峰与2060年碳中和的"双碳"目标[3]。而绿色大学作为全社会可持续发展中的重要一环，对"双碳"目标的达成具有重要的推动作用。但同时，中国的绿色大学发展尚不成熟，仍存在不少问题。首先，相比全球绿色大学发展较为成熟的国家——如美国、英国、日本，中国的绿色大学发展起步较晚，目前发展阶段尚不明确[4]。再者，中国幅员辽阔，各地区社会与经济发展水平差距较大，各地区大学发展并不均衡。因此，很难对其未来发展的路径进行规划。其次，中国绿色大学从节能校园发展而来，内涵较为单一，可持续的理念未全面涉及大学的三大基本职能[5]。中国目前的绿色大学发展并不能满足实现可持续发展的需求。

当前绿色大学与可持续校园的研究大多采用定性分析方法。如白翠平（2022）对在校人员进行归纳分析，以提出推进大学绿色校园建设的行动建议[6]。H. T. Fachrudin（2020）通过专家访谈法收集绿色大学建设相关数据，基于数据的描述性分析，得出绿色概念指标[7]。R. T. Bethary 等（2022）对大学的绿色交通指标进行对比分析，评估绿色校园交通建设取得的进展[8]。绿色大学涉及的内容多样且复杂，导致其概念难以界定、数据难以量化，很难通过定量方法进行研究[9]。然而仅凭定性分析确定绿色大学的建设路径，缺乏发展阶段的精确评估，导致建议的针对性不强，因此需要将定性与定量结合起来，建立针对发展阶段的定量评价系统。组态理论融合了定量和定性研究的特点[10]。在组态视角下，定性比较分析方法（QCA）通过比较多个案例，深入解释相对复杂的现象和关系，正好满足了目前研究的需求。

目前各国也都相继出台了绿色大学的相关评价标准，如美国的 STARS（Sustainability Tracking, Assessment & Rating System）、中国的《绿色校园评价标准》、英国的 EcoCampus。它们主要用来评估单个教育机构是否符合本国所提出的可持续标准，评价的侧重点与对可持续的定义都不一样[11]。不足之处在于无法对目前该地区群体建设的特征路径进行描述，因此不适用于区域绿色大学建设阶段的定量研究。本章从大学的三大职能维度构建绿色大学的可持续评价系统，可全面分析绿色大学建设的现状与特征。

1. 对象与样本

本章选取中国的 100 所大学为样本。这 100 所大学分布在 5 个建筑热工分区，每个热工分区涉及 1 至 2 个省（区、市），每个分区 20 所，合计 100 所（见表 11.1）。样本大学优先选取中国教育在线网站中知名度较高的大学，如此有利于数据的收集，并使研究呈现出中国大学的主要特征。

表 11.1　研究的样本大学分布

热工分区	省份	大学	样本数
夏热冬冷地区	浙江省	浙江大学、浙江工业大学、宁波大学、温州医科大学、浙江师范大学、浙江理工大学、杭州师范大学、宁波诺丁汉大学、浙江工商大学、浙江农林大学	10
	江西省	南昌大学、江西财经大学、江西师范大学、南昌航空大学、江西理工大学、华东交通大学、江西农业大学、东华理工大学、井冈山大学、赣南师范大学	10
夏热冬暖地区	广东省	中山大学、华南理工大学、南方科技大学、南方医科大学、暨南大学、深圳大学、华南师范大学、华南农业大学、广州大学、广东工业大学	10
	广西壮族自治区	广西大学、广西师范大学、广西医科大学、桂林电子科技大学、桂林理工大学、南宁师范大学、广西中医药大学、广西民族大学、广西科技大学、北部湾大学	10
温和地区	云南省	云南大学、昆明理工大学、云南师范大学、昆明医科大学、云南农业大学、大理大学、西南林业大学、云南民族大学、云南财经大学、云南中医药大学、曲靖师范学院、昆明学院、红河学院、楚雄师范学院、保山学院、普洱学院、文山学院、云南警官学院、昆明城市学院、昆明文理学院	20
寒冷地区	河南省	郑州大学、河南大学、河南农业大学、河南师范大学、河南科技大学、河南理工大学、河南工业大学、华北水利水电大学、河南中医药大学、郑州轻工业大学	10
	山东省	青岛大学、山东大学、中国海洋大学、山东师范大学、山东科技大学、山东农业大学、齐鲁工业大学、济南大学、青岛科技大学、山东理工大学	10
严寒地区	黑龙江省	哈尔滨工业大学、哈尔滨工程大学、哈尔滨医科大学、东北林业大学、黑龙江大学、东北石油大学、哈尔滨师范大学、哈尔滨理工大学、黑龙江中医药大学、齐齐哈尔大学	10
	内蒙古自治区	内蒙古大学、内蒙古农业大学、内蒙古师范大学、内蒙古工业大学、内蒙古科技大学、内蒙古财经大学、内蒙古民族大学、赤峰学院、呼伦贝尔学院、集宁师范学院	10

　　校园中的建筑物直接关系到校园能耗和碳排放量，而受气候、地形等因素的影响，不同热工分区建筑的能耗与碳排放量存在显著差异[12]，因此，按热工分区选取样本对于确定绿色大学的建设路径具有重要意义。针对不同

分区进行单独研究,可以为不同地区提供更有针对性的建议,以帮助学校更好地实现可持续发展目标。

2.构建评价系统及适配路径的研究方法

●方法理论模型

(1)扎根理论(Grounded Theory)

扎根理论由哥伦比亚大学的格拉瑟和斯特劳斯提出,是由经验资料建立起来的一种质性研究方法。扎根理论被广泛运用于评估和教学等方面,该方法重点在于对一个现象持续地、客观地进行严谨的概念化,并针对该现象出现的原因进行谨慎的思考[13]。其操作过程中最关键的步骤是三级编码:开放性编码、主轴性编码和选择性编码。开放性编码需要研究者将初始资料打散后,对资料进行概念提取和范畴定义。主轴性编码则是探寻概念间的因果关系和现象脉络[14]。选择性编码是从核心范畴中找到联系,明确主次关系,从而构建一张概念网。

绿色大学作为本章的研究对象,其影响因素众多,且各因素相互交织,共同决定了大学的可持续性。故本章采用扎根理论对绿色大学的影响因素进行分析,以总结影响因素的概念框架,为构建绿色大学的评价系统提供基础。

(2)组态理论与QCA(Qualitative Comparative Analysis)

组态(Configuration)是由共同发生的、概念上可区分的特征构成的多维度特征群落[15]。在组态视角下,相关联的结构和集群构成了组织的多样性,所以不能从孤立的视角去理解组织。定性比较分析方法(QCA)由查尔斯·拉金(Charles C. Ragin)于1987年提出[16]。QCA是基于布尔代数的集合论组态分析方法,是用以解决组态现象相互依赖性和因果复杂性的一种"案例导向"法。作为一种超越定性与定量研究的新方法,QCA将因果关系总结为联合性、等效性和不对称性[17]。另外,拉金将模糊集合引入QCA,提出了模糊集定性比较分析(fuzzy-sets QCA,fsQCA)技术[18]。

以往学者大多采用传统的自变量及其影响为导向的回归分析法进行研究,从而忽略了因果关系的多元组合,无法对结果的原因进行更加深入的分析,而QCA方法从整体上探寻多重并发因果之间的相互作用,它能提供不同因素组合对结果的影响,正好弥补了这一缺陷,为更深入的研究提供方向。因此，本章采用 fsQCA 方法来探究绿色大学与相关影响因素间的因果关系。使用 fsQCA 前需要先确定研究案例和原因变量，再以个案为单位对数据进行汇总，得到原因变量与结果变量的所有组合并构建真值表。最后将所有组合所构成的真值表进行简化，从而得出结果变量发生与不发生的原因条件组合[19]。

●数据来源和处理

根据扎根理论，从"社会服务、教育教学、科技创新"三个方面选取了以下 8 个特征因子作为主要的路径评价指标：基础设施、公共服务、经济和财经、组织管理、可持续教育、行为实践、绿色技术、一体化发展。我们把每个特征因子分为多个指标，再将每个指标分为多个子指标。

收集的数据为 8 个特征因子以及结果因子"绿色大学"所涉及的相关指标内容。数据来自百度（中国使用最广泛的网络搜索引擎之一）、学校官网以及绿色大学相关网络报道。本章主要采用 QCA 方法对各指标进行定性评价，以判断特征的有无，因此各指标将赋值为 0 和 1，定义为二分类变量。对每个特征因子只进行定性判别，因此对该因子的各指标与子指标也只进行定性判别，不涉及具体权重的重新定义[20]。每个指标与子指标的权重按个数平均赋值，子指标值相加为指标的值，指标值相加为特征因子的值。

结果因子"绿色大学"的值则通过"绿色学校称号、生活指数、碳中和行动、绿色特色"这 4 个指标及其权重来决定。这 4 个指标分别代表了该大学政府评价、学生评价、社会贡献、建设创新四个方面的情况，是对"绿色大学"建设成果的全面评价。

数据处理使用 fsQCA 的 calibrate 函数对 8 个特征因子和 1 个结果因子进行校准，得到校准后的因子的真值。该校准法为间接校准法：calibrate(x，$n1$，$n2$，$n3$)，其中 x 为结果因子，$n1$、$n2$、$n3$ 分别为三个锚点，分别设定为 0.95、0.5、0.05[21]。

●步骤及框架

研究分为三个步骤（见图 11.1）。

步骤 1 重点案例分析以总结绿色大学特征

重点分析斯坦福大学、浙江大学和北九州学研都市三个案例，总结教育教学、社会服务、科技创新三个维度的绿色大学特征，为确定绿色大学的影响因素提供基础。

步骤 2　挖掘主要影响因素及其因果关系以构建绿色大学评价系统

通过扎根理论对案例的数据进行三级编码，得到主要影响因素及其间的因果关系。根据影响因素和关系编织绿色大学概念网，进而构建出绿色大学评价系统。

步骤 3　因素组合计算以适配绿色大学建设路径

以五个热工分区为单位分别对绿色大学进行采样。通过 fsQCA 方法得到主要影响因素与是否成功构建绿色校园的所有因素组合，并构建真值表，以探讨绿色大学的适配路径。

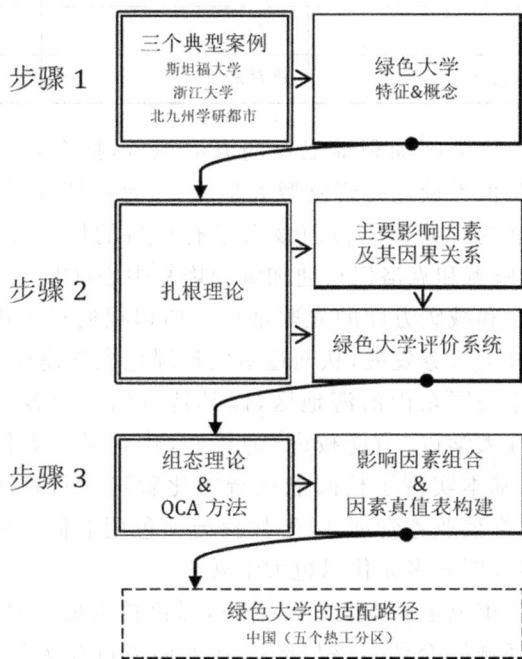

图 11.1　研究框架

3.绿色大学特征与指标建立

●构建指标的学习案例简介

本研究一共选取了三所大学校园作为案例，分别为美国的斯坦福大学（详见第六章），日本的北九州学研都市（详见第七章）和中国的浙江大学（详见第八章）。其基本信息见表11.2：

表 11.2　三所案例学校基本信息表

高校	斯坦福大学	浙江大学	北九州学研都市
国别	美国	中国	日本
气候特点	夏季干旱多阳光，冬季多雨	夏季高温多雨，冬季温和少雨	常年温暖湿润，夏季多雨
地理位置	旧金山湾区	东南沿海长三角地区	北九州沿海
占地（km²）	33.1034	6.2233	0.0347
建设特点	社会服务	教育教学	科技创新

斯坦福大学位于美国加利福尼亚的海湾地区，拥有日趋完善的社会服务体系。斯坦福是世界领先的研究型大学之一，是一所在教学、社区服务等方面均可持续发展的实验室。目前该大学有独特的标志性建筑物，如中央能源设施（CEF）、威廉和克洛伊科迪加资源恢复中心（CR2C）等，充分展示了斯坦福在能源效率和减碳方面的先驱地位。斯坦福通过先进的能源与基础设施带动了整体社会服务发展，从而逐步实现绿色大学建设[22]。

浙江大学位于我国东南沿海地区，以其特有的教育教学模式推进着绿色大学建设。浙江大学以"节能校园"为核心，建立了全方位立体化的实时监控与管理体系，基本实现了校园能耗智能化管理。同时注重该体系与学校其他用能系统、学校业务管理、学生教育与绿色用能倡导的充分融合与衔接，正在从节约型校园向多元化绿色大学转变[23]。

北九州学研都市位于日本北九州沿海，绿色技术成熟且覆盖率高，是一体化协同发展的区域综合体。该校园以减少环境负荷为特色，采取了一系列绿色技术，诸如太阳能光伏发电、雨水回收、综合管廊等，实现了能源、水和其他资源的循环利用，创建了环境友好的校园模式。该建设模式为全球通过科技实现绿色大学建设提供了发展样本与实践指导[24]。

以上三个案例契合大学的三大职能，通过一系列"可持续性"措施，分别在三个维度对推进绿色大学建设有重要借鉴意义：在社会服务方面取得了突出的成果，以教育教学引领低碳校园发展，以绿色技术为核心发展区域一体化可持续大学。因此，本研究选取上述三个校园分别作为社会服务、教育教学和科技创新三个维度的典型分析案例。

●建设与发展特征

斯坦福大学以社会服务为核心推动绿色大学建设。社会服务中包含能源与基础设施、公共服务、经济与财经三个因素。该大学以能源供需和设备设施为保障打造能源与基础设施，且依靠交通运输、住房建筑、卫生设施发展公共服务，同时以可持续项目和可持续资本为动力大力发展经济与财经，开辟了一条以社会服务为中心的绿色大学发展道路。

浙江大学以教育教学为建设特征，围绕教育教学展开组织管理、可持续教育、行为实践三个方面建设。校园运作和建立联盟依靠着行政规划指导，共同服务于组织管理。可持续教育包括意识培养、知识传播和校园参与，与组织管理协同促进教育教学发展。而行为实践主要指建立检测系统和节能管理。

北九州学研都市以科技创新为特征，结合绿色技术与一体化发展共同推动低碳校园建设。着重在学术研究、新能源和资源可循环方面推动绿色技术的发展，在管理部门、组织会议、政策与标准方面推动一体化发展。它走出了以科技为核心的绿色大学发展道路。（图 11.2）

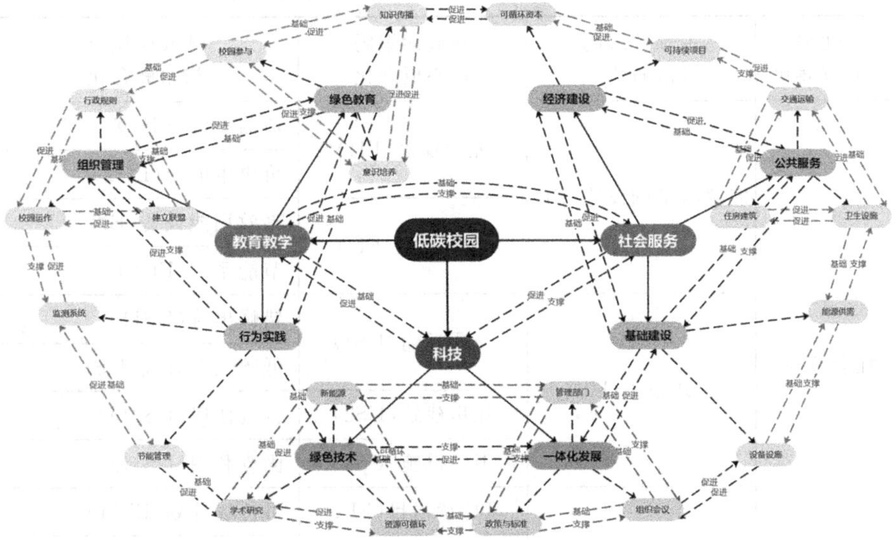

图 11.2　各特征概念形成的因素关系网图

●评价系统与指标

基于图 11.2 中三个案例的特征关系的联系，用扎根理论寻找绿色大学的核心概念，以构建绿色大学的核心概念框架。编码过程如下（见表11.3）：

①开放性编码

对绿色大学建设的实际发展情况进行一级编码，从三个案例中寻找概念类属，提取关键词并命名。然后，进行初始概念化处理，最终得到33个开放性编码。对33个开放性编码进一步概括，进行核心概念化处理，精炼后得到21个开放性编码。

②主轴性编码

将开放性编码有机地整合、联结在一起，以对绿色大学建设影响因素进行更全面和清晰的解释。将21个开放性编码合并，最终抽象出8个范畴，即低碳校园建设的8个主要影响因素。

③选择性编码

主轴性编码之后，对原始资料进行选择性编码。选择性编码指的是识别能够统领全局的概念，即"核心范畴"的文本处理。整理发现影响低碳校园建设的因素与三大高校职能关联密切，即社会服务、教育教学和科技创新三大职能。

表11.3 基于绿色大学特征的编码与概念提取

选择性编码 （核心范畴化）	主轴性编码 （范畴化）	开放性编码 （核心概念化）	开放性编码 （初始概念化）
社会服务	能源与基础设施（EI）	能源供需（EI1）	清洁能源（EI11）
			可再生能源（EI12）
		设备设施（EI2）	高效用能设备（EI21）
			节能系统（EI22）
	公共服务（US）	交通运输（US1）	错峰出行（US11）
			低碳通勤方式（US12）
		住房建筑（US2）	就近住房（US21）
		卫生设施（US3）	固废利用（US31）
	经济和财经（EF）	可持续项目（EF1）	可持续计划（EF11）
		可持续资本（EF2）	建设投入（EF21）
			投资管理（EF22）

选择性编码 （核心范畴化）	主轴性编码 （范畴化）	开放性编码 （核心概念化）	开放性编码 （初始概念化）
教育教学	组织管理（OM）	建立联盟（OM1）	制定评价标准（OM11）
			发起示范项目/工程（OM12）
		校园运作（OM2）	校园运作（OM21）
		行政规划（OM3）	校园节能政策实施（OM31）
			政府相关文件指导（OM32）
	可持续教育（SE）	意识培养（SE1）	可持续性教育（SE11）
		知识传播（SE2）	教师团队（SE21）
			含绿色内容课程开设（SE22）
		校园参与（SE3）	校园活动组织（SE31）
			校园社团合作（SE32）
	行为实践（BP）	监测系统（BP1）	在线实时检测（BP11）
			分析平台（BP12）
		节能管理（BP2）	智能化节能管理（BP21）
科技创新	绿色技术（GT）	新能源（GT1）	太阳能利用（GT11）
			高效能源系统（GT12）
		学术研究（GT2）	前沿学术研究领域（GT21）
			前沿技术研究（GT22）
		资源可循环（GT3）	资源可循环（GT31）
	一体化发展（ID）	管理部门（ID1）	绿色校园管理部门（ID11）
		组织会议（ID2）	绿色校园组织会议（ID21）
		政策与标准（ID3）	绿色校园政策（ID31）
			绿色校园评价标准（ID32）

将选择性编码作为绿色大学建设的三大维度：社会服务、教育教学和科技创新。将选择性编码下包含的主轴性编码作为影响因素的特征因子，包括：能源与基础设施、公共服务、经济和财经、组织管理、可持续教育、行为实践、绿色技术、一体化发展。将核心开放性编码作为评价因素的指标，初始开放性编码作为其下的子指标。由此构建一套完整的评价指标系统，用以

衡量绿色大学建设成果。

4.绿色大学建设的特征因子及组合

●特征因子的真值

用 fsQCA 方法的 truth table algorithm 功能分别对全国样本高校校准后的真值进行计算，得到各特征因子的真值表 11.4。通过对输入变量（各特征因子）和结果变量（绿色大学值）的分析，得出不同特征因子组合的案例数及其可信度。

真值表 11.4 包含了所有可能的特征因子组合。它显示了输入变量的不同组合情况与输出结果之间的关系。本研究通过 fsQCA，以构建真值表来寻找影响目标变量（绿色大学）的因素及其影响程度。

表 11.4　特征因子的真值表

因子	EI	US	EF	OM	SE	BP	GT	ID	案例数
	1	1	1	1	1	1	1	1	29
	1	1	0	0	0	1	1	0	8
	0	1	1	0	1	1	0	0	7
	0	1	0	0	0	1	0	0	6
	1	1	0	1	1	1	1	1	5
	0	1	1	1	1	1	1	1	5
	0	1	0	0	0	1	0	0	4
真值	1	1	0	1	0	1	1	1	4
	1	1	1	0	1	1	0	0	3
	1	1	0	0	1	1	1	0	3
	1	1	1	0	0	1	0	0	2
	1	1	0	1	1	1	1	0	2
	1	1	1	1	1	1	1	0	2
	0	1	0	0	0	1	0	1	2
	1	1	0	0	1	1	1	1	2

因子	EI	US	EF	OM	SE	BP	GT	ID	案例数
	0	0	0	0	0	1	0	0	1
	1	0	0	1	1	1	0	0	1
	0	0	0	0	0	1	1	0	1
	0	0	1	0	0	1	1	0	1
	0	1	0	1	0	1	1	0	1
	1	1	0	1	0	1	1	0	1
	1	1	1	1	0	1	1	0	1
真值	0	1	0	1	0	1	1	0	1
	0	1	0	1	0	1	1	0	1
	0	1	0	1	0	1	0	1	1
	1	1	0	1	0	1	0	1	1
	0	1	0	1	0	1	1	1	1
	1	1	0	0	0	1	1	1	1
	0	1	1	1	0	1	1	1	1
	0	0	1	1	1	1	1	1	1

注:该表中没有展示案例数为 0 的组合。

●可信度组合

计算结果显示每种特征因子组合的三个可信度值:raw consist(原始一致性)、PRI consist(优化前一致性)、SYM consist(对称一致性)。其中,原始一致性表示一个组合在原始数据集中出现的频率和在不同子集数据集中出现的频率之间的差异不大,即稳定性较高,在实证研究中具有一定的可靠性。优化前一致性表示组合中每个因素与结局变量之间的关系比较稳定,该组合对结局变量的影响也较为稳定,这是一个较为重要的条件。对称一致性表示组合中每个因素的重要程度相对均衡,没有某个因素占据过大的比例,从而减少了偏差的影响,这是保证组合结果客观、稳定的一个关键条件[25]。数值大于等于 0.70 的组合在 fsQCA 中被认为是比较可靠的,可以用于具体的研究和分析。因此,我们筛选出 raw consist、PRI consist、SYM consist 数值都大于等于 0.7 的组合[26]。另外，在一般情况下，如果三者同时为 1，则数据可能存在错误或变量之间高度重叠，因此还剔除了数值都为 1 的组合[26]。

依据筛选后的组合与各组合涉及的案例数，得出以下特征因子组合以及可信度（见表 11.5）。

表 11.5　特征因子组合可信度值

地区	组合	原始一致性	优化前一致性	对称一致性
全国	组合 I	0.958025	0.899102	0.918145
	组合 II	0.982305	0.903366	0.903366
	组合 III	0.976856	0.911462	0.911462
	组合 IV	0.980767	0.905267	0.905267
夏热冬冷地区	组合 I	0.998098	0.992147	0.992147
	组合 II	0.99703	0.994253	0.994253
	组合 IV	0.992739	0.978275	0.978275
夏热冬暖地区	组合 I	0.925942	0.87174	0.90143
温和地区	组合 I	0.969826	0.819797	0.819797
寒冷地区	组合 V	0.87044	0.709426	0.709426
严寒地区	无			

(1)全国

组合 I（主要）：EI＋US＋EF＋OM＋SE＋BP＋GT＋ID

组合 II（辅助）：EI＋US＋OM＋SE＋BP＋GT＋ID

组合 III（辅助）：US＋EF＋OM＋SE＋BP＋GT＋ID

组合 IV（辅助）：EI＋US＋OM＋BP＋GT＋ID

(2)各热工分区

夏热冬冷地区

组合 I：EI＋US＋EF＋OM＋SE＋BP＋GT＋ID

组合 II：EI＋US＋OM＋SE＋BP＋GT＋ID

组合 IV：EI＋US＋OM＋BP＋GT＋ID

夏热冬暖地区

组合 I：EI＋US＋EF＋OM＋SE＋BP＋GT＋ID

温和地区

组合Ⅰ:EI＋US＋EF＋OM＋SE＋BP＋GT＋ID

寒冷地区

组合Ⅴ:EI＋US＋BP＋GT

严寒地区

无可信组合。

5.绿色大学的发展及适配路径

●发展路径

通过分析特征因子的可信组合(如表 11.6 所示),得到目前中国绿色大学发展路径的特征。组合Ⅰ包含绿色大学建设的全部 8 个特征因子,组合Ⅱ缺少经济和财经(EF)特征因子,组合Ⅲ缺少能源与基础设施(EI)特征因子,组合Ⅳ缺少经济和财经(EF)、可持续教育(SE)特征因子,组合Ⅴ缺少经济和财经(EF)、组织管理(OM)、可持续教育(SE)、一体化发展(ID)特征因子。

表 11.6　特征因子的可信组合

可信组合	社会服务			教育教学			科技创新	
	EI	US	EF	OM	SE	BP	GT	ID
组合Ⅰ	√	√	√	√	√	√	√	√
组合Ⅱ	√	√	×	√	√	√	√	√
组合Ⅲ	×	√	√	√	√	√	√	√
组合Ⅳ	√	√	×	√	×	√	√	√
组合Ⅴ	√	√	×	×	×	√	√	×

中国绿色大学整体上呈现出组合Ⅰ的主要发展路径,该组合涉及全部的 8 个因子,说明绿色大学的整体发展较为全面,大部分绿色大学建设都涵盖了社会服务、教育教学和科技创新三大维度的各个方面。同时,有 3 条辅助发展路径,分别为组合Ⅱ、组合Ⅲ与组合Ⅳ,说明部分地区的绿色大学发展还有所欠缺,具体表现在经济和财经、能源与基础设施、可持续教育等方面。虽然中国的绿色大学整体发展水平较高,但在不同的热工气候区也呈现出较大的差异。具体为夏热冬冷和夏热冬暖地区的绿色大学发展水平较

温和与寒冷地区高,严寒地区发展水平最低。

分别统计5个可信组合在各热工分区的案例数,依据是否有案例可判断该热工分区是否呈现出该可信组合,依据案例数的多少可进一步判断该可信组合是否为该分区显著的发展路径(见表11.7)。

表 11.7 各地区可信组合的案例数

可信组合	夏热冬冷地区	夏热冬暖地区	温和地区	寒冷地区	严寒地区
组合 I	5	15	3	/	/
组合 II	5	/	/	/	/
组合 III	/	/	/	/	/
组合 IV	4	/	/	/	/
组合 V	/	/	/	3	/

夏热冬冷地区与夏热冬暖地区的可信组合的案例数较多,这两个地区具有更为显著的发展路径。夏热冬冷地区存在3条发展路径,各条路径上的可信案例数量基本相同,不存在主要发展路径,说明该地区绿色大学的发展并不均衡。该地区可持续项目的资本投入和可持续教育资源的配置主要集中在综合实力排名靠前的大学,这直接影响了该地区绿色大学的均衡发展[27]。从发展路径涉及的特征因子来看,仅部分大学涉及绿色大学建设的全部特征因子,而其他大学的发展特征暂时未涉及经济和财经(EF)或可持续教育(SE)。夏热冬暖地区有且只有1条可信发展路径(组合 I),即该地区大部分绿色大学的发展涉及全部8个特征因子。该地区绿色大学在教育教学、社会服务、科技创新三大维度建设中的发展较为完善,且各大学发展均衡。该热工分区所涉及的地区大部分是中国经济发展较好的区域,集聚了大批可持续发展相关的高科技企业和人才,直接带动了大学可持续教育、科技和社会服务的全面发展[28]。

温和和寒冷地区虽然有可信组合路径,但可信组合的案例数较少,因此这两个地区的绿色大学还未形成显著的发展路径。温和地区的绿色大学呈现的可信发展路径(组合 I)涵盖了三大维度的各个要素,但涉及的学校数量较少,说明该地区的绿色大学建设还处于起步阶段。而寒冷地区的绿色大学呈现的可信发展路径为组合 V,说明该地区在社会服务、教育教学、科技创新三大维度上都存在不足。该热工分区涉及的地区大部分地处内陆,经济较沿海地区落后,导致可持续项目的资本投入较少,与高科技企业合作的机会有限[29]。从具体特征因子来看,该地区绿色大学的发展暂未涉及经济和财经(EF)、组织管理(OM)、可持续教育(SE)、一体化发展(ID)四个特征因子。严寒地区无可信组合,表示该地区暂未呈现出自己的发展特征。该地区主要位于中国东部与西部的边疆地区,经济发展落后、人才流失严重、科技创新不足是主要的原因[30]。

●适配路径建议

中国的绿色大学未来可在经济和财经、能源与基础设施、可持续教育方面着重建设。在经济和财经方面,主要为合理规划可持续项目、加大可持续资本投入、完善可持续投资管理制度。在能源与基础设施方面,可着力拉动清洁能源或可再生能源的市场需求,以平衡供给,同时加强高效用能设备和节能系统基础设备设施的建设。在可持续教育方面,开设可持续教育课程、组建可持续教育的师资团队、加强可持续教育以培养可持续意识并鼓励校园社团参与可持续实践活动成为未来建设的重点[31]。

就各热工分区来看,夏热冬冷地区的政府和教育管理部门应集中精力解决各大学间发展不均衡的问题。着力增加可持续资本投入,以满足日益增加的可持续项目建设需求。同时,合理配置可持续教育资源,以满足迫切的可持续教育需求,化解发展中的主要矛盾,实现该地区绿色大学的均衡发展。夏热冬暖地区应推动教育教学、社会服务和科技创新一体化发展,激发三者相互作用的发展动力。温和地区应总结现阶段绿色大学建设的经验,加快绿色大学在整个地区的推广。充分发挥绿色大学示范项目的带头作用,加强学校之间的合作,以建立区域联盟,形成该区域独特的发展优势[32]。寒冷地区未来应在可持续教育、科研、社会服务一体化发展与可持续资本投入方面着力。该地区大学可尝试突破传统大学教育模式,加强教育、产业、科研等方面的合作联系,大力推动形成产学研一体化发展的创新模式。严寒地区应聚焦自身优势,形成特色发展模式。建议该地区在基础设施、可持续教育和绿色技术三个方面先行动,形成建设亮点,并在实践过程中逐步形成自身绿色大学建设的路径[33]。

6.小　结

本章提出绿色大学的建设应从社会服务、教育教学和科技创新三个职能维度上实现可持续性,并针对中国绿色大学目前的发展特征,提出建设的适配路径。主要得到以下几点结论:

（1）中国绿色大学整体在三大维度上发展较为全面，发展呈现出多条路径，包括1条主要发展路径和3条辅助发展路径。未来应在经济和财经、能源与基础设施、可持续教育方面着重建设与推广，实现均衡发展。

（2）具有显著发展路径的地区（夏热冬冷地区与夏热冬暖地区）。夏热冬冷地区绿色大学的主要问题是各大学间发展不均衡，虽然呈现出三条发展路径，但没有主要的路径。未来建设的适配路径应着力增加可持续资本投入，并合理配置可持续教育资源，化解发展中的主要矛盾，实现各绿色大学均衡发展。夏热冬暖地区的绿色大学整体发展较为完善，地区发展特征与全国特征一致，具有唯一且明显的发展路径。适配路径可以激发教育教学、社会服务和科技创新三者相互作用的发展动力为主。

（3）还没形成显著发展路径的地区（温和地区、寒冷地区与严寒地区）。温和地区的绿色大学发展处于建设的起步阶段。虽然有涉及全部因子的可信组合，但未形成显著的发展路径。该地区绿色大学的适配路径应依靠全面发展的绿色大学来发挥带头示范作用，推进绿色大学在整个地区的普及。寒冷地区的绿色大学在三大职能维度的建设中都存在不足，虽然有因子的可信组合，但未形成显著的发展路径。该地区绿色大学的适配路径应在加强可持续教育、科研、社会服务一体化发展与加强可持续资本投入方面着力。严寒地区绿色大学目前未呈现自己的发展特征，没有形成发展路径。其适配路径应是聚焦自身优势，形成特色发展模式，以实现绿色大学三大职能维度的全面发展。

本章的研究结论，直接有利于中国绿色大学的全面发展，突破当前建设的瓶颈，实现中国绿色大学在教育教学、社会服务、科技创新三大维度上的可持续发展。另外，本章提出的基于大学"产—学—研"三大职能的绿色大学评估框架，在方法层面有利于深入量化分析绿色大学建设的现状与特征，为其他国家及地区，乃至全球绿色大学的发展提供建设的理论依据与实施框架。精确的建设现状评估能够针对当地的发展特征来合理规划适合本区域的绿色大学建设路径，有利于资源的有效分配，大大推进全球高等教育的可持续发展。

参考文献

[1] 周照.关于如何建设绿色高校的问题研究分析[J].山东农业工程学院学报,2016,33(10):88-89.

[2] 铁铮,田阳.绿色教育:大学的责任与行动[J].绿色中国,2016,(04):48-51.

[3] 习近平.在第七十五届联合国大会一般性辩论上的讲话[J].新华月报,2020,000

　　　(20):12-14

[4] 吴斌,战海林.基于绿色校园视角下的高校校园建设探究[J].辽宁师专学报(社会科学版),2023,(01):116-118.

[5] 杨再娣.高校绿色校园建设策略研究[J].湖南邮电职业技术学院学报,2023,22(01):115-118.

[6] 白翠平.基于生态文明视域的大学绿色校园建设研究[J].产业与科技论坛,2022,21(23):246-247.

[7] FACHRUDIN H T. Transportation planning on green campus[C]//IOP Conference Series: Earth and Environmental Science,2020,452:012115.

[8] BETHARY R T, BUDIMAN A, INTARI D E, et al. Evaluation of the Green Transportation Concept in the Sultan Ageng Tirtayasa University Campus[J]. IOP Conference Series: Earth and Environmental Science,2022,1000:012015.

[9] EPRILIANTO D E, MA'RUF M F, PRADANA G W, et al. Analysis of Students' Participation in Practicing the Concept of Green Campus[J]. IOP Conference Series: Earth and Environmental Science,2022,1111:012072.

[10] SLAGER R, CHUAH K, GOND J P, et al. Tailor-to-Target: Configuring Collaborative Shareholder Engagements on Climate Change [J]. Management Science,2023,69(12):7693-7718.

[11] ZHU BIFENG, LIU GEBING, FENG JING. A comparison on the evaluation standards of sustainable campus between China and America [J]. International Journal of Sustainability in Higher Education,2022,23(6):1294-1314.

[12] 吕凯琳,刘衍,杨柳,等.建筑热工设计分区现状及指标阈值修正[J].建筑科学,2022,38(10):144-151.

[13] 凯西·卡麦兹.建构扎根理论:质性研究实践指南[M].边国英 译.重庆:重庆大学出版社,2009.

[14] STRAUSS A L. Qualitative analysis for social scientists[M]. Cambridge University Press,1987.

[15] MEYER J P, ALLEN N J, SMITH C A. Commitment to organizations and occupations: Extension and test of a three-component conceptualization[J]. Journal of Applied Psychology,1993,78(4):538-551.

[16] RAGIN C C. The Comparative Method: Moving Beyond Qualitative and Quantitative Strategies[M]. University of California Press,1987.

[17] MISANGYI V F, GRECKHAMER T, FURNARI S, et al. Embracing Causal Complexity: The Emergence of a Neo-Configurational Perspective[J]. Journal of management, 2017,43(1):255-282.

[18] RAGIN C C. Fuzzy-Set Social Science[M]. University of Chicago Press,2000.

[19] LEPPÄNEN P T, MCKENNY A F, SHORT J C. Qualitative Comparative Analysis in Entrepreneurship: Exploring the Approach and Noting Opportunities for

the Future[J]. Research Methodology in Strategy and Management，2019，11：155-177.

[20] MILLER D. Response to Greckhamer et al（2018）：Studying configurations with qualitative comparative analysis[J]. Strategic Organization，2018.16(4)：496-498.

[21] RIHOUX B，RAGIN C C. Configurational Comparative Methods：Qualitative Comparative Analysis （QCA） and Related Techniques [M]. SAGE Publications，2008.

[22] ZHU BIFENG，ZHU CHUFAN，DEWANCKER B. A study of development mode in green campus to realize the sustainable development goals[J]. International Journal of Sustainability in Higher Education，2020，21(04)：799-818.

[23] ZHU BIFENG，WANG ZHEKAI，SUN CHAOYANG，et al. The motivation and development impact of energy saving to sustainability in the construction of green campus：a case study of the Zhejiang University，China [J]. Environment，Development and Sustainability，2021. 23(9)：14068-14089.

[24] KSRP. Eco-Campus Initiatives[EB/OL]. [2023-8-4]. https：//www. ksrp. or. jp/info/ecocampus. html.

[25] SCHNEIDER，C Q，WAGEMANN C. Set-Theoretic Methods for the Social Sciences：A Guide to Qualitative Comparative Analysis[M]. Cambridge University Press，2012.

[26] 邬伟娥，褚华东，唐根年. 特色小镇适配发展路径研究——基于"政产学研"协同视角[J]. 中国房地产，2020，(26)：50-56.

[27] 刘晶，喻伟，ESSAH E. 夏热冬冷气候区欠发达地区高校建筑冬季适应性热舒适研究[J]. 土木与环境工程学报(中英文)，2023，45(2)：203-218.

[28] 杨舒雅. 夏热冬暖地区绿色校园评价体系比较研究[D]. 广州：华南理工大学，2018.

[29] 邹苒，张晨悦，房涛，等. 基于碳平衡核算的寒冷地区高校校园低碳建设策略研究[J]. 中国人口·资源与环境. 2017，27(4)：144-150.

[30] 丁晓欣，谢倩怡. 我国严寒地区近零能耗建筑发展及问题分析[J]. 北方建筑，2020，5(3)：48-51，55.

[31] 翁思娟，吴燕，郭丽莉. 高校绿色校园建设与管理模式探究[J]. 建设科技，2020，(10)：122-124.

[32] 刘琪，张怡炜. 温和地区高校建筑绿色设计实践的必要性——以昆明理工大学呈贡校区为例[J]. 价值工程，2016，35(13)：184-188.

[33] 张慧. 严寒地区高校教学建筑绿色改造策略研究——以东北大学大成教学楼为例[J]. 智能建筑与智慧城市，2022(2)：112-114.